일본대중문화의 이해

일본대중문화의 이해

박진수·김태경 외

역락

머리말

이 책은 일본대중문화에 대한 체계적인 이해를 위한 안내서로서 기획되었다. 이 책의 필자들은 대부분 일본어, 일본문학, 일본문화를 전공하고 현재 대학에서 일본문화 혹은 일본대중문화 관련 교과목의 강의를 실제로 담당하고 있는 전문 연구자들이다. 따라서 최근 수년간 교육 현장에서 일본의 대중문화를 가르치면서 경험한 노하우가 이 책에 녹아들어 있다.

일본대중문화가 한국에서 공공연히 이야기되고 교육과 연구의 대상이 된 것은 그리 오래되지 않았다. 필자가 대학을 다니던 1980년대에만 해도 일본의 대중음악은 지극히 제한적인 비공식 루트를 통해서나 겨우 들을 수 있었고, 일본영화의 경우에도 일본문화원 같은 곳에서 특별한 경우에 상영하여 매우 드물게 볼 수 있었다. 일본에서 제작된 애니메이션은 어찌된 일인지 그 제작자나 도입 경로가 일반에 잘 알려지지 않았고 일본 드라마의 경우는 전공하는 학생조차도 일본에 가서 보지 않는 한 아예 볼 수가 없었고 볼 생각도 하지 못했다.

일본대중문화의 수입이 이와 같이 정책적으로 금지되거나 제한된 것은 일제강점기와 해방을 거치면서 한국의 정부도 그랬고 국민감정의 레벨에서도 그랬듯이 일본문화에 대한 강한 거부감(혹은 적개심)과 함께 지나친 문화적 콤플렉스가 혼재했기 때문이다. 한편으로 경우에 따라서는 일본문화의 강한 흡인력과 짜릿한 매력에 자신의 욕망을 억지로 추스르면서 애써 외면하고 마는 금욕적 태도를 취하기도 했다. 이는 일본의 문화적 침략과 한국 문화의 침식에 대한 경계심 그리고 이로 인한 자존심의 손상 우려가 한국인들 스스로의 마음 한 구석에 늘 자리 잡고 있었기 때문이다.

그러던 것이 1998년 일본과의 문화개방 협정 이후 공식적인 수입 경로를 통해 대부분의 일본 문화 콘텐츠가 정상적으로 도입되기 시작했고 지금은 인터넷 등의 미디어를 통해 거의 모든 장르 대다수의 작품을 어려움 없이 접할 수 있게 되었다. 그 과정에서 일본대중문화에 대한 일반의 인식도 성장했고 관심도 꾸준히 세련되어 왔다고 볼 수 있다. 이제는 과거와 같은 비공식적 비정상적 루트를 통해 도입된 일본대중문화를 접하면서 느꼈던 마음속의 찜찜한 콤플렉스 내지 죄책감 같은 것은 별로 찾아볼 수 없게 되었다. 무엇보다도 한국의 대중문화 수준이 일본의 것을 능가하는 지점에까지 이르렀고 오히려 이제는 한국의 문화가 일본인들의 사랑과 존경을 받는 일이 허다해졌기 때문이기도 할 것이다.

이러한 변화는 실로 놀라운 것이다. 솔직히 말해서 필자는 한국의 대중문화 수준이 이렇게 빨리 성장하고 세상이 이렇게 빨리 달라질 것이라고는 생각하지 못했다. 그렇다고 한국은 지금 이 순간에 자만할 수 없다. 현재의 한국대중문화는 한국인들만의 손으로 만들어진 것이 아니기 때문이다. 이러한 성장 배경에는 일본을 비롯한 세계의 대중문화와 끊임없이 협력하고 교류하면서 영향을 받고 스스로를 잘 다듬고 가꾸어 온 장한 노력이 있었기 때문이다. 앞으로도 늘 일본을 비롯한 세계 여러 나라의 대중문화에 대해 관심을 갖고 공부해야 하는 이유가 여기에 있다.

이 책에서는 먼저 일본대중문화의 흐름을 조망한다. 현대일본의 대중문화는 어떠한 과정을 거쳐 현재에 이르렀는가. 무엇이 일본대중문화를 흥미롭고 매력 있는 것으로 만들고 있는가. 일본 근대를 열어젖힌 19세기말 메이지 시기부터 시작하여 2011년 3월 11일 동일본대지진 이후 현재에 이르기까지의 커다란 흐름을 개관했다.

각론에서는 신문, 방송, 문학, 만화, 영화, 음악, 인터넷, 게임, 스포츠 등 일본의 대중문화 전반에 대한 객관적이고 심층적인 분석 결과를 모았다. 각 분야의 전문가들이 사명감과 책임감을 갖고 이른바 '한류' 이후를 시야에 넣은 최신 자료를 구사하여 한일 간의 문화교류 양상까지 조감한 뜻 깊은 작업이다. 오랫동안 대중문화의 권좌를 차지하고 있던 텔레비전, 음악, 영화 등은 물론 인터넷과 게임 등 새로운 미디어를 통한 소통의 가능성과 한계까지도 면밀히 논하고 있다.

매개 또는 중간을 어원으로 하는 미디어는 벽돌과 벽돌을 붙이는 시멘트와 같은 역할을 하는 동시에 또 한편으로는 벽돌과 벽돌이 직접 만나는 것을 막는다. 이는 미디어가 안고 있는 태생적 한계인데, 그럼에도 불구하고 인간은 이러한 매체를 통해서만 타인과 만나고 소통할 수 있다. 한일 상호간의 진전된 이해를 목적으로 하는 이 책이 여러 매체를 통해 일본대중문화를 살피고자 한 이유이다.

21세기는 동아시아의 시대라 한다. 하지만, 교역량 면에서는 세계 유수의 지역권이라 해도 한편으로 역사적 정치적 협력이 제대로 이루어지지 않고 있다는 것 또한 사실이다. 이른바 '일본대중문화개방'이 이루어지고 십여 년이 경과했지만 문화 부문 역시 크게 다르지 않다, 일본대중문화 수용이 특정 분야에 한정적이고 편향되어 있는 오늘날, 일본대중문화를 두루 깊이 있게 살펴본 이 책의 역할은 크다고 생각한다. 이제는 단순한 경쟁 상대로서가 아니라 우리나라 대중문화를 더욱 살찌우고 풍성하게 만드는 자양분으로서 일본대중문화와 만날 때가 되지 않았나 싶다. 광복 70년 한일기본조약 50년을 맞은 오늘날 이 책이 오해와 불신의 벽에 가로막힌 한국과 일본의 상호 이해를 증진하고 더 나아가 21세기 동아시아 평화 공존의 시대를 열어가는 데에 이바지하기를 바란다.

이 책이 나오기까지 공동 집필을 맡아주신 저자 분들과 애써주신 모든 분들께 고개 숙여 깊은 사의를 표한다. 특히 일제강점기 일본의 문화담론과 조선 인식에 대한 연구회에서 처음으로 서적 출판의 필요성을 제기해주신 고려대학교 글로벌일본연구원 HK연구교수 김계자 선생님, 그리고 원고 수합 이후 마지막까지 꼼꼼히 전체 내용의 편집을 주도하시면서 조율과 첨삭을 해주신 가천대학교 리버럴아츠칼리지 조교수 김태경 선생님께 감사의 말씀을 드린다.

2015년 8월

박진수

차례

제1장 일본대중문화의 흐름 Introduction

제2장 신문 · 잡지 Newspaper · Magazine

제3장 방송 Broadcasting

제4장 버라이어티 Variety

일본대중문화의 흐름 제1장
Introduction

01 | 대중문화란 무엇인가?

일본의 대중문화를 공부하기 전에 '대중문화'라는 용어의 쓰임새와 개념에 대해 알아보자. 먼저 문화(文化)는 라틴어 cultus(밭을 갈다)에서 파생된 culture, kultur 등 서양어의 번역어이다. 원래 '경작하다' '육성하다'라는 뜻에서부터 출발하여 '세련되게 하다' '교화하다' 등의 의미를 갖게 된 말이다. 한편 물질적 생산성의 발전에 주목한 문명(文明, civilization)과 대비되어 인간의 정신면에서의 향상을 표현하는 말로 쓰이기도 한다. 실제로 프랑스어나 영어의 경우 culture를 교양(教養)으로 번역해야 하는 경우가 종종 있다. 이는 인간의 본성과 능력에 대한 적극적인 계발을 지향하는 행위에 초점을 두고 있기 때문이다. 오늘날 문화는 이러한 행위는 물론 이에 의해 형성된 문화시스템, 문화적 가치를 가진 모든 것을 일컫게 되었다.

대중(大衆)은 '승려 집단' 또는 '많은 사람'을 의미하는 산스크리트어 마하상가(महासाघि, mahāsāṃgha, '摩訶僧伽'로 표기하기도 함)의 한역어(漢譯語)였다. 이 대중이 1830년대 산업혁명 이후의 영국 사회에서 서민 생활의 전반적인 동질화를 배경으로 나타난 mass(집단으로서의 일반민중)를 번역하는 말로 많이 쓰이게 된 것은 1920년대 이후 일본의 사회주의운동과 함께였다. 뿐만 아니라 대중은 경우에 따라 popular(≒민중), people(≒인민), the common people(≒서민), folk(≒민속), 또는 multitude(≒군중, 다중) 등의 번역어로도 사용되고 있다. 이와 같이 대중은 비슷비슷한 여러 용어들과 매우 복잡하게 의미가 겹쳐져 있다고 할 수 있다. 영어의 mass나 한자어 대중이나 크게 보자면 19세기 말부터 20세기 전반의 미디어 혁명과 제1차 세계대전 이후 대량생산과 대량소비 체제를 바탕으로 한 미국 대중사회의 도래에 의해 지금과 같은 의미로 확정된 것이다.

대중문화란 어떠한 문화인가? 대중의, 대중에 의한, 대중을 위한 문화, 다시 말해 대중이 주체가 되어 생산하고 소비하는 문화 현상과 그 산물을 말한다. 대중과 문화의 복합어인 대중문화는 영어로는 보통 mass culture가 되지만 이는 media culture라는 뉘앙스가 강하다보니 좀 더 포괄적인 의미로 popular culture 또는 pop culture로 쓰는 경우가 많다. 그런가 하면 대중문화를 문학이나 미술 등의 고급문화 high culture에 대해 하위문화 sub culture나 대항문화 counter culture로 표현하는 경우도 있다. 같은 한자문화권인 중국에서 대중문화는 유행문화(流行文化), 통속문화(通俗文化)로 더 많이 쓰인다.

이러한 점에서 대중문화를 엄밀하게 정의 내리기는 어렵지만 대중사회의 출현 과정을 살펴봄으로써 간접적으로 이해해볼 수 있다. 대중이 출현하기 위해서는 크게 다음과 같은 세 가지 사회적 조건이 구비되어야 한다. 신분적 해방, 교육의 보급, 미디어의 발달이 그것이다. 우선 근대국민국가의 성립 등과 맞물리면서 속박적인 신분제가 폐지되거나 어느 정도의 평등이 이루어진 상태에서 많은 구성원들이 균질적인 라이프 스타일과 일상적 감각에 기초한 동일한 아이덴티티를 가질 수 있어야 한다.

그리고 자발적·의식적으로 문화를 향유할 수 있을 정도의 교육 수준이 요구되며, 또 복제기술에 바탕을 둔 문화 내용이 대량으로 전달 가능한 구조가 형성되어야 한다. 세계적으로 볼 때 이러한 조건이 갖추어져 미디어를 통해 다양한 콘텐츠를 생산하고 소비하는 주체로서의 대중이 본격적으로 모습을 드러내는 시기는 대략 1920년대부터이다.

02 | 일본의 근대화와 대중사회의 태동

일본의 경우 대중이 출현하여 대중사회를 형성하고 대중문화를 창출하게 된 것은 1920년대 후반부터로 볼 수 있다. 그러나 당연한 말이지만 그것은 하루아침에 이루어진 변화가 아니라 상당 기간 그 기반이 다져진 결과이다. 앞서 말한 세 가지 조건이 구비되는 것은 1850년대부터의 변화에서 비롯되었다.

아편전쟁(1840~42)을 시작으로 서구 제국주의의 동아시아에 대한 침략이 본격화되던 19세기 중반 미국의 해군 제독 매튜 칼브레이스 페리(Matthew Calbraith Perry, 1794~1858)는 군함을 이끌고 와서 무력시위를 하면서 일본에 대해 개항을 요구했다(페리의 내항사건, 1853). 일본은 어쩔 수 없이 이에 굴복하여 에도 막부에 의해 200년 이상 지속해온 쇄국정책을 버리고 문호를 개방했으며 이후 서구 열강과 굴욕적인 불평등조약을 연이어 맺게 되었다. 서구 세력의 경제적 군사적 침탈에 대한 반감과 막부 정책에 대한 불만의 목소리가 높아짐에 따라 변혁을 주장하는 세력이 결집하여 막부토벌 운동이 전국적으로 전개된다. 결국 천황을 중심으로 한 새 정부는 막부를 타도하고 왕정복고를 이루어 메이지유신

(明治維新, 1868)을 통해 사민평등(四民平等)과 폐번치현(廢藩置縣) 등 대대적인 근대화 조치를 단행한다.

당시 가장 중요한 슬로건은 문명개화와 부국강병인데 메이지 정부는 이를 효율적으로 수행하기 위해 강력한 중앙집권적 천황제를 확립하여 제도를 개혁해갔다. 개혁의 내용은 정치체제와 행정조직은 물론 법률, 경제, 산업, 사상, 종교, 문화, 교육, 군사, 외교에 이르기까지 각 방면에서 서양의 시스템을 모방한 근대국민국가의 건설에 초점을 맞추고 있었다. 이러한 제도의 정비 과정은 1880년대의 자유민권운동을 수렴한 헌법발포(1889)와 의회개설(1890)을 기반으로 입헌군주제를 확립함으로써 완성된다. 밖으로는 조약 개정을 통해 서구 열강과의 대등한 관계를 추구하는 한편, 류큐왕국(琉球王國, 현재의 오키나와 沖縄)과 홋카이도(北海道)를 일본의 영역 내에 둠으로써 국경선을 확정하는 등 주변지역에 대한 침략을 통해 국세를 확장했다. 특히 청일전쟁(1894~95)과 러일전쟁(1904~05)의 승리로 열강의 대열에 합류한 일본은 타이완과 한국을 식민지화하고 만주 진출의 거점을 마련했다.

통신과 교통이 발달하고 도시 기반이 정비된 것도 메이지시기부터이다. 전신이 선보이고(1854), 우편제도가 성립(1871)되었으며 전화가 개설(1877)되는 한편, 교통수단으로서의 마차(1869), 인력거(1870), 철도(1872)가 등장하고 근대식 도로(1872)가 정비되어 전차(1895)와 자동차(1900)가 달리게 되었다. 요코하마와 도쿄에 가스등이 설치(1872, 1874)되고 수도가 설비(1898)됨으로써 근대 도시의 모습이 갖춰졌다. 그런가 하면 일상적으로도 서구적 생활양식이 도입되었다. 서양식 헤어스타일과 양복이 나타나는가 하면 도쿄 시내에서 무도회를 열기도 하고 규나베, 스키야키, 돈까스 등 육류를 먹는 습관도 생겨났다.

이 시기에 무엇보다도 주목할 것은 교육과 출판문화의 발달로 대중문화의 인프라가 깔렸다는 점이다. 교육의 근대화는 국가 발전의 초석을 다지는 매우 중요한 장기 프로젝트로 생각하여 1872년 서구의 학교제도를 도입한 학제(學制)를 제정 반포하고 전국에 소학교와 중학교의 설치를 의무화했다. 또 1860년대부터 신문과 잡지가 등장하여 근대적 미디어 발달의 기반을 마련했고 번역서를 비롯한 각종 도서의 출판이 비약적으로 발달하여 근대 서구의 지식이 물밀듯이 들어왔다. 이러한 가운데 당시의 민중들은 일정한 제도적 틀에 맞게 계몽되고 훈련되어 근대국가의 '국민'으로 거듭나게 되었을 것이다. 메이지시기에 자란 새 시대의 청년 후타바테이 시메이(二葉亭四迷, 1864~1909)가 개인의 고뇌를 담은 최초의 언문일치체 소설 『뜬 구름』(浮雲, 1888~90)을 발표하게 된 것도 이러한 독서층의 발달과 무관하지 않다. (박진수)

03 | 도시화와 대중문화의 확대

1914년 6월 유럽에서 제1차 세계대전이 일어나자 일본은 참전을 선언한다. 영일동맹을 이유로 러시아·프랑스·영국의 삼국협상 측에 가담한 일본은 독일 조차지인 칭다오(青島)에서의 권익을 양도받고 독일령 남양군도의 위임통치권도 획득하였다. 급박하게 돌아갔던 유럽 전선과는 달리 일본은 대규모의 전투 없이 전승국의 대열에 합류할 수 있었던 것이다. 하지만 이러한 군사적 성공보다 더욱 중요한 것은 제1차 세계대전을 통해 얻게 된 막대한 경제적 이익이었다.

전시기 물자 부족에 허덕이게 된 유럽 여러 나라 및 아시아의 빈자리를 일본 상품이 채우게 됨으로써 무역시장의 변화와 확대가 이루어졌다.

더욱이 이제까지 경공업 중심이었던 일본은 유럽에 의존했던 중공업 분야의 수입이 여의치 않게 되자 중화학공업 중심의 산업구조로 전환하게 된다. 특히 조선과 철강 분야는 세계적 수준에 도달하여 일본은 세계3대 해운국의 자리에 오르게 된다. 벼락부자라는 의미의 나리킨(成金)은 이러한 '대전(大戰) 경기'라 불린 공전의 호황 속에 등장했다. 하지만 급등하는 물가로 신음하던 도시노동자와 하층농민에 의해 쌀 소동이 전국적으로 일어난 것 또한 이 시기이며, 이를 계기로 사회 · 노동 · 농민 운동이 더욱 활발해졌다.

1925년에는 일본에 처음으로 보통선거가 도입되었다. 1920년 전후에 활발해진 보통선거 요구운동이 결실을 맺은 것으로 납세액에 상관없이 25세 이상의 남성 모두에게 선거권이 주어졌다. 이러한 배경에는 러일전쟁 이후의 철저한 의무교육과 고등교육기관의 확충 속에서 성장해온 중간 계층이 있었다. 도시를 중심으로 고학력자가 늘어났고, 경제 규모의 확대와 산업 구조의 변화 속에서 사무직 급여생활자 즉 샐러리맨이 대량으로 출현했다. 타이피스트 또는 전화교환수 등의 직종에서 일하는 이른바 직업부인이 늘어난 것도 이때이다. 이들을 기반으로 국내적으로는 정당정치가 실현되고 대외적으로는 협조외교가 기조를 이루었던 이 시기를 가리켜 흔히 '다이쇼(大正) 데모크라시'라고 한다.

이러한 국내외적 분위기를 바탕으로 대중문화가 성립하고 발전했다. 도시의 팽창과 더불어 모여드는 무수한 대중으로 이루어진 도시공간 속에서 대중문화는 만들어지고 소비되었던 것이다. 여기에 박차를 가한 것이 1923년 9월 1일에 일어난 간토(關東)대지진이다. 도시 전체가 불타버리고 새롭게 재건된 도쿄(東京)는 근대적 공간으로 급속히 탈바꿈하기 시작했다. 도심에는 철근콘크리트 건물이 세워지고, 교외에 사는 중류계층

사이에서는 문화주택이 유행했다. 발행부수가 100만 부를 넘는 신문들이 등장했다. 『중앙공론(中央公論)』, 『개조(改造)』를 비롯한 종합잡지와 『킹(キング)』으로 대표되는 대중잡지 역시 폭발적으로 팔려나갔다. 엔본(円本)이라 불린 저가본이 대량 출판되었다.

이와 같이 신문·잡지가 확대되었을 뿐만 아니라 라디오와 영화 등의 새로운 미디어가 등장하고 발달하였다. 일본에서 라디오가 최초의 전파를 탄 것은 1925년이었다. 도쿄, 오사카(大阪), 나고야(名古屋)에서 시작한 라디오 방송은 일본방송협회(지금의 NHK)로 통합된 이후 점차 전국으로 확대되어 갔다. 음악, 라쿠고(落語), 라디오 극장, 야구·스모와 같은 스포츠 실황중계 등이 큰 인기를 얻었으며, 1920년대 말에는 무려 65만 세대에 달하는 수신 계약수를 확보해 새로운 미디어로서의 지위를 확립했다. 종래의 예능과는 달리 라디오는 집안으로 들어온 최초의 오락으로서 일상의 생활과 감각에 크나큰 변화를 초래했다는 점에서 매우 중요하다.

영화관의 관객 수 역시 비약적으로 증가했다. 영화는 도입 초기에는 변사의 해설이 있는 무성영화로 흔히 '활동사진'이라 했다. 1927년 1월에는 최초의 토키 스튜디오인 쇼와 키네마(昭和キネマ)가 설립되었다. 유성영화 시대의 개막에 더해 국산영화의 제작과 상영이 늘면서 1920년대에 들어서면 영화가 대중오락의 중심을 차지하게 된다. 당시의 많은 젊은이들은 외국 영화 특히 미국 영화를 통해 모던한 생활양식을 흡수했고, 이렇게 '모던'이라는 말이 유행하는 가운데에 첨단 패션의 젊은이들이라 할 모보(모던 보이)와 모가(모던 걸)가 긴자(銀座) 번화가의 거리를 활보했다. 백화점은 이제는 대중들이 몰려드는 새로운 소비 공간으로 재탄생하였으며, 카페, 비어홀, 댄스홀 등이 성행했다. 그야말로 소비문화가 본격적으로 꽃핀 시기였다.

04 | 전시기의 문화통제

1931년 만주사변을 일으킨 관동군은 이듬해 청의 마지막 황제였던 푸이(溥儀)를 내세워 만주국을 건립하기에 이른다. 당초 확전하지 않기로 했던 정부의 방침을 어기고 관동군이 폭주할 수 있었던 데에는 당시 정당이 연이은 오직과 부패 사건으로 국민의 신뢰를 상실해버린 시대 분위기가 크게 작용했다. 5・15 사건과 2・26 사건으로 대표되는 수차례의 테러와 쿠데타를 거쳐 마침내 정당정치는 막을 내리고 일본은 군국주의의 길로 들어서게 된다. 대외적으로도 일본은 괴뢰국가인 만주국이 국제사회에서 승인을 얻지 못하고 침략행위를 비난받게 되자 1933년 상임이사국으로 있던 국제연맹을 탈퇴해버리고 만다.

1937년 7월에는 베이징 교외에서 일어난 루거우차오(盧溝橋) 사건으로 본격적인 중일전쟁이 시작되고 전선이 확대되었다. 1938년에는 국가총동원법이 제정되어 의회의 승인을 거치지 않고도 인적・물적 자원을 동원할 수 있게 됨으로써 국가경제와 국민생활 전반이 정부의 강력한 통제를 받게 되었다. 1939년부터는 국민징용령에 의해 일반 국민을 강제로 군수산업에 동원할 수 있게 되었다. 1940년에는 "사치품은 적이다!"라는 입간판이 등장하고 설탕・성냥이 배급제가 되는 등 전시 통제색이 현저해졌다. 이렇게 일본은 계획・통제 경제 체제로 전환되어 갔다.

더욱이 일본이 남진정책을 취하기 시작하여 1941년 7월 프랑스령 인도차이나에 일본군이 진주하게 되자 미국은 대일 석유・고무 수출을 전면 중지시키는 등 경제봉쇄를 강화하고 철수를 요구하게 된다. 이에 일본은 답보 상태에 빠진 미국과의 교섭을 중지하고 어전회의를 통해 미국・영국・네덜란드를 상대로 한 전쟁 개시를 결정한다. 12월 8일 일본 해군이 미국령 하와이의 진주만 습격을 감행함으로써 태평양전쟁은 시작되었다. 전장이 남태평양으로까지 확대되었고 이미 교착 상태에 있던 중국대륙에서의 전쟁은 더욱 헤어나기 어려운 상태가 되어버렸다. 이와 같이 전선이 확대되고 전쟁이 장기화됨에 따라 대부분의 남자들은 전선으로 보내졌다. 어린 학생들과 여자들도 군수공장으로의 노동동원이 일상화되었다. 거의 모든 물자가 배급제로 나누어지고 기본적인 생필품조차 부족하게 되는 등 국민들의 생활은 극도로 곤궁해졌다. 이러한 가운데에도 충군애국과 국가주의 교육색은 짙어져만 갔다.

아울러 사상과 문화・예술의 자유로운 활동이 억압되었으며 이에 대한 통제가 강화되어 갔다. 대중문화에 대한 통제는 주로 검열이라는 제도를 통해 이루어졌는데, 애당초 오락과 교양의 매체로서 등장한 라디오도 예외는 아니었다. 사실 라디오는 각 정당이 자신들의 주의주장을 유권자들에게 전달하는 매체로서 공정하고 유효하게 쓰일 수 있을 터였다. 하지만 당시 라디오 방송은 내용의 다양성에 한계를 보였고, 결국 패전에 이르기까지 일본군의 전황을 알리는 내용 및 전쟁 시와 군가 등으로 대부분의 프로그램이 채워지게 된다.

영화의 경우는 1939년 영화법이 시행되어 영화산업 전체가 국가통제 하에 놓이게 되고, 감독과 배우 모두가 면허등록제의 관리 하에 들어가게 되었다. 일본영화사에 의해 국책선전영화가 만들어졌고 오락물은 금지되었다. 일본 해군의 진주만 공격 영상을 처음 공개한 <일본뉴스(日本ニュース)> 등 이른바 뉴스영화가 많은 인기를 누렸다. 전후 대표적인 영화사로 성장하게 되는 도호(東宝)가 항공촬영 등의 신기술을 도입하고 기록영화 제작에 힘써 급속히 세를 확장한 것도 이 즈음이다. 전쟁 속에서도 영화 제작과 관련된 테크놀로지는 끊임없이 실험되고 발전하고 있었

으며, 일본 영화는 미국 다음가는 세계 제2위의 제작 편수를 자랑했다.

1940년에는 만화가 단체가 통합되어 신일본만화가협회가 발족했다. 이때 창간된 기관지 『만화』는 이후 군국주의와 국책의 프로파간다로 일관된 선전 만화를 싣게 된다. 애니메이션 <모모타로 바다의 신병(桃太郎海の神兵)>이 만들어지고, 국민가요 <바다로 가면(海行かば)>이 널리 불리게 된 것도 이 시기이다. 일본문학보국회(日本文學報國會)를 비롯하여 모든 분야가 통합・일원화되었고 이로써 사회 전체가 경직되어 갔다. 엄청난 영향력을 지닌 여러 대중 미디어가 이와 같이 사상전의 수단으로 이용되고 전의 고양과 정부의 선전 수단으로 전락함으로써 결국 체제의 파탄이 초래되었던 것이다. (김태경)

05 | 점령기의 문화정책

1945년 8월 15일 천황의 항복 선언으로 일본은 패전을 맞았고, 1945년 10월 2일부터 1952년 4월 28일까지 연합국군 최고사령관 총사령부(GHQ/SCAP : General Headquarters, the Supreme Commander for the Allied Powers)에 점령되었다. 미・영・중・소 4개국으로 구성된 대일이사회(對日理事會)가 설치되었지만, 실질적으로는 미국의 단독 점령이라고 해도 좋을 정도로 미국이 주도하는 점령 정책이 진행되었다. GHQ/SCAP는 직접 통치를 하지 않고 일본정부가 최고사령관의 지령과 권고에 따라 정치를 하는 간접 통치 방식을 택했다. 따라서 점령정책은 기존의 행정기구를 그대로 이용하였고, 미국정부의 대일정책에 기초하여 당국이 구체적인 방침을 세우고 그것을 일본정부에 명령하면 일본정부가 집행하는 식으로 이루어졌다. 이런 점에서 일본정부는 점령군에 대해 자신의 의사를 표현하고 협상할 수 있었다.

맥아더 최고사령관을 찾아온 쇼와천황. 1945년 9월 27일 촬영.

GHQ/SCAP의 점령정책은 전쟁 전의 일본을 부정하는 것에서부터 시작되었다. GHQ/SCAP의 목표는 일본이 또다시 세계에 위협을 가하지 않도록 하는데 있었고 이를 위해서 비군사화, 미국식 민주주의의 도입 등을 최우선 정책으로 정하였다. 우선적으로 행한 것이 극동 국제군사재판으로 도조 히데키(東條英機) 등의 처형을 필두로, 전시 중의 지도자의 책임추궁 등을 통하여 일본의 전쟁 전의 가치를 악으로 단죄함과 동시에 헌법 개정에 착수, 비무장 중립 사상을 주입시키려 했다. 구체적인 정책으로는 구 일본의 해체 · 천황 신격화의 부정 · 사상범의 석방 · 대지주로부터의 농지 해방 등을 일본 정부를 통해 실시하게 했다. 1946년 1월 1일 천황은 '인간선언'을 하였고, 메이지정부 이래 확립된 천황제 지배체제와 천황에 대한 무조건적인 충성의 강요가 전면 부정되면서, 일본인들에게 가치관의 혼란을 초래했다. GHQ/SCAP는 천황제 군국주의의 기반이 된 사회구조를 해체하고 새로운 민주주의체제를 만들어내는 작업을 수행했다. 당시 민주주의라는 개념도 제대로 정립되지 않은 일본에서 민주주의적인 체제를 만들어내는 일은 일종의 '혁명'이라고 할 수 있을 만큼 급진적 작업이었다. 1946년 11월 3일에 기존의 대일본제국헌법을 개정하여 일본국헌법을 공포하였다. 일본국헌법은 국민주권을 원칙으로 천황, 국회, 내각, 사법, 재정, 지방자치 보장 등 국가조직과 기본적 질서를 규정한 전문(前文)과 11장 103개조로 구성되어 있으며, '전쟁 포기, 전력(戰力) 불보유, 교전권(交戰權) 부인'을 제9조에 명시하고 있어 '평화헌법'이라는 별칭을 가지고 있다. 그러나 이러한 혁명을 주도한 것은 일본국민이 아니라 맥아더(Douglas MacArthur, 1880~1964)가 지휘하는 GHQ/SCAP였기 때문에 전후개혁은 위로부터의 혁명, 외부로부터 강제적으로 주어진 민주주의라고 평가되기도 한다. 실제로 GHQ/SCAP가 민주국가를 만들기 위한 국민개조를 위해 시도한 정책들은 여성참정권, 노동조합법 제정, 교육제도 개혁, 압제적 법제도 철폐, 경제 민주화라는 5대 개혁법령이 있었고, 일본정부는 이를 실행에 옮겼다.

GHQ/SCAP는 대중문화에 대해서도 마찬가지로 대대적인 개혁을 단행했다. 매스컴 개혁을 통해 미국식 민주주의를 뿌리내리고자 하였는데, 다른 부문에서 간접통치 방식을 취한 것과는 달리 매스컴에 관해서는 직접관리정책을 취하여 일본정부의 관여를 허락하지 않았다. GHQ/SCAP가 정책으로서 가장 먼저 시행한 것은 검열이었고, 1948년 10월까지 검열제도를 유지했다. 1948년부터는 사후 검열제도로 바뀌고 1949년에 폐지되었다. GHQ/SCAP의 검열은 1945년 9월 8일 도쿄를 점령한 바로 이틀 후인 10일 '언론 및 신문의 자유에 관한 각서'의 발령을 시작으로 한 달 만에 라디오와 신문 등 언론에 관한 일련의 각서와 프레스코드가 발표된다. 또한 전시 중 대중문화 전반에 대해 강력한 통제정책을 추진하였던 정보국을 해산시키고, 전전에 발매금지 처분을 받았던 좌익 출판물의 발행을 인정하는 한편, 전쟁선전 출판물을 몰수하고 검열을 통해 금지도서를 선정하였다. 영화에 대해서는 1945년 7월에 영화사 대표자들을 불러 영화 제작의 기본방침을 지시했다.

사전검열의 주요 원칙은 점령군의 정책을 비판하거나 점령정책 수행에 방해가 되는 보도, 미군의 일본부녀자 폭행에 대한 보도, 원폭 투하에 대한 비판, 검열제도에 대한 언급, 미국・소련・영국 등 연합국에 대한 비판, 중국・조선인비판, 전쟁옹호, 대동아공영권 선전, 신국 일본 선전, 암시장 상황, 기아의 과장, 폭력 선동 등이 엄격히 금지되었다. 신문의 경우, 인쇄 전에 모든 기사의 조판과 교정지를 제출해야 했고, 방송은 24시간 전에 방송 목적과 시각, 프로그램명, 방송지면을 기입한 원고를 제출해야 했다. 영화는 제작 목적과 각본을 제출하여 허가를 얻고 나서 촬영을 시작해야 했으며 제작 완료 후에 검열을 받아 통검번호가 들어간 필름만 상영할 수 있게 했다.

GHQ/SCAP는 초기에는 노동조합 육성에 힘을 기울여 노조가 재벌과 군벌에 대항하는 새로운 민주세력으로서 역할을 할 것이라고 기대하였지만, 냉전체제가 성립되면서 점차 좌익세력을 탄압하는 쪽으로 입장을 선회했다. 1950년에 들어와 일본공산당이 불법단체임을 시사하는 성명을 발표하였고, 공산당기관지인 『아카하타(赤旗)』의 편집책임자 17명을 공직에서 추방하였다. 또한 7월 24일에는 신문협회의 대표에게 공산당원과 동조자들을 추방할 것을 권고하는 등 신문과 방송, 영화, 출판업 등 대중문화의 전부문에서 레드 퍼지(red purge)가 실시되었고 이러한 움직임은 정부기관 및 민간기업으로 확산되었다.

패전 직후 전쟁으로 폐허가 된 도쿄는 태평양전쟁기와 마찬가지로 물자가 부족하였고, 극심한 식량난으로 도시 곳곳에 암시장이 형성되었다. 전쟁미망인들이나 생활고에 처한 여성들은 거리로 나와 점령군을 상대로 매춘을 하는 이른바 '팡팡'이 되기도 했다. 이러한 사회적 불안정 속에서도 대중문화활동은 활발하게 진행되었다. 전시기의 통제에서 벗어나 자유화 시대를 맞게 된 대중들은 잡지나 서적, 영화 같은 대중문화에 몰려들었다. 통폐합되었던 잡지는 복간을 시작하였고, 새로운 잡지들도 연일 창간되었다. 패전 직후 출판업은 호황을 맞아 전국에 4천여 개의 출판사가 생겨났으며, 점령군을 맞은 전후 일본의 첫 베스트셀러는 『일미회화수첩(日米會話手帳)』으로 무려 360만 부가 팔렸다.

이 시기의 대중문화를 가리켜 흔히 카스토리문화라고 한다. 카스토리는 원래 지게미로 급조한 막술을 의미한다. 패전 후 암시장에는 조악하게 만들어진 밀조주 냄새가 코를 찔렀는데 '세 홉 정도 마시면 눈이 먼다'고 할 정도로 조악한 술이었다. 여기서 유래하여 창간 후 3호 정도에 폐간되어 사라지는 대중오락잡지를 가리켜 카스토리잡지라고 불렀다. 카스토리잡지로 대표되는 카스토리문화란 패전 직후의 혼란기를 상징하고 내일 일은 잘 모르는 불안한 상황, 자포자기로 찰나적인 경향을 보였던 시대 풍조를 가리키는 유행어가 되었다. 카스토리잡지는 조악한 용지에 인쇄된 싸구려 잡지로 내용은 주로 흥미 위주의 것이 많았고, 에로(성·성풍속), 그로(그로테스크, 엽기·범죄)의 특징이 있다. 구체적으로는 사창가탐방기, 엽기적인 사건기사, 성생활고백, 포르노 소설 등이 있었고, 성적 흥분을 자극하는 여성의 사진이나 삽화가 게재되었는데, 그 종류가 수백 종에 이르던 것으로 추정된다. 대표적인 잡지로는 『엽기』, 『리버럴』, 『기담 클럽』, 『부부생활』, 『범죄실화』 등이 있었다.

카스토리잡지와 함께 아카홍(赤本)만화도 번성하였다. 아카홍만화란 패전 직후 자극적인 빨간색 겉표지에 선화지를 사용한 만화책을 말하는데, 서점을 통한 정규 유통경로가 아니라 장난감 도매상의 유통망을 타고 문구점이나 막과자가게에서 팔렸다. 정기적으로 발행해야 하는 잡지 매체를 발행할 능력이 없었던 영세출판사가 일회적으로 단행본을 발행해 이윤을 뽑아야 했기 때문에 유명 만화가보다는 무명의 작가들이 작품을 발표하는 경우가 많았다. 아카홍만화를 그렸던 사람들은 대체로 10대가 많았다. 이들 중에는 데즈카 오사무(手塚治虫)를 비롯하여 후에 일본 만화계를 이끌어가게 되는 대가들도 있었다.

06 | 고도경제성장기와 대중소비문화

1956년 7월에 발표된 『경제백서』의 맺음말에서 태평양전쟁 후 일본의 복구가 완료되었다고 하면서 '이제 전후가 아니다'는 기술이 등장해 당대 유행어가 되었다. 패전 직후의 혼란기를 거쳐 1955년부터 일본은 본격적인 고도성장기에 진입했다. 1955년부터 1973년까지는 연평균 약 9%라는 높은 경제성장률을 보인다. 패전으로 황폐화된 일본의 경제는 1950년에 발발한 한국전쟁을 계기로 회복하였고, 1955년경에는 고도성장이 시작되었다. 고도경제성장은 일본의 산업구조를 크게 변화시켰을 뿐만 아니라 사람들을 도시로 대량 이동시킴으로써 도시화를 촉진시키고 도시적 생활양식을 보급시켰다.

고도경제성장기의 가장 큰 특징은 경제성장으로 인해 전국민이 풍요로움을 경험하게 되었다는 점이다. TV, 세탁기, 냉장고, 전화 같은 내구소비재의 보급은 1950년대 후반에서 1960년대 후반에 걸쳐 매우 급속하게 이루어졌다. 이러한 사회적 분위기 속에서 1950년대 후반에는 흑백 TV, 세탁기, 냉장고가 가전제품 '삼종의 신기(三種の神器)'라 불리며, 중산층 가정이 노력하면 손에 넣을 수 있는 신시대의 꿈의 상품이 되었다.

1953년 2월 NHK(일본방송협회)가 TV 본방송을 시작하고, 이어서 같은 해 8월에는 민영방송인 니혼테레비가 방송을 개시한다. 당시 TV는 상당

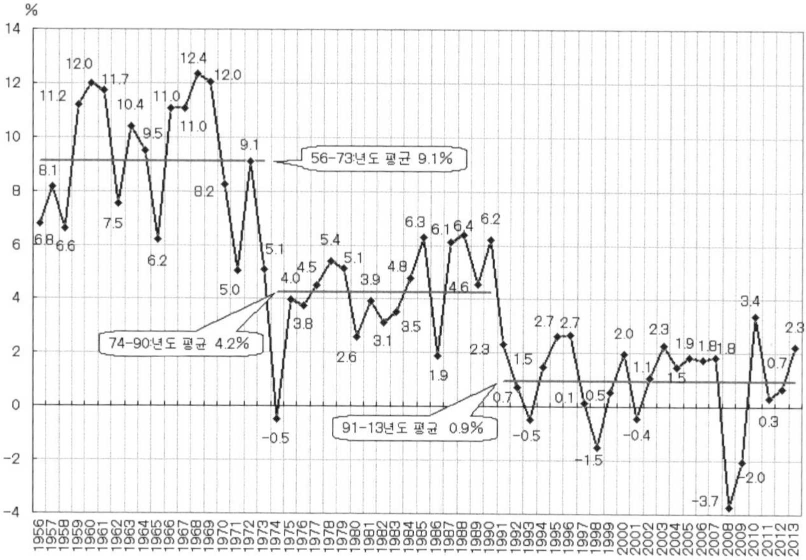

경제성장률 추이(내각부 SNA사이트 참조)

한 고가품이었기 때문에 가두TV나 렌탈TV로 TV자체를 홍보했다. 프로레슬링 중계가 있는 날이면 가두TV에 수천 명의 인파가 모여 도로정체를 유발하거나, 이른 시기에 TV를 구입할 수 있었던 유복한 가정에 온동네 사람들이 모여서 시청을 하는 광경은 일상적인 풍경이었다. 이후 1958년 도쿄타워 준공과 1959년 황태자의 결혼식 등 전국민의 관심이 쏠리는 국가적인 이벤트를 계기로 TV 보급은 폭발적으로 늘어나게 된다. 1960년 9월에는 컬러TV 방송이 시작되었으나 당초에는 컬러TV 자체가 고가였고, 컬러방송도 적어 그다지 보급되지 않았다. 그러다 1964년 도쿄올림픽을 앞두고 각 메이커에서 전력을 다해 선전을 시작하였고, 1973년에는 컬러TV 보급대수가 흑백TV를 앞서게 된다. 1968년을 현재로 일본 국내에는 2천만 대의 TV가 보급되어 이른바 안방의 주역으로 자리잡게 된다. TV는 사람들의 생활과 의식에 커다란 변화를 초래하여 전국민의 생활에 표준화와 획일화를 가져왔으며, 대중문화의 소비를 급속히 확산시켰다.

한편 1959년 8월에 닛산자동차에서 대중을 겨냥한 '블루버드'를 판매하기 시작하면서 마이카시대가 도래한다. 그러나 일본에 자가용 승용차 보급이 급증한 것은 1960년대 후반에 이르러서이다. 1964년 도쿄올림픽을 계기로 일본 전국의 고속도로가 정비되면서, 사람이나 물건을 나르는 운송수단으로 자동차가 교통의 주역이 된 것이다. 샐러리맨들도 자가용 승용차를 구입하여 휴일이면 가족들과 드라이브나 여행을 즐기는 새로운 여가 활동이 중산층 가정의 일상이 되기 시작한다. 1963년 관광기본법 제정으로 관광지가 개발되고, 1964년에는 해외여행 자유화로 출국 일본인이 폭발적인 증가를 보이는 가운데, 마이카와 마이홈으로 상징되는 미국 중산층의 생활을 이상으로 하는 도시중간계층이 늘어나 여가생활은 더욱 확산된다.

이러한 전후 고도경제성장기의 주역은 흔히 '단카이(團塊)세대'로 불리는 전후 베이비붐 시기에 태어난 세대로 일컬어진다. 이 세대의 연간 출생자수는 250만 명을 넘어서는데, 이러한 돌출적인 인구구성으로 인해 단카이세대는 전후 일본사회에 큰 영향을 미치게 되었다. 기성세대가 만들어 놓은 사회시스템과 기존의 가치관을 부정하고, 장발에 청바지, 포크송과 락음악으로 대표되는 1960년대의 젊은이문화를 만들었다. 당국의 학생관리 강화와 학비인상, 베트남전쟁 등에 반대하는 치열한 학생운동을 벌인 '전공투(全共鬪)세대'도 바로 이 단카이세대이다. 학생운동이 실패한 이후에는 관료나 기업의 샐러리맨으로 일본 경제성장의 주역이 되었다.

1970년대는 오사카 만국박람회로 순조롭게 시작되었지만, 1972년 다나카 가쿠에(田中角榮)내각이 발표한 일본열도개조론으로 과잉유동성과 지가상승이 유발되고, 1973년에 일어난 오일쇼크로 인해 물가는 요동을 치게 된다. 그 여파로 1974년에는 실질경제성장률이 마이너스를 나타내면서 이후 안정적성장기로 돌입한다. 안정적성장기는 고도성장기의 경제적 풍요로움을 이어받으면서 소비문화가 더욱 확대된 시기라고 할 수 있다. 1980년대에는 자동차・가전제품 등 하이테크 산업을 중심으로 유럽과 미국으로 수출이 증가했고, 특히 대미(對美) 무역마찰 해소를 위해 1985년의 플라자합의가 이루어지면서 일본은 엔고불황이 되었다. 이에 대처하기 위해 저금리정책이 도입되면서 부동산과 주가가 상승하는 버블경기가 일어나고, 일본은 세계 제2위의 경제대국이 되었다. 버블경기는 1986년부터 1991년까지 이어졌는데, 실제로 대다수의 사람들이 호경기 분위기를 실감하기 시작한 것은 1988년부터이고 정부의 견해에 따르면 1992년 2월까지는 이 호경기 분위기가 유지되었던 것으로 판단된다.

이러한 호경기 분위기 속에서 소비가 미덕인 '소비의 시대'라는 말이 매스컴이나 학계에서 널리 주창되었고, 이와 더불어 '소비자본주의'라든지 '소비자계층'이라는 용어도 유행하면서 일본은 고도소비사회를 맞는다. '소비사회'란 사전적 의미로는 "고도로 산업이 발달하여 생리적인 욕구를 채우기 위한 소비뿐 아니라 문화적・사회적 욕구를 채우기 위한 소비가 광범위하게 일어나는 사회"(三省堂『大辭林』)라고 정의된다. 즉, 고도소비사회에 이르러 소비는 단순히 사용하는 것을 목적으로 하기보다는 재화를 어떻게 쓸 것인가라는 양식과 수준이 문제가 된다. 상품 자체에 대한 욕구보다 다른 사람들과 차별화하기 위한 소비에 관심이 쏠리고, 그에 따라 생산되는 상품들은 물건이 아니라 기호나 이미지가 되었다.

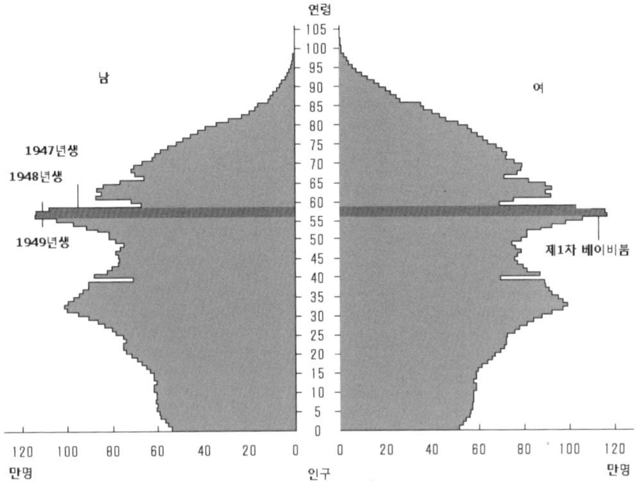

2005년 인구 피라미드
(국립사회보장 · 인구문제연구소 데이터 참조)

일본 굴지의 광고대행업체인 덴츠(電通)에서는 1980년대를 '감성의 시대'라 불렀고 하쿠호도(博報堂)에서는 '분중(分衆)의 탄생'을 말했다. 다나카 야스오(田中康夫)의 『어쩐지 크리스탈(なんとなくクリスタル)』(1981)은 고도소비사회에 나타나는 카탈로그문화의 대명사 같은 소설이다. 이 소설은 곳곳에 명품 브랜드의 이름을 비롯한 고유명사가 등장하고, 권말에는 주석으로 설명이 들어가 있다. 고도소비사회에서 지향되는 차별화란 이러한 카탈로그적인 정보의 조합에 의존한다. 정보를 공유함으로써 희소성이 담보되기 때문이다. 이러한 시장은 다양한 상품으로 세분화되고 모든 것들이 등가의 가치를 갖게 되면서 계층에 따른 소비의 분화가 이루어졌다.

1980년대에는 '신인류(新人類)'문화라는 젊은이문화가 대두하였다. 신인류는 부족함을 경험하지 않고 자신이 원하는 것이면 무엇이든지 쉽게 소비할 수 있었던 세대이다. 이전 세대인 단카이세대가 동질성과 연대를 추구하며 사회적인 문제에 관심을 보이는 특징이 있었다면, 신인류세대는 감성적이고 개인주의적인 성향이 강하다. '나'를 찾기 위해 여행을 떠나거나 수공예 소품을 직접 만들고, 셀프 인테리어로 꾸민 아담한 찻집을 경영하는 등 다양한 개인적 취향이 고도소비사회적 상황과 맞물려 소비를 통한 자기표출이 전개되었다. 잡지에 등장한 패션을 모델로 자기를 연출한다든지, 매스미디어에 소개되는 먹거리나 여행, 여가생활, 음악, 영화, 만화, 애니메이션 같은 대중문화의 소비에서 남들과는 차별화된 나를 표출하는 것이 신인류세대 젊은이문화에서 유행하였다. 포크송을 촌스럽게 여기면서 락음악이 유행하고 헤비메탈이 대두하기 시작했다. 특히 이 시기 젊은이들의 소비문화를 잘 드러내는 것이 『an · an』, 『non · no』라는 잡지이다. 젊은 여성을 대상으로 한 패션 중심의 잡지로, 기존의 연예 정보와 육아 등의 기사가 중심이었던 여성잡지 스타일에서 벗어나 패션이나 여행, 먹거리, 인테리어와 관련된 정보를 제공함으로써 젊은 여성들에게 큰 호응을 얻었다. 1980년대 후반 버블기에 이르면 소비를 통한 차별화가 더욱 진행되어 명품의 소비가 젊은이들 사이에서 붐을 이루게 된다. 값비싼 고급 브랜드상품으로 '나'를 차별화하려는 움직임이 폭발적으로 확대되어 샤넬이나 구찌 같은 유럽의 유명 브랜드를 몸에 지니고, 심지어 명품을 찾아 해외관광에 나서는 풍경도 흔하게 되었다.

1988년부터 1992년에 대학을 졸업하고 사회에 진출한 세대를 '버블세대'라고 한다. 일본의 고도경제성장기 후반에 태어나 초등학교에 진학할 무렵에는 포크송이 유행하였고, 교내폭력이 사회문제로 대두되던 시기에 학창시절을 보낸 세대이다. 대도시의 대학에 진학한 사람들은 버블문화의 발신원으로 화려한 패션과 문화를 주도했고, 대학을 졸업할 때는 버블경기로 취직시장이 여유로웠다. 개성지상주의 세대였던 이유로 기업측에서도 개인을 존중하는 라이프 스타일을 가미하여, 연봉제나 플렉스타임제를 도입하기도 했다. 버블세대는 일본의 대중문화가 다양화되고 숙성되기 이전에 성인이 되었기 때문에 구미문화에 대한 동경과 열등감이 남아 있는 세대였고, 후속 세대에 비해 해외를 지향하는 경향이 강했다.

07 | 버블의 붕괴와 J-컬처의 시대

1990년대 헤이세이(平成)시기로 들어서면서 일본의 버블경제는 붕괴한다. 버블붕괴 현상은 단순히 경기순환에서 후퇴기적인 측면뿐 아니라, 급격한 신용수축, 부동산과 주식의 고가를 유지해온 투기의욕의 급격한 감퇴, 그리고 정책의 착오 등이 얽혀 있다. 버블붕괴 이후 1990년대 후반의 아시아 금융위기가 겹치면서 다수의 은행들이 파산하였고, 그 은행들을 메인 뱅크로 하고 있던 기업들도 도산의 위기에 처하게 되면서 라이프, 소고, 다이이치호텔 등 굴지의 유통·서비스 기업들이 파국을 맞고, 일본은 장기불황의 시기에 접어들었다. 그러나 버블 붕괴 이후에도 일본 기업들은 고용을 최대한 유지하고 임금을 내리지 않으려 노력한 결과 노동배분률은 2000년에 이르기까지 꾸준히 증가한다. 종신고용이 중요시되었던 당시의 풍조에서는 재직 중인 사원을 해고하는 것은 곤란했다. 그 결과 과잉 인력을 삭감하기 위해서 신규채용을 억제하는 이른바 '취직빙하기'가 도래한다. 취직을 못 하게 된 많은 젊은이들은 파견직사원이나 프리타('프리랜서'와 '아르바이터'를 결합한 신조어), 니트(NEET : Not in Education, Employment or Training)가 되었고 이들을 가리켜 '취직빙하기세대'라 부르기도 한다. 이들의 생활과 고용의 불안정은 사회안전망을 벗어나 사회보장을 충분히 받지 못하는 상태로 커다란 사회문제가 되고 있다. 2008년에 도쿄 아키하바라에서 트럭과 칼로 7명을 살해하고 10명에게 상해를 입힌 무차별 살인사건은 자동차공장 파견사원이었던 25세 남성이 범인이었던 이유로 매스컴에서는 연일 비정규직 노동력에 대한 논의가 일어났다. 또한 학력 신화의 붕괴로 일정 수준의 대학을 졸업한 인력들도 취직에 어려움을 겪고 있다. 원래는 채용한 신입사원을 기업 내에서 일정 기간 교육을 하고 현장 업무를 맡기는 패턴이 일반적이었으나, 실적 악화를 겪고 있는 기업들은 교육을 시킬 여력이 없어졌고, 신입사원에게 바로 현장에 투입될 수 있는 능력을 갖출 것을 요구하기 시작했다. 1990년대부터 2000년대까지 단계적으로 진행된 글로벌화로 인한 국제경쟁 격화로 인해 이러한 풍조에 박차가 가해지고 있는 실정이다.

한편 버블붕괴 이후의 경직된 사회·경제적 분위기와는 대조적으로 일본의 대중문화는 획기적인 콘텐츠들이 동시다발적으로 등장한다. 오카자키 교코(岡崎京子)의 만화 『리버스 에지』는 살아가는 실감이 희박한 시대의 분위기를 그려냈고, 게임계에서는 버츄얼과 리얼의 경계를 허무는 시도가 나타났다. 그리고 1995년 『신세기 에반게리온』이 애니메이션계에 혁명을 일으키면서 전세계적으로 대중문화 콘텐츠 창작자들에게 지대한 영향을 미치게 된다. 그뿐 아니라 1980년대 일본의 코믹마켓에 모이는 사람들을 칭하는 용어인 '오타쿠'가 'OTAKU'로 전세계에 퍼지면서, 피규어, 만화 등의 작품을 리믹스하거나 코스프레('코스튬 플레이'의 줄임말) 패션 등 새로운 표현을 하는 오타쿠 문화가 글로벌 규모로 확산되면서 일본의 대중문화는 J-컬처로 명실상부 글로벌 스탠다드 대열에 진입한다. (유수정)

신문·잡지 제2장

Newspaper · Magazine

01 | 신문

1) 일본 신문의 역사

일본 신문의 역사는 1615년경으로 거슬러 올라간다. 오사카(大阪)에서 '가와라반(瓦版)'이라는 이름으로 천재지변이나 화재, 자살, 살인, 사기, 이상동물의 출현 등 갖가지 사건, 사고에 관한 문장과 삽화를 점토판, 목판, 석판, 동판 등으로 인쇄해 판매했다. 가와라반의 판매를 위해 가두에서 읽으며 다녔기 때문에 이를 '요미우리(讀賣)' 혹은 '쓰지우리에소시(辻賣り繪草紙)'[1]라는 별칭으로 불리며, 민중에게 새로운 소식을 전하는 역할을 했다.[2]

교통수단이 발달하지 않았던 당시 인간의 행동범위가 넓지 않았음을 감안한다면 가와라반을 통해 얻는 정보는 상상 이상으로 가치가 높았음에 틀림없다. 1673년경 일본에 '출판규제례'라고 하는 조례의 존재는 가

---

1) '가두에서 판매하는 삽화가 들어가 있는 종이'라는 의미이다.
2) 이 때문에 일본 현대어에서는 '가와라반'이라는 어휘가 '게시판'이라는 뜻으로 사용되기도 한다.

와라반의 성행으로 독자가 많았으며 그 영향력이 매우 컸다는 사실을 뒷받침해주는 것이다. 그러나 신문(新聞)의 등장으로 가와라반은 쇠퇴의 길을 걷는다.

'가와라반'이라는 명칭은 1853년 페리제독이 일본의 개항을 요구한 사건 이후 오늘날과 같은 '신문'이라는 정보지의 형태로 변화한다. 가장 빨리 개항한 나가사키(長崎)에는 세계 각국의 상인들이 모여 사는 외국인 거류지가 생겼으며, 그들은 상품의 거래 가격, 시장 동향, 배의 발착 정보, 국내외 경제, 정치 동향 등의 정보를 필요로 했다. 이에 영국인 상인이 인쇄 활자를 가져와 1861년 『나가사키 선적리스트와 광고(The Nagasaki Shipping List and Advertiser)』라는 신문을 주 2회 발행하게 된다. 이어 요코하마(横浜), 효고(兵庫) 등지에서도 발행하기에 이른다. 초기에는 무역에 관한 정보가 중심을 이루었으나 일본의 정치, 역사, 문화 등 다방면의 기사내용을 함께 다루게 되면서 영어를 아는 일본 지식인들에게도 읽히게 된다.

당시 일본 지식인들은 '신문'이 유럽에서 시민들의 여론을 형성하고 그 여론이 사회나 정치를 이끌어 가는 힘으로 작용한다는 사실을 알고는 적지 않은 충격을 받았다. 동시에 인쇄문화가 서구에 비해 대단히 뒤처져 있다는 사실에도 적잖은 실망을 했다. 그도 그럴 것이 미국은 이미 1840년경에 1시간에 8천 장의 신문을 인쇄할 수 있었으나 그와는 달리 일본에서는 나무에 문자나 그림을 파 찍어내는 목판 인쇄가 주류를 이루고 있었다. 더욱이 신문과 같이 큰 용지에는 찍어낼 기술이 없어 압도적인 기술 격차를 느끼는 것은 당연한 일이었다.

일본어로 만들어진 최초의 신문은 1862년 발행된 『관판 바타비아신문(官版バタビヤ新聞)』으로 알려져 있다. 바타비아(현재 자카르타)에서 발행되었던 『야반세뉴스(Javasche Courant)』라는 바타비아 관청의 기관지를 원본으로

해 여기에 실린 네덜란드 국내 및 세계 뉴스를 일본의 지식인들이 번역해 발행했던 것이다. 신문이라고는 하지만 반 페이지 정도의 팸플릿에 지나지 않았고 일본 국내 소식도 실리지 않았다. 23호까지 발행된 이후 『관판해외신문(官板海外新聞)』으로 명칭이 바뀐다.

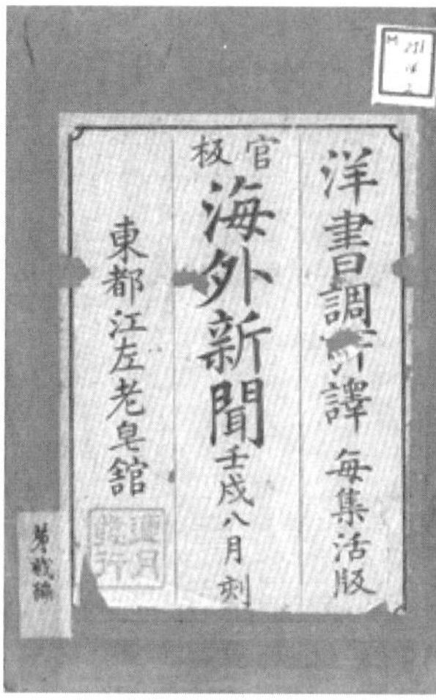

관판해외신문(후쿠이문서관 소장)

메이지(明治)시대(1868~1912)에 들어 이를 모방해 우후죽순처럼 새로운 신문이 창간되었는데 『주가이신문(中外新聞)』(1868년 창간), 『고코신문(江湖新聞)』(1868년 창간), 『반코쿠신문(万國新聞)』(1872) 등이 그것이다.

1870년에는 일본 최초의 일간지 『요코하마마이니치신문(横浜毎日新聞)』이, 1872년에는 『도쿄니치니치신문(東京日日新聞)』이 창간되며, 그리고 현존하는 가장 오래된 지방지 『교추신문(峽中新聞)』이 창간된다. 이 시기의 일본 신문은 주로 자유민권운동 등의 정치적 주장을 펼쳤으나 1880년대에 이르러 정부의 탄압이 심해져 정치적 주장보다는 사건, 사고 등의 뉴스를 다루게 되는 새로운 형태의 신문으로 그 성격이 바뀌게 된다. 또한, 청일전쟁(1894~1895), 러일전쟁(1904~1905) 때에는 시시각각 변하는 국내외 정세를 일본인들에게 보다 신속하게 전하기 위하여 신문이 활성화되면서 신문사도 사내 체제가 정비되고 신문도 현대적인 스타일에 가까워진다. 학교 교육을 받은 기자들이 국내외 지역에서 직접 취재해 보도함으로써 기사의 질도 크게 향상된다. 1922년에는 기사심사부가 설치되어 오보에 의한 취재대상자의 클레임을 처리할 정도로 발전한다.

그러나 1923년 관동대지진으로 수도 도쿄(東京) 내 대부분의 통신망이 단절되어 신문이 기능을 하지 못하면서 민간 자경단 등이 조선인을 대량 학살하는 사태가 벌어지는 등 더욱 혼란에 빠지는 사건이 발생한다. 이는 근대 이후 도시생활에 올바른 정보를 전달하는 데 미디어가 빠질 수 없으며 신문의 역할이 매우 중요하다는 것을 단적으로 보여주는 사례이다. 이렇듯 도쿄에 있는 신문사들이 지진으로 제 역할을 하지 못하자 『오사카아사히신문(大阪朝日新聞)』과 『오사카마이니치신문(大阪毎日新聞)』이 이를 대신해 관동대지진과 제1차 세계대전과 같은 대사건을 신속히 보도함으로써 급속히 발행 부수를 늘리게 되었고, 그 여세를 몰아 1930년대에는 『도쿄아사히신문』, 『도쿄니치니치신문』, 『요미우리신문』 등이 그 판매부수를 100만 부 이상으로 늘리면서 신문의 대중화 시대를 활짝 열었다.

신문의 대중화에는 다이쇼(大正)천황의 즉위, 쇼와(昭和)천황의 결혼식 등 황실을 둘러싼 소식의 보도와 여가 생활 선용, 오락 등에 대한 지면의 증가도 그 한몫을 톡톡히 했다. 이와 더불어 연재소설, 4컷 만화 등도 신문의 대중화에 선도적인 역할을 했다고 평가받고 있다.

2) 일본 신문의 종류와 발행부수

신문은 국내외의 사건, 사고, 정치, 경제 등의 사회동향을 보도하는 미디어로 기사와 사진, 그림 등이 지면에 인쇄된 것을 말한다. 보도 내용은 국제 정세는 물론 일본 국내나 한정된 지역 등에서 발생한 정치, 경제, 사회의 사건 사고, 스포츠 정보, 여행 정보, 건강, 지식 등을 다룬다.

일본의 신문은 그 내용에 따라 일반지와 전문지로 구분된다. 일반지는 모든 분야의 뉴스를 전반적으로 다루며, 전문지는 스포츠신문, 경제신문, 경마신문, IT신문, 건설업신문 등과 같이 특정분야에 관한 뉴스를 전문적으로 다룬다. 또한, 발행 형태에 따라 월간지, 일간지, 주간지, 석간지로 나뉘며, 발행・배부지역에 따라 전국지(중앙지)와 블록지, 지방지로 분류된다.

전국지로는 『요미우리신문(讀賣新聞)』(1874년 창간), 『아사히신문(朝日新聞)』(1879년 창간), 『마이니치신문(每日新聞)』(1872년 창간), 『산케이신문(産経新聞)』(1933년 창간), 『니혼케이자이신문(日本経濟新聞)』(1876년 창간)의 5대지를 꼽을 수 있다. 이들은 TV방송국과 자본 및 정보 제휴 등의 긴밀한 관계를 맺고 있어 주요 매스컴으로 막대한 영향력을 갖는다. 블록지란 가까운 몇 개 지역을 묶어 발행, 판매하는 신문을 가리키는데 『홋카이도신문(北海道新聞)』, 『주니치신문(中日新聞)』, 『서일본신문(西日本新聞)』 등이 이에 속한다.

지방지로는 『니이가타일보(新潟日報)』, 『교토신문(京都新聞)』, 『고베신문(神戸新聞)』 등이 있으며, 이들은 각 지역의 정치, 경제, 건강, 오락(스포츠), 사회, 지역소식 등 크게 6분야로 구성해 기사를 내고 있다. 이는 전국지와 다를 바 없지만 전국지와는 달리 해당 지역에서 일어나 사건, 사고, 정보를 적당한 비율로 게재해 지역민들에게 필요한 정보와 소식을 전달하는 것이 특징이다. 이들 지방지에 게재되는 정치, 경제 전반, 국제정세에 관한 기사는 자본을 제휴한 중앙지로부터 송신 받거나 교도통신(共同通信) 혹은 지지통신(時事通信)에서 제공을 받는다. 교도통신과 지지통신은 신문을 발행하는 주체는 아니지만, 여러 지방지가 가맹하여 조직된 보도기관으로 이들이 내는 기사가 전국의 가맹보도기관에 송신되기 때문에 전국지와 동등한 미디어로 취급되기도 하며 세계적인 특종 기사를 내는 경우도 적지 않다.

일본신문협회의 2013년 통계조사[3]에 따르면 일본 전국 일간지 발행부

---

3) http://www.pressnet.or.jp

수(조간/석간)는 59,395,978(45,948,669/13,447,309)부이며, 그중 도쿄의 발행부수가 가장 많고 그 뒤를 이어 오사카, 가나가와(神奈川) 순으로, 도시의 크기와 인구수 등과 발행부수는 비례하는 것으로 나타났다.

3) 일본 신문의 최근 경향

메이지시대 이후 신문이 널리 보급된 데에는 일본인의 교육열로 인한 높은 문자 가독률이 그 배경에 있다. 이미 에도(江戶)시대(1603~1868)에 무사 계급 자녀들을 중심으로 체계적인 교육이 행해졌으며, 러일전쟁 이후에는 의무 교육이 강화되면서 취학률이 90%를 넘게 된다. 다이쇼(大正)시대(1912~1926)에는 중등학교 이상의 학생 수의 증가로 신문, 잡지, 서적 등 활자 문화가 활성화되었으며, 라디오와 함께 신문, 잡지는 당시 대중문화를 선도해 왔다.

앞서 언급한 비와 같이 일본의 신문은 19세기에는 정부 비판을 목적으로 이용하였으나, 제2차 세계대전 중에는 반대로 정부가 대중을 선동하는 데 이용되기도 했다. 패전 후에는 일본의 부흥이라는 합일된 목적 아래, 신문은 일본 대중의 의식을 하나로 모으는 데 중요한 역할을 했다. 정부의 통제는 없었으나 신문사 내에서 자체 통제를 하기도 하며 현대에 이르러서도 여전히 천황가에 대한 비판은 금기시되어 있다.

최근 전 세계의 신문 판매 및 광고수입이 동반 감소 추세를 보이는 가운데 '신문왕국'이라 불리는 일본도 인터넷의 보급과 미디어의 다양화로 신문의 구독률은 예전에 비해 매우 낮아졌다. 그러나 여전히 1000만 부를 넘는 발행 부수를 자랑하는 『요미우리신문』, 800만 부를 넘는 『아사히신문』, 400만 부를 넘는 『마이니치신문』의 3대 전국 일간지가 건재하며, 이들 3대 신문의 놀라운 발행 부수는 다른 나라에서 찾아보기 힘든 수치로 이들 신문이 일본 사회에 갖는 영향력은 대단히 크다고 할 수 있다. 그러나, 발행부수 1,2위를 차지하는 『요미우리신문』과 『아사히신문』은 발행 부수 늘리기 경쟁으로 과다 출혈을 하는 등 일본 신문 미디어의 현주소를 보여 주고 있다.

전철 플랫폼 가판대

한국 신문의 인터넷판에서는 신문 지면의 기사내용을 줄이지 않고 그대로 게재하는데 비해 일본 신문의 인터넷판은 주요 기사의 요약이나 대략을 게재하는 것이 일반적이었다. 그러나 최근 젊은 층을 중심으로 인터넷신문이 확산되면서 '뉴스는 인터넷으로 읽기 때문에 신문이 필요치 않다'라는 사람이 급격히 늘어나는 바람에 신문 발행 부수와 신문사의 광고수입이 현격하게 줄고 있다. 그야말로 신문의 시대는 가고 있다고 해도 과언이 아닐 정도이다. 이에 각 신문사들은 어쩔 수 없이 신문의 전문을 인터넷에 모두 게재하는 것으로 그 방침을 바꾸어 독자들의 요구에 대응하고 있다.

이렇듯 인터넷 보급이 높아짐에 따라 신문을 구독하는 사람은 줄고 있는 추세이지만 아직은 여러 미디어 중 TV 다음으로는 신문(전체 인구 중 83.6%)을 접하고 있는 것으로 나타났다(일본신문협회 2013년 '전국미디어접촉, 평가조사' 결과). 그 뒤를 잡지, 인터넷, 라디오가 잇고 있다.

일본의 전국 미디어 접촉, 평가 조사에 의하면 다양한 미디어 중 텔레비전을 통해 정보를 얻는 사람은 '세상의 동향'에 관심이 높은 것으로 나타났으며, 인터넷을 주로 이용하는 사람은 '자신의 흥미, 취미' 등 자신이 원하는 것에 관심이 높다는 결과가 나왔다. 이에 비해 신문을 통해 주로 정보를 얻는 사람은 '환경에 대한 의식'과 '기업의 사회적 책임'에 대해 관심이 높은 것으로 나타나 여전히 일본의 지식 계층은 신문을 선호하고 있음을 알 수 있다. 또한 일본에서 신문은 각 지방의 지역소식이나 지방자치단체 등이 발신하는 정보, 관광지와 특산품의 정보를 얻는 데에 가장 유용한 미디어로 인식되고 있다.

일본의 주요 일간지를 살펴보면 대부분의 1면 광고가 서적 광고라는 사실은 주목할 만하다. 실제로 『아사히신문』의 경우 1면 하단광고는 365일 내내 서적 광고가 실려 있다. 그 이유가 일본 정부의 독서 장려정책 때문이라는 사실 또한 흥미롭다.

02 | 잡지

1) 일본 잡지의 역사와 특징

일본은 출판왕국, 번역왕국, 잡지왕국이라 부를 정도로 출판업계가 번성해 왔다. 책 읽기를 좋아하는 일본인의 독서 습관은 세계적인 출판 발행 부수를 자랑하며 다양한 출판물의 발달을 가져왔다. 일본 출판계의 특징으로는 세계 각국의 서적이 모두 일본어로 번역되어 있다고 해도 과언이 아닐 정도로 활발한 번역 출판과 값싸고 휴대에 편리한 각종 문고판의 보급, 그리고 주간 잡지나 만화 잡지의 발달 등을 들 수 있다. 유명

출판사 직원의 급여가 대기업을 능가하는 수준으로 우수한 인재들이 출판업에 종사하며 언론 종사자로서의 자부심을 갖고 독자의 기호와 요구에 맞추어 서적 출판, 잡지 출판을 해왔다.

잡지는 주간, 월간, 계간, 연간 등과 같이 정기적으로 간행되며 수준 높은 편집자와 독자를 보유하고 있다. 여러 기사가 일정한 편집 방법으로 동시에 게재되며 신문만큼은 아니지만 일반서적보다는 한 발 앞서 보도되는 정보력을 지니고 있다. 그리고 일반서적에 비해 간행이 비교적 쉽고 서적으로는 발행하기 어려운 전문 분야의 정보나 오락의 정보, 대중적인 정보를 제공하는 데 적합하다.

'잡지(雜誌, ざっし)'라는 말은 영어 'magazine'을 번역하면서 생긴 일본 한자어로, 일본 최초의 본격적인 잡지는 1867년 10월에 서양을 연구하는 학자인 야나가와 슌산(柳河春三)이 창간한 『서양잡지(西洋雜誌)』이다. 야나가와 슌산은 이밖에도 『주가이신문』을 발행하는 등 일본 저널리즘 활동의 선구적인 역할을 했다. 이렇게 메이지시대부터 발행되기 시작한 잡지는 다이쇼시대까지는 일본 근대 문학계를 이끌어 온 『메이로쿠잡지(明六雜誌)』, 『주오코론(中央公論)』, 『스바루(スバル)』, 『묘조(明星)』, 『조가쿠잡지(女學雜誌)』와 같이 지식인을 대상으로 한 문학동인지나 평론잡지가 주류를 이루었다.

쇼와(昭和)시대(1926~1989)에 이르러 출판의 성행과 함께 서적 및 잡지의 발행이 증가하고 종류 또한 크게 늘어나면서 발행 부수도 급증해 총 발행 부수가 약 50억 권에 달한다. 현재 잡지 종류만 해도 약 4천여 종이다. 이렇게 잡지의 발행 부수 및 종류가 많아서인지 일본의 문인과 저술가는 약 3만 5천 명, 편집자도 약 8만여 명에 이른다.

대체적으로 잡지는 독자대상이 명확하게 구분되어 일본잡지광고협회

다양한 장르의 잡지와 그 부록

는 대상독자를 각 연령대별로 구분해 7세 이하를 유아, 13세 이하는 아동, 19세 이하는 틴즈(teens), 20세에서 24세는 영(young), 25세에서 34세는 영 어덜트(young adult), 35세에서 49세까지는 미들 에이지(middle age), 50세 이상은 시니어(senior)로 분류한다. 또한, 부인잡지, 남성잡지, 소년잡지, 소녀잡지 등 성별로 분류하기도 한다. 이렇듯 잡지는 다양한 연령층과 성별을 대상으로 한다.

잡지에서 전문적으로 다루는 장르 또한 무척 다양해 사상, 항공, 비즈니스, 천문, 의학, 문학, 경제, 기술, 건축, IT와 같은 전문지부터 외국어, 수학, 사회, 과학 등의 학습 및 수험정보지, 주식, 건강, 육아, 쇼핑, 재테크 등의 생활 잡지, 그리고 철도, 모형, 패션, 헤어, 네일, 요리, 맛집, 애견, 스포츠, 사진, 영화, 사적지, 명승지, 만화, 그라비아, 애니메이션, 게임, 음악, 미술, 오토바이, 자동차, 장기, 바둑 등과 같은 취미나 오락 등을 다룬 잡지에 이르기까지 거의 모든 영역의 잡지가 존재한다고 해도 과언이 아니다. 판매 장소도 다양해 서점뿐만 아니라 키오스크(KIOSK)라고 부르는 역 가판대, 그리고 편의점 등에서 판매한다. 편의점에 서서 잡지를 읽고 있는 일본인들의 모습은 일상에서 흔히 접할 수 있는 광경이다.

2) 일본 잡지의 유통 및 광고

잡지 유통은 서점, 역 가판대, 편의점 등의 소매점 판매가 가장 일반적이다. 소매점 판매를 위해서는 잡지 코드를 반드시 취득해야 한다. 간행주기가 짧을수록 출판사에 반품 기한이 짧기 때문에 서점 진열 일수가 짧아진다. 잡지에 따라서는 특약점이나 일부 서점에서 상비하는 경우도 있으며, 서점 재고가 몇 권밖에 없는 경우에는 반품 기한을 넘겨도 반품하지 않고 판매하는 경우도 있지만 그 이외의 서점에서는 과거에 간행된 잡지(백넘버)를 손에 넣기란 쉽지 않다. 그리고 온라인 서점에서는 유통시스템으로 인해 과거에 간행된 잡지는 원칙적으로 반품하지 않고 재고가 없어질 때까지 판매하기도 한다. 일본은 고서점이 많아 특정 장르의 백넘버 잡지를 전문적으로 취급하는 곳도 있다.

이러한 방법 외에 택배 판매 방법을 들 수 있다. 전문 분야의 잡지 중에는 계약제로 기업이나 개인에게 직접 배송하는 경우가 많다. 전문 분야가 아닌 일반 잡지라 하더라도 정기구독계약을 하면 택배가 가능하다. 서적이나 잡지는 일본 문화 정책의 일환으로 우편 요금이 싸게 책정되어 있는데 특히 학술 간행물(학회지)의 경우에는 더욱 싼 요금이 적용된다.

최근 일본에서는 디지털 잡지 발행이 성행하고 있다. 기사만 볼 수 있는 것이 아니라 겉표지부터 기사와 광고가 기존 잡지와 똑같은 방법으로 게재되어 있다. 디지털 잡지는 잡지 내 검색이 가능하거나 관련 동영상을 볼 수 있으며 관련 홈페이지로 직접 접속할 수 있어 편리하고 휴대하기 쉬운 특성 때문에 향후 독자가 증가할 것으로 전망된다. 또한 2006년부터 시작된 잡지의 e-book 발행이 현저히 증가하고 있는 추세이다.

잡지 판매 대금과 잡지에 실은 광고비가 출판사의 수익이 되는데 근래에는 광고비의 비율이 점차 높아지고 있다. 유명 잡지의 컬러 광고비는 페이지 당 200만 엔을 넘는 것도 있으며 기사보다 광고에 지면을 더 할애하는 잡지도 적지 않다. 잡지 광고는 보다 높은 광고 효과를 얻기 위해 해당 잡지의 주된 구독자층을 타깃으로 한 것들이 대부분이다.

3) 잡지를 둘러싼 환경 변화와 살아남기 전략

일본은 잡지 왕국답게 다양한 잡지가 발행되고 있다. 한국에도 잘 알려진 종합잡지 『문예춘추(文藝春秋)』, 패션잡지 『논노(NON-NO)』, 만화잡지 『소년매거진(少年マガジン)』, 『소년점프(少年ジャンプ)』 외에 각종 분야별로 4000종 이상의 잡지가 발행되고 있다. 해마다 잡지가 창간되고 그중 절반 이상이 휴간 혹은 폐간을 하는 치열한 경쟁 속에서 잡지 시장을 확대해 왔다.

그러나 인터넷의 확산과 오랜 경제 불황, 소비 형태의 변화 등으로 큰 타격을 받으며 몰락하는 분야로 잡지 업계가 손꼽히기도 한다. 잡지에 광고를 싣기 위해 스폰서가 되었던 기업이 이제는 인터넷이나 스마트폰, TV 매체를 통해 새로운 제품의 출시를 알리는 광고를 선호하게 되어 잡지의 정보 발신 기능이 점차 저하되고 있기 때문이다. 독자들도 웹사이트에서 정보 발신을 하는 경우가 늘어나 정보 교환의 장으로 잡지의 기능이 약화되고 있는 것이다. 이 때문에 많은 잡지가 발행 부수를 줄이거나 휴간 혹은 폐간을 하는 등 불황이 심각한 수준이다. 이러한 불황을 벗어나기 위해 부록 끼워주기 마케팅 방법을 적극적으로 펼치고 있기도 하다.

부록 끼워주기 이외에 위기를 벗어나기 위한 방법으로 일본을 대표하는 고단사(講談社), 소학관(小學館), 문예춘추사(文芸春秋社) 등을 포함한 50여 개의 출판사가 연대하여 『주간문춘(週間文春)』, 『주간현대(週間現代)』, 『선데이마이니치(サンデー毎日)』 등의 주간지부터 여성지와 전문지 등 100종류의 잡지기사를 인터넷에서 유료 서비스하는 공동 사업을 개시하였다. 또한 잡지의 전문성을 더욱 높이고 인터넷 서비스화를 통해 경쟁력을 강화하고는 있지만 무료 콘텐츠도 이미 상당수 존재하기 때문에 향후 어떠한 생존전략으로 대응할지 주목된다.

4) 한류와 잡지

2004년도 NHK에서 「겨울연가(冬のソナタ)」를 방영한 이후 한국 드라마와 배우에 대한 일본 중년 여성들의 관심이 급격히 증가했다. 소위 일본의 코리아타운이라 부르는 신오쿠보(新大久保)거리에는 한류에 관심이 많은 일본인들을 흔히 볼 수 있다. 서점에는 한국에 관한 정보를 얻을 수 있는 잡지가 눈에 띄는 곳에 진열되기 시작했다.

이때만 해도 많은 일본인들은 한류의 열기가 일시적인 현상이라고 생각했으나, 2006년 「대장금」, 2008년 「이산」 등 드라마가 방영되면서 중년 남성들도 한국 드라마를 즐기게 되었고, 드라마에 나오는 한국 요리에 대해 관심을 갖게 되면서 한국 관련 잡지들을 구독하게 되었다.

한국 드라마와 배우들에 대한 중년 여성들의 관심을 이상하게 여겼던 젊은이들도 지금은 K-pop의 인기와 더불어 한국문화에 대한 지대한 관

심을 갖게 되었다. 이렇게 다양한 세대에 침투한 한류 붐은 기나긴 불황에 빠진 일본 출판계에 활력을 불어넣는 아이템 중 하나가 되었다.

최근 정치 및 외교적인 문제와 맞물려 한류에 대한 비판 여론이 거세지며 반감을 나타내고 있는 사람이 적지 않은 것은 사실이다. 그러나 여전히 많은 한국 드라마가 방영되고 있고, 일본 현지에서 많은 한국 가수가 왕성한 활동을 펼치고 있어 여전히 한국 문화 관련 잡지는 꾸준히 판매되고 있다.

참고자료

秋山勇造(2002),『明治のジャーナリズム精神』, 五月書房
齋藤 毅(2005),『明治のことば』, 講談社
春原昭彦(2003),『日本新聞通史』, 新泉社
興津要(1893),『新聞雜誌發生事情』, 川選書
吉見俊哉・水越伸(2001),『メディア文化論』, 放送大學教育振興會
東京產業新聞社創立記念連載,「新たに聞く－日本の新聞の歴史－」序章
東京產業新聞社創立記念連載,「新たに聞く－日本の新聞の歴史－」 第1回 かわら版と飛脚
社団法人日本新聞協會 http://www.pressnet.or.jp
社団法人日本雜誌協會 http://www.j-magazine.or.jp/data_001/index.html

방송 제3장
Broadcasting

01 | 일본 방송의 역사

일본 방송의 역사는 도시 대중문화의 역사와 관련이 깊다. 일본은 메이지유신(1868)을 통해 근대화를 단행한 후, 제도적인 측면에서의 개혁뿐만 아니라 생활면에서도 점차 근대적인 모습으로 바꾸어갔다. 1920년대로 접어들면서 도쿄(東京)와 오사카(大阪)를 중심으로 도시가 발달했고, 이들 도시에는 백화점이나 극장, 레스토랑, 카페, 댄스홀 등이 생겨나면서 도시 시민들을 위한 소비와 오락거리도 늘어났다. 특히 1923년에 관동지방에서 일어난 관동대지진 이후 초토화된 도시를 새롭고 모던한 분위기로 변화시키려는 움직임 속에 근대적인 도시문화가 형성되었다. 또 『문예춘추(文藝春秋)』(1923)나 『킹(キング)』(1925)과 같은 대중잡지도 창간되어 1920년대 중반 이후 대중문화의 기반이 만들어지게 된다. 이와 같은 대중문화의 시대에 매체로 등장한 것이 바로 방송이다.

일본에서 처음으로 방송이 시작된 것은 1925년 3월로, 사단법인 도쿄방송국(JOAK)이 라디오 시험방송을 시작하면서부터이다. 이어 같은 해 6월과 7월에 사단법인 오사카방송국과 나고야(名古屋)방송국이 설립 허가를 받았고, 1926년에 일본방송협회 방송망이 통합되면서 현재의 NHK(Nippon Housou Kyoukai : 일본방송협회)로 발전했다. 이후 라디오 방송은 1931년의 만주사변, 1937년의 중일전쟁, 그리고 1941년의 태평양전쟁으로 이어지는 전쟁의 소용돌이 속에서 제국주의 전쟁 수행의 미디어로 급속히 보급되었다. 당시의 라디오 방송은 무선전신법의 규제를 받았기 때문에 정부의 주도 하에 군국주의 이념을 선전하는 내용이 주를 이루며 전쟁을 선동하는 수단으로 기능하였다. 따라서 프로그램 편성도 일본군의 전황을 알리는 내용이나 전쟁시, 군가를 주로 내보내고 국민의 정신적인 단결을 선동하는 내용이 주를 이룬 반면, 오락물은 철저히 금지되었다.

이후 1945년에 일본은 패전을 맞이하게 되고 미군 주도의 연합국 최고사령관 총사령부(GHQ)의 주도 하에 피점령 상태가 된다. 패전 직후의 점령기에는 군사적 이용 가능성 때문에 GHQ는 텔레비전 방송을 시작하는 것에 내해 소극적인 태도를 보였다. 대신에 NHK를 특수법인화하고 민간방송 설립을 허가하는 전파법, 방송법, 전파감리위원회설치법의 이른바 전파 3법을 제정함으로써, NHK가 어느 정도 정부의 간섭으로부터 독립되었으며 오늘날과 같은 공·민영 방송체계의 기초가 성립되었다.

일본에서 텔레비전 방송의 등장은 세계의 냉전구조와 한국전쟁에 관련되는 바가 크다. 1950년 한국전쟁이 일어나면서 일본에서의 텔레비전 방송에 대한 필요성이 제기되었다. 미국의 상원 의원 칼 문트(Karl Mundt)는 온 세계에 텔레비전 방송망을 구축한다는 'vision of America'를 만들 것을 제안했는데, 그에 의하면 공산주의를 이길 수 있는 미국의 무기가 바로 텔레비전이라는 것이다. 전후 일본을 점령하고 있던 미국은 처음에는 일본의 텔레비전 방송을 허가하지 않고 있다가, 한국전쟁 이후 일본을 반공국가로 만들 필요성을 느껴 텔레비전 방송을 허가한 셈이다.

이에 NHK는 1950년 11월부터 주 2회 텔레비전 실험방송을 시작하게 되었고, 1953년 2월에 본방송이 시작되었다. 물론 TV방송이 시작된 초기에는 TV 수상기 값이 비싸서 TV 방송이 일반화되지는 못했다. 그런데 1957년부터 컬러텔레비전 실험방송이 실시되고, 특히 1959년 4월에 현재 헤이세이(平成) 천황인 당시의 황태자 아키히토(明仁)의 결혼식이 텔레비전을 통해 중계되면서 TV 수상기의 보급이 급속도로 증가한다. 황태자비 쇼다 미치코(正田美智子)는 이전에 황태자비로 간택된 여성들과는 다르게 평민 출신이었다. 평민 출신의 왕세자비의 탄생은 전후 대중적인 친화를 중요시한 대중천황제의 이미지를 피력하기에 충분했다. 황태자비를 상품화한 물건까지 백화점에서 팔리기 시작하면서 이른바 '밋치 붐'을 이끌어냈고, 이러한 대중 친화적인 천황가문의 이미지는 결혼식 중계 이후에도 TV 수상기를 통해서 대중에게 계속 보도되었다. 그 결과, 제국주의시대의 절대군주였던 천황의 이미지는 이제 대중의 관심을 한 몸에 받는 대중적인 이미지로 바뀐 것이다. 다시 말해서, 전후 대중천황제의 이미지를 일본 국민에게 각인시키는 데 효과적으로 활용된 매체가 바로 텔레비전 방송이라고 할 수 있다. 도쿄타워의 완성(1958)을 배경으로 하고 있는 영화 「올웨이즈 3번가의 석양(Always 3丁目の夕日)」은 라디오 방송으로 영화가 시작해 텔레비전으로 옮겨가면서 일본 대중문화가 본격적으로 꽃을 피우는 1950년대 후반의 상황을 잘 보여주고 있다.

이후 텔레비전의 보급은 급격히 늘어났다. 1954년에는 20만 대가 보급되었고, 고도경제성장을 이룩하는 1950년대 후반에는 100만 대가 보급되기에 이르렀다. 그리고 1964년 도쿄올림픽이 TV 전파를 타고 중계된 때에는 500만 대를 넘어설 정도여서, 실제로 경기장에서 관람한 사람수보다 텔레비전 중계를 통해 올림픽을 관람한 사람이 압도적으로 많을 정도였다. 그리고 1960년대 후반이 되면 2천만 대에 이를 정도로 일반화된다. 이와 같이 1950년대 후반부터 1960년대를 거치는 고도경제성장시기에 텔레비전 방송은 문자 그대로 대중매체로서의 면모를 확실히 하게 된 것이다. 텔레비전 방송의 위력은 실로 대단해서 광고를 통한 대량 소비가 이루어졌고, 이는 다시 대량 생산으로 이어져 그야말로 대중화시대의 명실상부한 매체로서 그 위상을 굳히게 되었다. 즉 현대일본대중문화의 한가운데에 텔레비전 방송이 놓여 있다고 볼 수 있다.

현대에 들어오면서 인터넷이나 스마트폰 보급이 일반화되어 정보를 얻는 미디어가 다양해지고 있음에도 불구하고, 텔레비전의 기능과 역할이 결코 쇠퇴하지 않는 사실은 매우 흥미롭다. 오히려 기능적인 면에서 더욱 진화된 텔레비전이 연일 시장을 떠들썩하게 하고 있는 현상을 목격할 수 있다. 특히 2011년 3월 11일에 일어난 동일본대지진 당시, 일본의 텔레비진은 '새난방송'을 효과적으로 실시해 주민들의 동요를 막는 데 기여했다.

물론 대지진이라는 대재앙의 특수 상황이었기 때문에 라디오나 텔레비전의 보도로는 제한될 수밖에 없는 정보를 SNS(Social Network Service)와 같은 뉴미디어가 일본 국내뿐만 아니라 전세계에 실시간으로 다량의 정보를 전달함으로써 라디오나 텔레비전 방송을 보완한 것은 사실이다. 그러나 NHK 같은 경우, 자동송출시스템을 도입하여 지진이나 쓰나미가 일어날 경우 경보음을 발령하고 재난에 신속히 대비할 수 있는 행동 등을 시청자에게 전달한다. 뉴미디어가 널리 보급되는 가운데, 재해가 많은 일본에서 라디오나 텔레비전 같은 매스미디어가 차별화된 기능을 하는 사례라고 할 수 있다.

02 | 일본 텔레비전 방송의 현재

1) 텔레비전 방송사의 특징

현재 우리는 다매체, 다채널의 방송 시대를 누리고 있다. 그러나 과연 공공서비스도 다원화되고 자유로워졌다고 말할 수 있는가? 방송 미디어의 가장 중요한 역할은 공영이든 민영이든 상관없이 공익성이 가장 우선시되어야 한다. 방송이 건강한 시민사회의 언론 자유라고 하는 공론장으로서의 역할을 해내지 못한다면, 오히려 정치권력과의 야합은 더욱 거세질 것이다. 한국 사회도 이른바 '미디어법'이 통과하면서 신문·통신사와 대기업의 지상파방송 진출이 허용되었다. 대규모 자본 투자를 통한 글로벌 미디어 육성도 필요하지만, 공공성에 대한 사회적 합의가 무엇보다도 필요하다. 한국의 방송은 공공성을 더욱 강화하고 정체성과 차별화를 이루어내야 하는 과제를 안고 있는 것이다. 일본은 어떠한가?

일본의 방송 체제는 한국과 마찬가지로 크게 공영과 민영 두 가지 형태의 방송으로 이루어져 있고, 그 외에 많은 지역방송들, 케이블 TV나 BS(Broadcasting Satellite, 방송위성), CS(Communication Satellite, 통신위성) 등이 있어 국내에서 시청 가능한 채널의 수는 200개 이상이다.

공영방송사인 NHK는 정부 보조금과 수신료 수입을 주요 기반으로 운영되고 있으며, 상업적인 이윤 추구와 달리 공공 영역의 방송에 대한 책임성이 강조되는 점은 한국의 KBS와 크게 다를 바 없다. NHK는 종합채널과 교육채널로 구성되어 있다. 종합채널의 경우, 전 세계의 주요 도시에 특파원을 파견하고 국내에도 각 지역별로 뉴스 리포터를 기용하여 광범위하게 뉴스를 취재하고 일본 지역사회 네트워크를 만들고 있다.

교육채널은 학생용뿐만 아니라 성인을 위한 교육 프로그램이나 교양물을 함께 제작하고 있는데, 질적인 수준이 높아 호평을 받고 있다.

NHK를 제외한 민영방송은 광고수입이나 유료방송요금 등을 주요 수입원으로 운영되는데, 특히 광고수입이 전체 매출의 80% 이상을 차지할 정도여서 이들 방송사의 매출 규모는 한국 시장의 약 5배 이상이라고 한다. 그렇다고는 해도 인터넷의 보급과 스마트폰 등의 뉴미디어가 급속히 퍼지면서 방송 매체 의존도 자체가 줄고 있기 때문에 방송사의 광고수입이 줄고 있는 것은 전 세계적인 현상이라고 할 수 있다.

일본의 민영방송은 1951년에 라디오방송 6사를 시작으로 출발해, 현재 80개가 넘는 민방 라디오방송이 전파를 타고 있다. 민영 텔레비전방송 역시 1951년에 니혼TV 개국을 시작으로 현재 5개의 주요 민영방송이 이루어지고 있다. 그런데 이들 민영방송사의 특징은, 각 방송사가 신문사 자본과 연계되어 있다는 사실이다. 니혼TV(NTV)는 『요미우리신문(讀賣新聞)』과 『호치신문(報知新聞)』, 도쿄방송(TBS)은 『마이니치신문(每日新聞)』과 『스포츠 닛폰(日本)』, 후지TV는 『산케이신문(産經新聞)』, TV아사히는 『아사히신문(朝日新聞)』과 『닛칸(日刊)스포츠』, 그리고 TV도쿄는 『니혼게이자이신문(日本經濟新聞)』과 각각 연계되어 있다.

방송과 신문 자본의 연계로 인해 각 민영 방송사는 각각 채널마다 프로그램이 특성화되어 있는 측면이 있다. 즉, 니혼TV는 요미우리 자이언츠의 모회사인 『요미우리신문』과 요미우리 방송이 최대 주주인 방송국으로, 요미우리 자이언츠의 야구 시합 중계가 큰 비중을 차지하고 있고 정보계 프로그램들이 많다. 또 도쿄방송은 드라마를 중점적으로 방영하고 있어 「대장금」을 비롯한 한류 드라마가 인기를 모았다. 후지TV는 드라마도 많이 방영하지만, 특히 버라이어티 계통의 쇼 프로그램이 메인이라고 할 수 있다. TV아사히는 『아사히신문』과 연계되어 보도 프로그램이 많이 편성되고, 특히 심야에는 버라이어티 프로그램이 많다. TV도쿄는 도쿄를 중심으로 하는 지역 민방이긴 하지만 매우 큰 규모로, 도쿄 주변의 정보나 주식 정보 등의 프로그램이 많고 애니메이션도 많이 방영되고 있다.

이와 같이 민영방송은 상업적이고 오락적인 성격의 프로그램이 각 방송사별로 특화되어 있고, 뉴스도 버라이어티성이 강한 형식으로 제작된다. 특히 심야 시간대에는 외설적인 프로그램이 많아 한국의 방송과는 사뭇 다른 분위기를 느낄 수 있다.

2) 일본 텔레비전의 '재난방송'

2011년 3월 11일 일본 동북지방 태평양 앞바다에서 일본 관측사상 최대 규모인 매그니튜드 9.0의 지진이 발생했다. 이 지진은 이와테(岩手), 미야기(宮城), 후쿠시마(福島) 현을 중심으로 거대 쓰나미 피해를 발생시켰고, 이와 더불어 도쿄 전력 후쿠시마 제1원자력 발전소 시설을 파괴시켜 심각한 원전사고를 초래했다. 이에 대지진과 더불어 쓰나미, 원전사고 등의 심각성을 고려해 3・11 대재해를 '동일본대지진'으로 일컫게 되었다. 1995년 1월 17일에 일어난 고베(神戸)대지진도 진도 7을 기록하는 등, 20세기 말부터 21세기에 걸쳐 일본은 두 번의 대지진을 겪은 것이다.

그렇다면 동일본대지진 당시 일본의 방송은 미증유의 대지진을 어떻게 전달했을까? 일본의 재난방송 주관사는 NHK이다. 그래서 3・11 대지진 당시 지진 속보를 가장 먼저 방송한 곳도 역시 NHK였다. NHK는 지진이 일어난 오후 2시 46분경에 거의 시간차 없이 동시에 지진 속보를 내보냈다. 반면 가장 늦게 보도한 곳은 후지TV로, 대지진으로부터 4분이 나 지난 후에야 지진 방송을 내보냈다. 이후 NHK를 비롯한 민영방송사 거의 대부분이 대지진으로 인한 쓰나미 피해를 영상으로 내보내고, 이어 원전사고 문제를 집중 보도했다. 점차 시간이 지날수록 피해자 구조 정보를 방송으로 내보냈는데, 특히 NHK의 경우 지진 피해자의 생활 정보 등에 많은 시간을 할애하여 방송 프로그램을 편성하였다.

NHK가 특별방송으로 편성하여 비상 재난방송을 한 것은 지진 당시부터 3월 25일까지 2주 동안이었다. 이러한 NHK 방송 활동은 기존의 방재 매뉴얼을 뛰어넘는 가공할 대지진에 대응하는 일본 사람들의 마음을 진정시켜 침착히 대응할 수 있도록 도와줬다고 할 수 있다. 물론 민영방송의 경우도 막대한 손실을 감수하면서 정규방송을 중단하고 재난방송을 당분간 내보냈다.

'재난방송'은 재난이 발생했을 때 재난의 피해를 최소화하기 위해 신속히 재난 상황을 알려 이에 대처할 수 있도록 하는 방송을 의미한다. 그런데 지진과 쓰나미 피해로부터 차츰 시간이 경과하면서 한국 방송을 통해 비춰진 일본 방송 화면의 특징적인 모습은 미증유의 대재난 앞에서도 침착함을 잃지 않고 질서정연한 일본사람들의 모습이었다. 편의점 앞에 줄을 서서 질서를 지켜 물건을 사거나 대피소의 침착한 모습, 그리고 도로 위에서도 교통 혼잡은 찾아볼 수 없었다.

지진, 쓰나미, 원전사고로 이어진 거대복합재해에 맞서는 일본인들의 침착한 반응이 TV를 통해 방영되면서 세계의 극찬을 받았다. 영국의 신문 『파이낸셜 타임즈(FINANCIAL TIMES)』나 『월스트리트저널(WSJ)』, 『뉴욕타임즈(NYT)』 등 세계 주요 미디어에서 재난에 대응하는 일본인의 침착한 시민정신을 극찬했다. 한국에서도 중앙정부와 지자체는 물론, 학교

현장에서도 일본의 성숙한 시민의식을 배워야 한다는 목소리가 커졌다.

이와 같이 동일본대지진 당시 NHK를 비롯한 일본의 방송이 보여준 재난 방송의 기능은 우선 재난 정보를 피해자와 그 외 사람들에게 신속히 알려 피해를 최소화함은 물론, 극도의 불안과 혼란에 빠진 사람들을 진정시켜 차분하게 대처할 수 있도록 유도한 것이었다. 3·11 이후 NHK 홈페이지에서는 아카이브를 만들어 재난 복구와 부흥에 힘쓰고 있는 일본인들의 증언들을 담아 응원 메시지를 보내고 있다.

한편, NHK의 재난방송에 대한 비판의 목소리도 있다. 흔히 일본사회를 가리켜 '매뉴얼 사회'라고 하는데, 이를 이번 NHK의 재난방송에서도 확인할 수 있었다. 즉, 정해진 패턴대로 신중함을 기해 지진과 쓰나미로 인한 1차 피해는 냉정하고 침착하게 보도해서 재난에 신속하게 대응할 수 있었지만, 후쿠시마 원자력발전소 폭발과 뒤따른 방사능 유출 사고에 대해서는 적절히 대처하지 못하는 모습을 보였다. 더욱 상세한 매뉴얼을 만들어야 한다는 반성의 소리도 나오고 있지만, 일본 정부와 도쿄전력에서 정보를 은폐한 문제도 관련되어 있어 방송이 이에 적절히 대처하지 못하는 문제들을 드러냈다.

이로 인해 방송에 대한 일본 국민들의 불신감도 커지게 되었다. 정해진 매뉴얼대로 신속하고 차분하게 대응하는 것도 중요하지만, 동시에 자율적인 보도 영역을 넓혀가는 것도 중요하다. 거대복합재해가 일어날 때마다 새롭게 상세한 매뉴얼을 만들어야 한다면 결국 사후약방문일 뿐이다. 이번 재해와 같이 상상력을 뛰어넘는 거대복합재해에는 특히 공(公) 개념으로서의 방송의 책무가 중요하다. 매뉴얼 만들기와 함께 방송의 자율권 확보가 조화를 이루는 재난방송이 필요하다.

03 | 텔레비전 방송 콘텐츠의 트랜디화

1) 트랜디 드라마

다매체 다채널 시대를 맞고 있는 오늘날, 방송 콘텐츠에 대한 관심이 더욱 커지고 있다. 일본은 애니메이션을 전 세계에 수출하는 문화강국이지만, 방송 콘텐츠가 매뉴얼화되어 가고 있다는 비판이 제기된 지 오래이다. 특히 트랜디 드라마를 양산하는 구조를 가지고 있어서 소재 부족으로 인한 반(反) 시장적인 방송 산업에 대한 비판의 소리가 높아졌다. 최근에 한국의 드라마도 장르가 다양해지긴 했지만, 본래 과거에는 일본이 한국보다 다양한 소재로 드라마를 만들어냈었다. 그런데 2000년대 이후가 되면 「겨울연가」를 비롯하여 일본이 한국 드라마의 주요 수입국이 될 정도로 일본 드라마 시장은 트랜디화 경향을 면치 못하게 된 것이다. '트랜디 드라마(trendy drama)'라는 말은 일본의 1980년대에 젊은이들 사이에서 인기가 좋았던 드라마를 가리키는 용어로 만들어졌는데, 초기에는 아시아에서의 일류(日流)를 선도하는 역할을 했다. 그러나 '한류(韓流)'가 일본으로 유입되면서 일본 드라마는 정체된다. 이에 '트랜디 드라마'라는 말을 1980년대의 젊은 층이 즐겼던 드라마에 한정하지 않고, 대중적이고 전형적인 유형의 일본 드라마로 의미를 확대해 생각해보고자 한다.

대중문화는 어떻게 보면 독창적이고 다양한 복수성의 가치와는 상반된 트랜드(trend)를 만들어가는 측면이 있다. 트랜드는 집단적인 코드를 생성하고 유포해 서로를 모방하게 하기 때문에, 트랜드로부터의 소외와 고립에 대한 불안감은 다양한 창작의 잠재적인 요소를 억압하게 된다. 특히 요즘처럼 시청률이 드라마 평가의 중요한 기준이 되는 현실에서는 트랜디 드라마가 양산되는 경향이 있다. 트랜디 드라마를 다양하게 만들어내려는 방송국 간의 치열한 싸움은 비단 일본뿐만 아니라 한국도 마찬가지이다.

일본 드라마의 역사적 흐름을 간단히 살펴보면서 일본 트랜디 드라마에 대해 생각해보도록 하자. 일본의 드라마는 텔레비전 방송 시작과 더불어 1953년부터 방영된다. 「도행 하쓰네 여행(道行初音旅, NHK개국기념 특별방송, 1953)」, 「팍 마을을 가다(パック町を行く, 니혼TV, 최초의 연속드라마, 1953년 9월부터 방송)」 등이 있는데, 이들은 당시 실용적인 녹화수단이 없어 생방송의 형태로 행해졌다. 녹화수단이 없어 하는 수 없이 행해진 생방송이라고는 하나, 드라마를 생방송으로 방영했다는 사실은 녹화 드라마가 가지지 못하는 해프닝도 있을 테고 현장감 넘치는 분위기를 맛볼 수 있지 않았을까. 기술이 발달하지 않은 시대가 더 풍요로운 부분도 있는 것 같다.

1954년 미국에서 개발된 VTR을 일본은 TV 보급이 급격히 증가하는 1958년에 수입하게 되고, 이어 국내산 비디오를 개발해간다. 이때 비디오를 최초로 사용한 드라마가 「광고쟁이 천사(ちんどんやの天使, 1958.6. 오사카TV)」이다. 같은 해 10월에 라디오 도쿄에서 역시 비디오로 녹화한 「나는 조개가 되고 싶다(私は貝になりたい)」가 방영된다. 「나는 조개가 되고 싶다」는 태평양전쟁 말기 군대에 징집된 이발소 주인이 상관의 명령으로 포로를 죽이게 되는데, 전쟁이 끝나고 전쟁 범죄를 심리 처벌하기 위해 열린 극동국제군사재판(동경재판)에서 사형을 선고받는다. 다음 생에 태어난다면 전쟁도 싫고 천황도 싫고, 인간이 아니라 깊은 바다 속 조개가 되고 싶다고 외치는 부분이 유명하다.

1970년대가 되면 대하드라마, 홈드라마 등 여러 형태의 드라마가 선

을 보인다. 특히 대하드라마는 대중 역사소설이 유행하는 당시의 분위기 속에 인기를 누린다. NHK는 1963년부터 대하드라마 제작에 들어가는데, 17~18세기 도쿠가와 시대의 전형적인 충신 이야기가 주를 이루었다. 홈드라마도 유행하는데, 아버지를 중심으로 하는 「일곱 명의 손자(七人の孫)」, 어머니를 중심으로 하는 「간 큰 엄마(肝っ玉かあさん)」, 공중목욕탕을 배경으로 하는 「시간입니다(時間ですよ)」 등이 방영된다. 또 러브코미디나 학원물 등 청춘드라마도 나온다.

이 시기의 특기할 사항으로 형사드라마가 나오는 점을 들 수 있다. 「일곱 명의 형사(七人の刑事, TBS, 1961~1969)」와 「특별기동수사대(特別機動捜査隊, TV아사히, 1961~1977)」 등이 있다. 한국에서 1971년 3월에 「수사반장」이 나오기 시작하므로, 일본의 형사드라마 인기가 한국의 드라마 제작에 영향을 끼친 것으로 추측된다.

70년대의 대하드라마는 전형적인 시대극보다는 현대를 사는 사람들의 심리를 반영한 대중적인 성격의 것들이 많다. 특히, 대중 역사소설가인 시바 료타로(司馬遼太郎, 1923~1996)의 소설을 원작으로 하는 대하드라마가 큰 인기를 누렸다. 「나라 훔친 이야기(國盜り物語)」는 1973년 한 해 동안 반영된 대하드라마로, 전국시대를 배경으로 나라를 쟁탈하는 내용이다. 일본의 대하드라마는 전국시대를 배경으로 하는 것이 가장 많다. 그 다음으로 에도시대 말, 근대 초기를 다루는 유신물이 뒤를 잇는다. 전국시대의 오다 노부나가(織田信長), 도요토미 히데요시(豊臣秀吉), 도쿠가와 이에야스(德川家康)의 이야기나, 근세 말 근대 초의 사카모토 료마(坂本龍馬) 등은 일본인이 매우 좋아하는 역사적 인물이다. 이렇게 된 데에는 대중 역사소설가 시바 료타로의 영향이 크다.

2010년에 NHK 대하드라마로 제작되어 많은 인기를 누리고 일본 전국에서 료마 붐을 일으켰던 「료마전(龍馬伝)」 또한 근저에 시바 료타로적인 역사관이 깔려 있다고 할 수 있다. 시바 료타로는 신분이 높지 않은 민중형 역사적 인물을 소재로 해서 이들이 일본 역사의 격동기에 큰 매개를 만들어내면서 영웅으로 되는 서사를 즐겨 썼다. 역사적 실존 인물을 합리적인 사고와 행동력으로 리더십을 발휘하여 일본의 발전에 큰일을 해내는 인물로 조형하는 과정에서 허구도 덧붙여지기 때문에 진위 여부는 논란이 많다. 그럼에도 불구하고 그의 소설은 전후 고도경제성장기에 대중적인 큰 인기를 누리게 된다. 그래서 지금도 베이비붐 세대 일본인들은 시바 료타로의 소설을 읽으면서 기억한 일본의 역사를 학교에서 교과서를 통해 배운 것보다 더 현실감 있게 느끼는 것이다.

그런데 시바 료타로가 소설의 소재로 쓰기를 꺼려하는 시기가 있다. 바로 태평양전쟁 시기이다. 시바 료타로는 말한다. 이 시기는 일본 역사상 '귀태(鬼胎)', 즉 괴물의 태반에서 만들어진 것이지 정상의 태반에서 잉태된 시기가 아니라는 것이다. 광인(狂人)의 입을 통해 전쟁을 이야기한다고 해서 전쟁이 합리화될 수 없는 것처럼, 괴물의 태반으로 치부해버리고 일본의 부(負)의 역사와 정면에서 마주하는 것을 꺼리는 시바 료타로의 역사관은 '귀태'라는 말로 전쟁 시기를 공백으로 해놓고 싶었을 테지만, 그렇기 때문에 더욱 이 시기로 일본의 모든 역사를 흡입해버리는 마치 블랙홀로 되어버려 비판의 온상이 되기도 한다.

1980년대에 들어서면 홈드라마나 학원드라마, 그리고 대하드라마가 여전히 인기를 누리고 있는 가운데 근현대사를 다룬 특집 드라마도 제작된다. 그리고 트랜디 드라마의 전성기를 맞이한다. 젊은 여성이 주요 소비층으로 떠오르면서 이들의 환상을 드라마로 제작한 내용들이 주를 이루었다. 「남녀 7인의 여름이야기(男女7人夏物語, 1986)」, 「백한 번째 프로포

즈(101回目のプロポーズ, 1991)」, 「롱베케이션(ロングバケーション, 1996)」, 「러브제네레이션(ラブジェネレーション, 1997)」, 「야마토나데시코(やまとなでしこ, 2002)」 등 현재에 이르기까지 다양한 드라마가 나오고 있다. 특히 3·11 동일본대지진 이후 홈드라마적 성격의 프로그램이 많이 제작되고 일본 국민의 공감을 얻고 있다. 눈물과 공감이 필요한 시대적 요청에 따른 편성이라고 할 수 있다.

2) 국민서사 만들기-「47인의 사무라이」

원작명 「가나데혼 주신구라(仮名手本忠信藏)」는 「47인의 사무라이」로 잘 알려져 있는 일본 근세시대의 고전 명작으로, 1748년 처음 상연된 이래 현대에 이르기까지, 인형 조루리(人形浄瑠璃)와 가부키(歌舞伎) 같은 무대예술을 비롯해 영화, TV드라마, 소설, 평론, 애니메이션 등 다양한 장르에 걸쳐 일본 국민들에게 향수되고 있는 대국민 서사라고 할 수 있다.

때는 1702년, 아코 번(赤穗藩, 효고현 남서부)의 낭인 47인이 주군을 위해 복수한 칼부림 사건을 일으켰다. 이 사건의 발단은 한 해 전인 1701년으로 거슬러 올라간다. 아코 번의 다이묘인 아사노 다쿠미노카미 나가노리(淺野內匠頭長矩, 작중 엔야 한간)가 에도성에서 궁의 의전 담당인 기라 고즈케노스케 요시나카(吉良上野介義央, 작중 고노 모로나오)에게 차고 있던 칼을 꺼내 몸에 상처를 낸다. 그 원인에 대해서는 여러 설이 있는데, 아사노 다쿠미노카미가 기라 고즈케노스케에게 뇌물을 바치지 않아, 기라가 아사노를 모욕한 것이 화근이었다는 설이 있다. 본래 쇼군이 있는 궁 안에서는 칼부림을 해서는 안 되는 것이기에, 쇼군은 벌로써 할복을 명한다. 그리고 아코 번은 폐번(廢藩)이 된다. 하루아침에 주군을 잃고 폐번이 되면서 일자리를 잃은 사무라이들은 낭인이 되어 흩어졌다. 그러다 주군에 대한 복수를 감행하자는 이야기가 모아져, 47인의 사무라이가 복수의 뜻을 함께 하기로 한다. 그리하여 1702년 12월 14일 밤 드디어 결전의 날이 밝았고, 오이시 구라노스케(大石內藏助)를 필두로 복수극을 벌인 것이다. 이하는 기라에게 복수하는 습격 장면이다.

아시가루(足輕)인 데라오카 헤이에몬은 저택 안을 돌아다니며 모든 방은 물론 위로는 천장에서 아래로는 마루 밑, 우물 안까지 창으로 찔러보며 찾아보았지만, 모로나오의 행방을 알 수 없었다. 침실이라 생각되는 곳을 보니 이부자리가 아직 따뜻하다. '추운 이 밤에 이처럼 온기가 있는 것은 도망간 지 얼마 되지 않았기 때문일 것이다. 밖으로 도망친 것은 아닐까?' 하고 뛰쳐나가려 할 때, "헤이에몬, 기다려라 기다려"라고 야자마 주타로가 모로나오의 목덜미를 잡아끌고 나와서 "여러분! 땔나무 창고에 숨어 있는 것을 발견하고 생포했습니다"라고 말하자 일동은 용기백배했다.

유라노스케가 "아아, 잘 했다! 큰 공이다! 그러나 쉽게 죽이지 말아라. 그래도 천하의 집사 직에 있었던 분, 죽이는 데도 예법이 있다"라고 모로나오를 상좌에 앉히고, "저희들 신하된 신분의 몸으로 저택에 들어와 이 같은 행패를 부린 것은 주군의 원수를 갚기 위함이오, 무례를 용서해 주시오. 순순히 당신의 목을 내 주시오"라고 말하였다.

모로나오도 역시 만만찮은 인물, 기죽은 기색도 없이 "그렇군, 전부터 각오는 하고 있었다. 자 목을 쳐라"라고 방심하게 하고는 갑자기 칼을 뽑아 상대를 찌르려 했다.

획 몸을 돌려 피하면서 팔을 잡아 비틀어 올리고 "이런 불쌍하게 반항하기는. 여러분, 오랫동안 쌓이고 쌓인 원한을 풀 때는 지금이다"라고 유라노스케가 먼저 첫 칼을 베자, 마흔여 명이 목소리를 모아 "눈먼 거북이가 부목(浮木)을 만나고 삼천 년에 한 번 핀다는 우담화(優曇華)를 보는 것처럼, 세상에 드물고 기쁜 일이로다!"라고 감격에 겨워 춤추며 기뻐 날뛰었다. 주군이 할복한 그 단도로 모로나오의 목을 떨어뜨렸다. (다케다 이즈모 · 미요시 쇼라쿠 · 나미키 센류 저, 최관 옮김, 『47인의 사무라이–완역 가나데혼 주신구라』, 고려대학교출판부, 2007, pp.216~217)

복수를 마친 47인의 사무라이들은 센가쿠지(泉岳寺)에 있는 주군의 무덤 앞에 기라(작중 모로나오)의 목을 바치고 막부의 처분을 기다렸다. 이윽고 전원 할복하라는 막부의 명을 받고 이들은 모두 할복한다. 그 후, 주군에 대한 의리를 지키고 명예롭게 죽은 47인의 사무라이 이야기는 일본인들에게 지속적으로 사랑받는 이야기가 되었다. 일본 근대 초기에 만들어진 철도창가에 '右は高輪泉岳寺 四十七士の墓どころ雪は消えても消えのこる 名は千載の後までも(오른 쪽은 다카와 센가쿠지, 47인의 묘가 있는 곳. 눈은 사라져도 사라지지 않고 남으리. 이름은 천 년 후까지도)'라는 가사가 나올 정도로, 일본인이 마르고 닳도록 부르고 있는 국민서사이다.

주신구라, 즉 47인의 사무라이 이야기는 앞에서도 말했듯이 여러 장르에 걸쳐 현재에 이르기까지 계속 리메이크되고 있다. 드라마의 경우만 봐도 거의 매년, 혹은 2, 3년 주기로 리메이크되고 있다. 가히 국민서사다운 면모이다. 2001년에 방영된 「주신구라 1/47」는 트랜디 드라마에 자주 나오는 인기 배우 기무라 다쿠야(木村拓哉)를 주인공으로 하여 특집으로 제작한 드라마로, 기라 습격의 장면을 극적으로 잘 구성해 재미있게 볼 수 있는 장면들이 많다.

이 47인의 이야기는 미국의 문화인류학자 루스 베네딕트(Ruth Benedict, 1887~1948)가 쓴 『국화와 칼–일본문화의 틀』에서도 잘 소개되어 있다. 이 책은 제2차 세계대전 중에 적국인 일본의 문화를 파악해 전쟁을 승리로 이끌고자 미국 국무부에서 저자에게 의뢰해 쓰게 한 책이다. 집필 당시는 전쟁 중이었기 때문에 루스 베네딕트는 필드워크를 하지 못한 채, 여러 문헌과 포로로 잡힌 일본 병사들을 인터뷰한 내용에 기초해 일본 문화를 분석했다. 이러한 난관에도 불구하고 매우 적확하게 일본문화를 분석한 내용들이 많이 있어 현재에 이르기까지 여러 나라의 언어로 번역되어 읽히고 있다.

특히 저자는 47인의 사무라이 이야기에 상당히 많은 양을 할애해 적고 있다. 즉 명예를 존중하고 수치를 싫어하는 점이나 주군에 대한 의리와 충성 등을 이 이야기에서 잘 볼 수 있으며, 이는 일본문화의 원형으로 특징지어질 수 있다는 것이다. 현장답사도 하지 않은 채 쓴데다가 책이 나온 지 상당한 시간이 지났기 때문에 지금 보면 문제점도 많고 오류도 있으나, 그럼에도 불구하고 많은 부분에서 일본문화의 중요한 특징을 잘 잡아내고 있는 교양 필독서이다. 47인의 이야기는 일본 국내뿐만 아니라 국외에서도 일본인, 혹은 일본문화의 특징을 잘 드러내주는 소재라고 할 수 있다. 특히 영화나 드라마, 무대예술 등 다양한 대중매체를 통해 지속적으로 리메이크되면서 대중적인 국민서사로 자리 잡게 된 것은 대중문화가 가지고 있는 힘이라고 할 수 있을 것이다.

04 | 일본의 방송과 '한류'

최근 드라마나 음악을 비롯해 한국의 문화물이 전 세계인의 주목을 받고 있는 현상을 자주 접할 수 있다. 이른바 '한류'가 지구촌 곳곳에서 화두가 되고 있는 가운데, 2012년 12월 6일 프랑스 파리에서 열린 유네스코 제7차 무형유산위원회에서 한국 정부가 신청한 '아리랑'이 인류무형

유산 대표목록(Representative List)에 등재가 최종 확정됐다는 소식은 문화강국으로서의 한국의 이미지를 다시 한 번 확인시켜주었다. 한국 고유의 구전민요 '아리랑'이 세계인의 공감을 이끌어낸 것은 특히 후렴구의 리듬이 주는 인류 보편의 코드에 있다고 한다. 가장 고유한 것이 가장 세계적인 것이라는 말도 있듯이, '아리랑' 가락에 담겨 있는 인류 보편의 공감 코드가 한국의 고유한 문화를 세계에 소통시켜준 것이다.

사실 '한류(韓流)'라는 말은 1999년에 중국의 신문 『북경청년보(北京青年報)』에 "한국의 유행(Korean Wave)이 밀려온다"는 말에서 유래했다. 한국의 드라마나 음악을 비롯한 대중문화가 아시아인의 공감을 얻어내면서 일기 시작한 한국문화의 붐을 '한류'라는 말로 표현하고 있는데, 그러나 '한류'는 일본대중문화를 개방하게 된 1990년대 후반에 시작된 것은 아니다. 한류의 역사적 연원을 거슬러 올라가면 1880년대에 이미 시작된 「춘향전」을 만날 수 있다.

「춘향전」은 한국 민족이 전승해온 고유의 설화로 판소리・소설・연극・영화 등 다양한 장르로 향유되어 왔으며 영어, 일본어, 프랑스어, 불어, 네덜란드어, 독일어, 러시아어, 중국어 등의 언어로 번역되어 해외에 소개되었다. 역사적으로 한국 문화가 해외에 최초로 번역 소개된 것은 1882년 일본에서였고, 이후 한국 문화 붐의 중심에는 항상 「춘향전」이 있었다. 「춘향전」이 최초로 번역 소개된 것은 『오사카마이니치신문(大阪每日新聞)』(1882.6.25~7.23)에 연재된 나카라이 도스이(半井桃水)의 『계림정화 춘향전(鷄林情話春香傳)』인데, 일본에서는 이후 1923년에 무성영화로 제작되었고, 1938년에는 신극(新劇)으로 공연되었으며, 전후에는 오페라로 제작되어 한류의 기원으로 자리매김 되었다.

「춘향전」이 붐을 일으킨 것은 일본에서뿐만이 아니다. 일제강점기에 식민지 조선의 모던 댄서로 그리고 제국 일본의 문화권력 하에서 아시아의 아이콘으로 활약한 최승희(崔承喜, 1911~1969)에 의해 무극(舞劇) 「춘향전」이 베이징(北京), 상하이(上海), 톈진(天津) 등 중국의 주요 도시에서 순회 공연된 바 있다. 이후 중국 전통극에 의한 개편 공연이 현재까지 이어지고 있다.

한국에서 일본의 대중문화를 개방하고, 2002년 한일 공동 월드컵이 개최된 이후, 한국과 일본의 문화교류는 더욱 활발해졌다. 특히 2004년 드라마 「겨울연가」 붐 이후 일본에서 한국 드라마에 대한 중장년 여성층의 팬이 급증했고, 이후 한국 콘텐츠의 양적 증가를 가져온 것은 사실이다. 그러나 「대장금」 이후, 드라마를 중심으로 하는 한류는 현재 정체된 상태라고 할 수 있다. 정체된 한류를 이은 것은 K-POP이다. 일본대중문화가 개방된 이후 일본에서의 한류를 정리해보면 다음 표와 같다.

특징	한류1기	한류2기	한류3기
키워드	한류 생성	한류 심화	한류 다양화
기간	1997~2000년대 초	2000년대 중반	2000년대 후반 이후
주요 분야	드라마 · 음악	드라마 · 음악 · 영화	음악 · 드라마 · 게임 · 영화 · 만화 · 캐릭터 · 한식 · 한글
주요 지역	중국 · 대만 · 베트남	중국 · 일본 · 대만 · 동남아시아	일본 · 중국 · 대만 · 동남아시아 · 유럽 · 북미
대표 콘텐츠	드라마 「사랑이 뭐길래」, 가수 H.O.T	드라마 「겨울연가」, 「대장금」, 가수 보아	K-POP아이돌

*『한류, 아시아를 넘어 세계로』(한국문화산업교류재단)

그런데 2010년대 이후 일본에서의 방송 한류는 현저히 줄었다. 이는 일본 국내의 경기 침체와 일본 사회의 우경화 현상으로 비롯된 현상인데, 반(反) 한류를 넘어 혐한(嫌韓)이라고 일컬을 수 있을 정도까지 변모해 가는 모습을 볼 수 있다. 걸그룹 '소녀시대'나 '싸이'가 전 세계적으로 인기를 얻고 있지만, 매년 선달 그믐날 일본의 안방을 독차지하는 「NHK 홍백가합전」이나 기타 음악 프로그램에서 최근 한국 가수들은 완전히 사라졌다.

한국과 일본은 영토 문제나 역사인식 등에 상이한 관점을 보이며 근대사 이래로 복잡하게 얽혀 있다. 따라서 한일관계의 중요성에 대한 인식은 누구나 공히 느끼지만, 한일 양국의 관계는 외교적인 현안에 따라 제반 관계가 연동하면서 긴장된 상황을 만들어 온 것이 사실이다. 한일 국교정상화 50주년을 맞이한 2015년 현재, 냉랭해진 한일관계의 개선이 어느 때보다도 중요한 과제로 떠오르고 있다. 일본의 중장년층 여성뿐만 아니라, 남성 팬 확보, 그리고 젊은 층의 관심을 끌 수 있는 다양한 방송 콘텐츠 개발이 중요하다. 또한 지상파 방송, 케이블TV, 위성방송, 인터넷 등을 통해 한류 콘텐츠의 유통이 다원화될 필요가 있다.

참고자료

고정민(2009), 『한류, 아시아를 넘어 세계로』, 한국문화산업교류재단

김찬호(1999), 『일본대중문화론』, 한국방송통신대학교출판부

다케다 이즈모 · 미요시 쇼라쿠 · 나미키 센류 저, 최관 옮김(2007), 『47인의 사무라이－완역 가나데혼 주신구라』, 고려대학교출판부

이 연(2012), 「2011년 도호쿠칸토대진재(東日本大震災)와 NHK의 재난방송」, 『국제학논총』 제16집

버라이어티 제4장
Variety

01 | 일본 버라이어티 프로그램의 특징과 주요 용어

일본의 방송 중 3분의 2의 비중을 차지하고 있는 것이 버라이어티 프로그램이다. 특히 버라이어티 프로그램은 공영방송인 NHK보다 민영방송사가 시청률 확보를 위해 전략적으로 편성하는 경우가 많다. 따라서 민영방송의 아침과 저녁의 뉴스 프로그램도 단지 보도를 위한 것이 아니라 시청자에게 즐거움을 주기 위한 오락적 요소가 가미되어 있는 경우가 대부분이다. 이 정도로 일본 방송에는 오락적 소재가 모든 방송에 침투해 있다고 해도 과언이 아닐 것이다.

버라이어티 프로그램이란 콩트, 코미디, 음악, 토크 등의 오락물을 합친 라디오, 텔레비전 프로그램들을 일컫는다. 일본 버라이어티 프로그램에 대한 구체적인 설명에 앞서 본장에서는 먼저 예능 프로그램을 중심으로 대략적인 개괄과 주요 용어에 대한 해설을 하고자 한다.

패전 후 GHQ사령부에 의해 진행된 것은 일본의 민주화로, 매스미디어는 민주화의 담당자로서 큰 역할을 수행하게 된다. 1945년 8월 15일에 일본의 패전을 알린 매체는 라디오로, 이후 라디오는 점령정책에 따

라 일본의 민주화에 앞장서게 된다. 이때 라디오 방송을 주도하고 있었던 것은 공영방송인 NHK로, GHQ의 점령정책에 따라서 '언론의 자유'와 '민주화'를 목표로 한 프로그램을 다수 제작하게 된다. 그 대표적인 것이 「거리에서(街頭にて)」(1945. 9.~1958)라는 프로그램으로, 그 내용은 거리로 나가 시민들을 인터뷰한 것, 예를 들어 '당신은 아침에 무엇을 먹습니까?'와 같은 일상생활에 대한 질문을 던지고 그에 대해 시민들이 대답한 것을 방송하는 것이었다(이 질문에는 시민에게 민주화 의식을 심어주는 것은 물론, GHQ가 구호물자 조달에 필요한 정보를 일반 시민들에게 얻으려고 한 의도도 포함되어 있었다).

현재 우리들의 시점에서 보면 시민이 방송에 참여한다는 것은 프로그램의 당연한 형태 중 하나이지만, 패전 이전까지 라디오 방송이 시민들에게 작성된 원고를 읽고 들려주는 일방적인 형태였다는 점을 고려해 봤을 때, 당시 큰 반향을 불러일으켰으리라는 것은 쉽게 짐작해 볼 수 있다. 이 인터뷰 방송의 의도는 누구나 자유롭게 발언할 수 있다는 '언론의 자유'와 '민주주의 의식'을 시민들에게 심어주기 위한 것이었다. 이와 같은 청취자 참여형 프로그램은 틀에 구애받는 뉴스나 드라마가 아닌 버라이어티 프로그램을 통해서 가능했으며, 이후 일본의 버라이어티 프로그램은 시청자와 연기자 또는 사회자 등이 양방향으로 소통하는 형태가 기본 형식으로 자리 잡게 된다.

일본에서 텔레비전 방송은 1953년 2월 1일 2시에 개시되었으나, 보급 확대는 황태자(현 천황)의 결혼식(1959년 4월 10일)을 계기로 이루어졌다. 당시에는 텔레비전에 대해서 지식이 있는 사람이 없었기 때문에, 자연스럽게 라디오에서 활동하던 인물들이 텔레비전으로 옮겨오게 된다. 그 여파로 1958년을 중심으로 라디오과 텔레비전의 비중은 역전되고, 그러면서

라디오에서 방송되던 청취자 참여형 프로그램이 텔레비전으로 계승된다. 그 대표적인 것이 지금도 매년 12월 31일에 방송되고 있는 일본의 대표 버라이어티 프로그램 「NHK홍백가합전(NHK紅白歌合戰)」이다. 1951년에 라디오에서 신년 특별기획으로 편성된 이 프로그램은 1953년에 텔레비전에서 방송되기 시작하여, 그 이듬해부터 지금까지 매년 12월 31일에 생방송으로 진행되고 있다. 시청자들을 초대하여 그 앞에서 가수들이 노래를 부르는 형식으로 되어 있는 이 프로그램은 생방송이기 때문에 안방 시청자들도 마치 무대를 직접 보고 있는 듯이 느끼게 했다. 지금도 「NHK홍백가합전」을 보지 않으면 한해가 마무리되지 않는 것 같다고 이야기하는 사람들이 있을 정도로 여전히 큰 인기를 유지하고 있다. 이외에 「NHK 목청 뽐내기(NHKのど自慢)」(우리나라의 「전국노래자랑」), 「웃음삼형제(お笑い三組)」도 같은 과정을 거친 프로그램들이다.

이와 같은 GHQ의 점령정책과 함께 시청자 참여형 프로그램의 발전이 빠르게 진행된 데에는 일본의 전통예능의 영향도 간과할 수 없다. 일본에는 연예(演芸)라고 하는 대중적인 오락 장르가 존재하는데, 이것은 관중 앞에서 연기하는 오락적인 성격의 예능을 총칭한다. 예능의 종류에는 라쿠고(落語), 강담(講談), 만자이(漫才), 나니와부시(浪花節), 곡예 등이 있다. 이 중에는 행위로 표현하는 곡예, 춤 등도 있지만, 대부분이 언어의 유희를 통해서 관객에게 즐거움을 선사한다는 특징을 가지고 있다. 각각의 종류에 따라 이들 예능은 다르게 발전했지만, 대중화가 이루어지기 시작한 것은 근세 에도시대(江戸時代, 1603~1867)부터 서민들이 요세(寄席)라고 하는 연예장(演芸場)을 찾아가 예능을 즐긴 것에서 비롯된다. 따라서 일본의 예능은 관객과 직접 호흡하는 공간 속에서 발전해 왔다고 해도 과언이 아니다. 관객의 입맛에 맞는 것이 예능의 소재가 되고 이것을 연기할 때 느끼는 관객의 반응을 통해서 연기의 내용은 바로 수정된다. 같은 내용의 이야기라도 어떻게 연기할 때 관중들로부터 가장 좋은 반응을 얻는지를 연구함으로써 연기자는 자신의 기술을 연마해 간다. 이와 같이 소통하는 예능의 전통이 있었기 때문에 텔레비전에서 시청자 참여형 프로그램이 발전할 수 있었던 것이다.

위에서 언급한 예능 중에서도 특히 라디오와 텔레비전의 예능 프로그램에 큰 영향을 미친 것은 만자이와 라쿠고이다. 만자이는 일본의 관서지방(關西地方)에서 발달한 독자적인 예능으로, 주로 2명(3명 이상인 경우도 있음)이 한 조가 되어 연기와 화술로 대중에게 웃음을 선사하는 것이다. 표현의 방식은 주로 보케(ボケ)와 쓧코미(ツッコミ)라고 하는 역할 분담을 통해서 이루어지는데, 보케의 역할은 틀린 내용이나 착각한 것을 이야기 속에 섞어서 관객들을 웃게 만드는 것이다. 이러한 보케의 엉뚱한 이야기를 쓧코미는 강한 어조로 지적하거나 머리를 치는 등의 행동을 통해서 관객들에게 웃어야 할 부분을 제시하고 있다. 1950~1960년대에 오사카(大阪)를 중심으로 만자이를 선보이고 있었던 젊은이들이 텔레비전에 대거 기용되기 시작한다. 이후 만자이 형태의 예능을 습득하여 텔레비전에 데뷔한 이들이 텔레비전의 버라이어티 프로그램, 특히 예능 프로그램을 견인하게 된다.

라쿠고는 한 사람이 몇 개의 역할을 소화하면서 손짓, 몸짓을 동원하여 이야기를 전개해 나가는 방식의 예능이다. 1925년 일본에서 라디오 방송이 시작된 이후, 라쿠고는 라디오를 통해서 서민들에게 친숙한 대중문화로 자리 잡았다. 패전 후 1950년대에는 라디오를 통해 라쿠고 붐이 일어났고, 이것이 텔레비전에도 영향을 미쳐 1960년대 텔레비전 라쿠고 붐으로 이어진다. 현재 일본의 예능 프로그램 중 항상 상위를 차지하고

있는 「쇼텐(笑点)」(2014년 1월 현재 예능 프로그램 중 시청률 19%로 3위를 차지하고 있음)도 1966년에 니혼TV(日本テレビ)에서 시작된 것으로, 이 시기의 라쿠고 붐을 계기로 라쿠고카(落語家, 라쿠고를 전문으로 하는 예능인)가 버라이어티 프로그램에 진출하게 된다.

라쿠고카 쇼후쿠테이 쓰루베(笑福亭鶴瓶)[1)]

1980년대는 다양한 버라이어티 프로그램이 발전하게 되는데, 이것은 일본이 이례적인 호황을 누리던 버블 경제의 영향이 크다. 방송국은 막대한 광고비를 받아 경제적으로 윤택했던 시기로, 시청자들에게 다양한 볼거리를 제공하기 위해 스케일이 큰 버라이어티 프로그램을 제작한다. 자본력을 바탕으로 예능 프로그램도 세분화되면서 만자이와 라쿠고를 위주로 하던 예능인들도 사회자, 코미디언, 퀴즈 프로그램 출연자, 액션 예능인 등으로 변신하여 다양한 활약을 펼치게 되고 성대모사 예능인, 콩트 배우들도 예능 프로그램에 참여하게 된다. 이들을 통칭하여 '오와라이 탤런트(お笑いタレント, 오와라이는 웃음이라는 뜻)' 또는 '오와라이 예인(お笑い芸人)'이라고 부른다.

1990년대의 특징은 아이돌의 예능 프로그램 진출이라고 할 수 있다. 1980년대에는 버라이어티 프로그램의 세분화, 아이돌 가수를 전문적으로 육성하는 프로덕션의 성장, 경제 호황을 바탕으로 음악 프로그램이 증가한다. 매주 음반의 판매량을 집계하여 순위별로 가수들이 나와 노래

1) http://image.search.yahoo.co.jp/search?p=%E8%90%BD%E8%AA%9E&aq=-1&oq=&ei=UTF-8#mode%3Ddetail%26index%3D37%26st%3D1483

를 부르는 「더 베스트텐(ザ・ベストテン)」(T B S 계열에서 1978년 1월 19일부터 1989년 9월 28일까지 매주 목요일 밤 9시부터 1시간 동안 생방송으로 방영함)이 그 대표적인 예이다. 음반 순위의 상위에 랭크되는 것은 여자 아이돌과 남자 아이돌 그룹으로, 이 시기의 아이돌들은 음악 프로그램 활동에 전념할 수 있었다. 그러나 90년대 버블경제가 붕괴되고 장기 불황에 돌입하자, 매주 호화로운 무대 세트를 만들어야 하는 음악 프로그램의 제작비 부담과 아이돌 그룹의 음반 매출량의 하락(이 시기 일본 음악계는 텔레비전 노출을 선호하지 않는 프로 뮤지션, 특히 그룹 전성기를 맞이하게 된다)의 여파로 음악 프로그램의 수가 격감하게 된다. 설 자리를 잃어버린 아이돌들을 텔레비전에 노출시키기 위해 예능 프로그램에 출연시킨 것이 이후 아이돌의 예능인화의 직접적인 계기가 된다. 따라서 1990년대 이후 현재까지 일본 버라이어티 프로그램은 오와라이 탤런트와 아이돌이 주도하고 있다고 할 수 있다.

2000년대 이후 '잃어버린 10년, 20년'을 거치게 되자, 방송국의 재정 상태는 더욱 악화되었다. 이 때문에 방송사들은 예능 프로그램의 돌파구를 강구하게 되는데, 그 해답은 잘 훈련된 예능인, 즉 만자이를 할 수 있는 예능인들의 섭외였다. 이들은 요시모토 흥업(吉本興業)이라는 오와라이 탤런트 양성소에서 훈련을 받거나 긴 세월 각자 무대에서 활동해 온 예능인들로 출연료는 비교적 싸지만 웃음으로 시청률을 확보할 수 있다는 이점을 가지고 있었다. 따라서 이들의 텔레비전 노출도가 증가하고 성공한 그들의 모습을 보면서 오와라이 탤런트가 인기 직종으로 부상하기도 했다. 그러나 텔레비전 업계에서 어느 정도 성공하게 되면 만자이의 내용을 개발하지 않는 경우도 많아지고, 이들의 공급 과잉으로 경쟁에서 뒤처지는 오와라이 탤런트들이 속출하게 되었다.

02 | 일본 버라이어티의 흐름과 변화

1) 1950~60년대 : 전후(戰後) 민주주의와 미국의 영향

1950년대를 대표하는 버라이어티 프로그램은 프로레슬링과 NHK에서 방송한 퀴즈 프로그램 「제스처(ジェスチャー)」(1953~1968)이다. 현재 시청자들은 프로레슬링이 미리 짜인 각본에 의해서 진행되고 있다는 것을 잘 알고 있으나, 이 시기의 시청자들은 이것을 승패를 가리는 스포츠로 인식하고 있었다. 당시 미국에서도 프로레슬링이 인기를 얻고 있었는데, 미국의 프로레슬링이 즐거움을 위한 오락적 성격이 강했다는 점과는 매우 대조적이다. 그렇다고 해서 일본의 프로레슬링에 각본이 없었던 것은 아니지만, 일본의 시청자들은 진정한 승부로 이를 받아들였던 것이다. 이러한 경향은 원래 방송국이 프로레슬링 방송을 편성하게 된 이유와도 관련이 깊다. 1953년 10월 23일에 개최된 시라이 요시오(白井義男)와 테리 아렌의 복싱 타이틀 매치가 높은 시청률을 기록했는데, 그 이유는 패전국 일본의 선수와 서양인의 싸움이라는 점에서 일본인들이 열광했기 때문이었다. 즉 내셔널리즘이 일본인들을 환호하게 만든 것이었다.

때마침 패전 후 스모를 그만두고 미국으로 건너가 프로레슬러로 활약하고 있었던 재일교포 출신 역도산(力道山, 활동 당시에는 재일교포라는 것을 알리지 않았음)은 귀국 후 서양인 프로레슬러와 시합을 벌여 국민들의 인기를 얻고 있었다. 따라서 방송국 관계자들은 시라이의 복싱 시합과 역도산의 활약에서 힌트를 얻어 프로레슬링을 중계하기 시작하였다. 방송 시작의 경위가 이렇기 때문에 시청자들은 프로레슬링을 엔터테인먼트라기보다 스포츠로 인식하고 있었던 것이다.

같은 시기에 시작한 「제스처」는 남녀 두 팀으로 나눠 시청자들이 투고한 퀴즈문제를 탤런트들이 제스처로 연기하고, 그것을 맞추는 형식의 프로그램이었다. 특히 이 프로그램을 통해서 인기를 얻은 인물은 라쿠고카인 야나기야 긴고로(柳家金語楼)였다. 시청자들이 투고한 문제는 쉽게 맞출 수 없는 긴 문장으로 되어 있어(예를 들어 '외국인 관광객에게 프로포즈를 받고 당황해 하는 버스가이드' 등) 이것을 어떻게 동작만으로 표현하는가가 방송을 좌우하는 열쇠였다. 야나기야의 우스꽝스럽고 재치 있는 액션은 시청자들에게 사랑을 받았으며, 이 프로그램의 인기로 액션을 중심으로 한 프로그램들이 탄생하게 된다.

1960년대는 시청자 확보에 성공한 방송사가 본격적으로 엔터테인먼트를 추구하고자 했던 시기로, 직접 미국으로 건너가 그 시스템을 배워왔다. 그 결과 뉴스쇼, 와이드쇼 등 미국의 콘셉트를 그대로 수입해 오게 된다. 뿐만 아니라 예능 프로그램에서는 퀴즈와 콩트, 음악 등 종래 서로 다른 장르로 인식되던 것들을 혼합하는 버라이어티 프로그램이 만들어지게 된다(대표적인 것이 콩트와 음악을 융합한 「비눗방울 홀리데이(シャボン玉ホリデー), 니혼TV에서 1961년 6월 4일~1971년 10월 1일까지, 1976년 10월 9일~1977년 3월 26일까지 방영).

그러나 미국의 엔터테인먼트가 미친 영향 중 가장 중요한 것은 잘 짜인 각본의 탄생이었다. 미국의 경우, 이동 시간이 길고 시차도 있기 때문에 한 곳에 사람들을 모아서 생방송을 하는 것은 불가능했다. 따라서 필름으로 미리 녹화를 해 두고 그것을 방송하거나 유럽으로 수출했는데, 단시간에 녹화를 마치기 위해서는 미리 준비된 각본이 필수적이었다. 미국의 방송현장을 방문한 일본의 방송인들은 각본의 중요성을 인식하고, 미리 세밀한 각본을 만들어 놓음으로써 생방송에서는 볼 수 없는 스피드로 버라이어티를 진행할 수 있다고 생각하게 되었고, 따라서 이후 콩트나 코미디 프로그램에서는 이전보다 훨씬 빠른 템포로 연기할 수 있게 되었다.

또한 이 시기에는 미국식 버라이어티와 함께 일본의 라쿠고 등 연예(演芸) 프로그램이 꾸준한 인기를 얻었는데, 이때 활약한 인물들을 '오와라이 탤런트 1세대'라고 부른다.

2) 1970년대 : 일본식 예능 프로그램의 탄생

이 시기에는 60년대 미국의 영향으로 성립된 각본의 중요성을 인식하면서도 시청자와 호흡하는 양방향 버라이어티가 다시 부활하였다. 이러한 예능 프로그램을 이끌어간 대표적인 인물이 하기모토 긴이치(萩本金一)이다. 60년대 중반 큰 인기를 얻은 '콩트55(コント55)'의 멤버였던 그는 당시 카메라가 고정되어 있었던 탓에 정지된 곳에서 연기를 할 수밖에 없었음에도 불구하고, 무대 전체를 뛰어다니는 등 역동적인 동작을 구사하는 콩트로 큰 인기를 얻었다. 각본을 중심으로 한 다른 프로그램들과는 달리 그는 기본적인 설정만 해놓고 방청객의 반응에 따라 애드립으로 대응하였는데, 한 번 방송된 콩트는 두 번 다시 하지 않는다는 것을 신조로 매주 새로운 콩트를 선보였다.

이러한 그가 1972년에 일어난 아사마 산장사건(淺間山莊事件, 1972년 2월 19일부터 28일까지 나가노현 가루이자와초(長野縣輕井澤町)에 있는 아사마 산장에서 연합적군(連合赤軍)이 인질을 붙잡고 경찰과 대치한 사건)에서 힌트를 얻어 다큐멘터리식 예능을 선보이기에 이른다. 이 아사마 산장사건은 10일 동안 생중계되었는데, 실제로 사건이 일어난 것은 마지막 10시간 정도이고, 나

머지는 경찰과 납치범들의 대치상황이 방송될 뿐이었다. 그럼에도 불구하고 연일 높은 시청률을 기록했는데, 그 이유는 갑자기 무슨 일이 일어날지도 모른다는 예측불가능성 때문이었다. 이 현상에 하기와라뿐만 아니라 젊은 디렉터들도 재빠르게 반응하였다.

그렇게 해서 만들어진 것이 일상생활을 그대로 옮겨놓은 듯한 다큐멘터리식의 홈드라마와 일반 시민의 반응을 그대로 찍어 방송으로 내보내는 예능 프로그램이었다. 하기모토의 「긴짱의 마음껏 가봅시다!(金ちゃんのドンといってみよう！)」(후지TV(フジテレビ)계열, 1970년대에 시작하여 1980년대에 단속적으로 속편 방영)는 예능 분야에서 새로운 역사를 쓴 프로그램이었다. 잘 짜인 대본을 바탕으로 연습 시간까지는 대본대로 진행하다가, 본방송에서 하기모토가 예상치 못한 애드립을 하여 출연자를 당황시키는 방법, 길거리로 나가서 시민들에게 쉽게 대답할 수 없는 질문이나 동작을 취하여 그 반응을 방송하는 방법, 또는 NG로 인한 해프닝도 그대로 방송하는 방법을 사용하는 등, 이후 버라이어티 프로그램에도 계승되는 새로운 시도를 하였다. 즉 당황해 하는 모습들을 가감 없이 방송하는 다큐멘터리 형식을 가미한 버라이어티를 만들어낸 것이다. 이 프로그램이 방송계에 몰고 온 또 다른 변화는 구성 작가팀의 탄생이었다. 기존에는 한 프로그램에 구성 작가가 2명 정도 참가하고 있었는데, 이 프로그램의 경우에는 10명 이상의 구성 작가가 동원되었다. 현재 다수의 구성 작가가 하나의 버라이어티 프로그램 제작에 참여하는 방식을 처음으로 만들어낸 것이다.

이와 같이 70년대에는 음악과 콩트를 조합한 정밀한 대본을 바탕으로 연기하여 50%가 넘는 시청률을 자랑하던 「8시야! 전원집합(8時だヨ！全員集合)」(1969년 10월 4일~1985년 9월 20일까지 TBS계열에서 매주 토요일 저녁 8시부

터 1시간 동안 방영)과 하기모토의 독특한 버라이어티가 큰 인기를 얻었다. 그리고 이들의 틈새에서 70년대 후반에 인기를 얻기 시작한 것이 바로 만자이였다. 1979년을 전후하여 관서지방에서부터 만자이 인기가 시작되고 있었는데, 이러한 분위기를 캐치한 방송 관계자들이 「THE MANZAI」(1980~1982년까지 후지TV 계열의 「화요와이드 스페셜」 안에서 단발적으로 방송) 등 만자이를 메인으로 한 프로그램을 제작했던 것이다. 사실 만자이는 라쿠고에 비하면 연예(演芸) 중에 방류에 속하는데, 이것이 텔레비전의 메인 콘텐츠로 자리를 잡게 된 것이다. 이 시기에 활약한 인물들을 오와라이 탤런트 2세대라고 하며, 이와 같은 시대 분위기에 편승하여 관서지방에서 만자이시(漫才師, 만자이를 하는 예능인)를 육성하던 요시모토 흥업도 도쿄로 진출하게 된다.

「8시야! 전원집합」 프로그램 탄생 40주년 기념 DVD[2)]

3) 1980년대 : 성숙과 다양화

1982년을 기점으로 만자이 붐은 수그러들고, 예능 프로그램은 세분화되기 시작한다. 70년대 중반부터 일본 경제가 저성장기에 돌입하면서, 소비패턴도 바뀌게 된다. 60년대 고도성장기에는 냉장고, 텔레비전 등

2) http://image.search.yahoo.co.jp/search?p=8%E6%99%82%E3%81%A0%E3%83%A8%EF%BC%81%E5%85%A8%E5%93%A1%E9%9B%86%E5%90%88&aq=-1&oq=&ei=UTF-8

대량 생산제품의 구매를 선호했으나, 70년대 저성장기에는 누구나가 가지고 있는 대량 생산제품이 아닌 자신이 가지고 싶은 것만을 구입하는 소비 형태로 전환하게 된다. 이러한 소비 패턴에 따라 대중 기호의 다양화가 이루어지게 되는데, 이에 발 빠르게 대처한 것이 바로 라디오 매체였다. 특히 심야 라디오 방송은 20대의 젊은 층에게 큰 인기가 있었는데, 원래 청취자가 듣고 싶은 음악을 요청하고, 그에 따라 음악을 선곡하여 들려주는 라디오의 특성상, 시대의 변화에 빠르게 대응할 수 있었던 것이다. 기존의 인기 있었던 가요와는 달리 젊은 층에서 인기 있었던 록큰롤 등은 주로 심야 방송대에 편성되어 있었다. 70년대 후반부터 이러한 대중 기호의 다양화가 텔레비전에도 영향을 미치기 시작하여 80년대에는 예능 프로그램의 세분화가 이루어진 것이다. 뿐만 아니라 경제 호황도 다양한 예능 프로그램의 시도를 가능하게 하였다.

원래 만자이는 남녀노소를 불문하고 누구나 웃을 수 있는 내용을 제공하는 것을 이상으로 삼았다. 그러나 앞에서 언급한 「THE MANZAI」에 출연한 젊은 예능인들은 이를 거부하고, 20~30대 일부 시청자를 타깃으로 설정하여 그들을 집중적으로 공략하는 수법을 사용했다. 이 프로그램을 통해 스타 예능인이 다수 배출되는데, 그 대표적인 인물이 투 비트(ツービート)의 멤버인 비트 다케시(ビートたけし, 영화감독으로 활동할 때에는 기타노 다케시(北野武)라는 이름을 사용), 아카시야 산마(明石家さんま), 시마다 신스케(島田紳助)이다. 이들은 텔레비전 출연을 계기로 만자이의 틀에서 벗어나 시청률을 올리기 위한 다양한 방법의 예능을 선보이기 시작하는데, 이들을 중심으로 탄생한 것이 「우리들 익살꾼들(われらひょうきん族)」(후지TV 계열, 1981년 5월 16일~1989년 10월 14일까지 매주 토요일 저녁 8시부터 1시간 동안 방송, 8년간의 평균시청률 18%)이라는 프로그램이었다. 특히 이 중에서 비트 다케시는 80년대를 대표하는 인물로 성장하는데, 기존의 보케와 쏫코미로 이루어진 만자이 수법에서 벗어나 철저한 사전 훈련과 각본을 바탕으로 계속 보케만을 하는 예능을 선보였다. 비트 다케시의 의도는 보케를 하는 화면의 인물을 보고 시청자 스스로가 쏫코미를 할 수 있도록 하는 데 있었는데, 이렇게 철저히 계산된 예능을 선보이는 이유는 기존의 하기모토 긴이치가 일반인을 예능에 참여시킨 다큐멘터리식 예능을 선보인 것에 대한 반발심 때문이었다. 즉 다케시는 아마추어가 아닌 훈련된 프로에 의한 예능을 선보이고자 했던 것이다. 또한 예능인 BIG3(비트 다케시, 다모리(タモリ), 아카시야 산마) 중 한 명인 아카시야 산마는 콩트는 물론 사회자로서 두각을 나타냈다. 그는 출연자의 이야기를 듣고 질문하면서 혼자서 보케와 츳코미를 모두 구사하는 토크 수법으로 인기를 얻었다. 그런가 하면 오와라이 탤런트가 시청자들을 당황시키며, 몸싸움을 하는 등 마치 축제 같은 분위기의 프로그램을 그대로 방송하는 다큐멘터리식 예능도 여전히 강세였다. 이와 같이 정형적인 만자이 수법으로부터의 이탈, 다큐멘터리식 예능의 공존은 다양한 취향을 가지고 있는 시청자들을 만족시키기 위한 것이었으며, 실제로 시청자들이 자신의 취향에 따라 프로그램을 선택할 수 있는 선택권을 가지게 되었다.

그러나 오와라이 탤런트 2세들이 이러한 다양한 프로그램을 진행할 수 있었던 것은 만자이를 통해서 쌓은 기본실력이 뒷받침되었기 때문인데, 단순히 이들을 흉내낸 프로그램들의 방송 제작이 증가하면서 웃음의 질은 떨어지고, 새로운 예능인이 텔레비전 매체에서 성장하기 어려워지는 부작용도 발생하게 되었다.

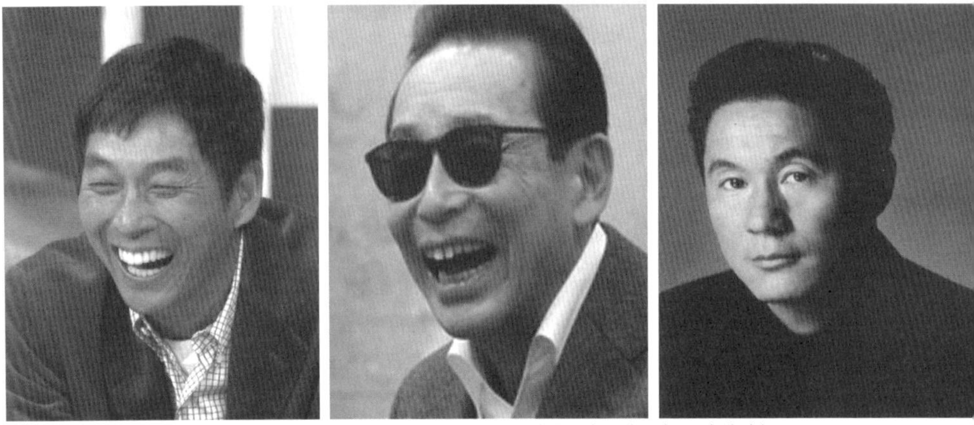

오와라이 BIG3, 왼쪽부터 아카시야 산마, 다모리, 비트 다케시[3]

4) 1990년대 : 시청자 층의 집중화와 소외

1980년대 후반이 되면 오와라이 탤런트 BIG3의 프로그램 시청률에 변화가 생기기 시작한다. 이것은 새로운 세대의 오와라이 탤런트가 필요하게 된 것을 의미하는데, 방송국 관계자는 당시 관서지방에서 만자이로 젊은이들의 인기를 모으고 있었던 다운타운(ダウンタウン, 하마다 마사토시(浜田雅功)와 마쓰모토 히토시(松本人志) 콤비)을 캐스팅하게 된다. 텔레비전에서 활동해 본 경험이 없는 이들을 먼저 새벽 시간대에 출연시켜 시청자들의 반응을 살폈는데, 시청률을 확보하기 어려운 시간대임에도 불구하고 6%의 시청률을 기록하여 이후에는 황금시간대(19 : 00~21 : 00)로까지 진출하

---

3) http://image.search.yahoo.co.jp/search?ei=UTF-8&p=%E6%98%8E%E7%9F%B3%E5%AE%B6%E3%81%95%E3%82%93%E3%81%BE#mode%3Ddetail%26index%3D15%26st%3D452
http://image.search.yahoo.co.jp/search?ei=UTF-8&fr=top_ga1_sa&p=%E3%81%9F%E3%82%82%E3%82%8A#mode%3Ddetail%26index%3D21%26st%3D893
http://matome.naver.jp/odai/2134369955116530401/2134370294816841203

게 된다. 다운타운은 기존의 오와라이 탤런트와의 차별화를 의식하여 다큐멘터리식 예능을 거부하고 정성들여 만든 콩트를 중심으로 활동하였다. 또한 이들은 80년대에 활약하던 예능인들이 20~30대의 젊은 층을 겨냥했던 것을 더욱 차별화시켜, 젊은 층 중에서도 더욱 좁은 범위를 자신들의 타깃으로 설정하였다. 그러므로 그들의 콩트를 이해할 수 없는 시청자들은 자연히 소외되게 마련인데, 그 영향으로 80년대와 같이 높은 시청률을 올리지는 못하지만, 열렬한 팬 층에 의해 꾸준한 시청률을 유지하게 된다.

이와 같이 다운타운의 콩트 중심주의가 시청자들의 지지를 얻은 데에는 당시 다큐멘터리식 예능 프로그램이 한계에 다다랐다는 현실과도 관계가 깊었다. 1992년 7월 5일부터 방송을 시작하여 높은 시청률을 기록한 「전진하라! 전파소년(進め！電波少年)」(니혼TV 계열에서 1998년 1월 4일까지 매주 일요일 밤 10시 30분부터 30분간 방송. 이 프로그램은 자막 방송의 효시로, 이후 예능 프로그램은 거의 자막을 넣게 되었다)은 폭력단에서 체험한 것을 방송하는 등 목숨을 건 위험한 시도를 하여 경찰로부터 항의를 받기도 했다. 프로그램의 과격화는 이 정도가 아니면 시청자들이 다큐멘터리식 예능 프로그램을 찾지 않게 되었다는 사실을 드러내는 것이기도 했다. 이와 같은 분위기 속에서 다운타운은 오와라이 탤런트의 기본인 콩트 예능을 추구하고자 했던 것인데, 그러나 이들은 음악과 토크를 융합한 토크 프로그램에서도 그 능력을 발휘했다. 예능인에 비해 지위가 높다고 인식되던 뮤지션을 상대로 우위에 서서 쏫코미를 하는 토크가 큰 인기를 끌었던 것이다. 이 시기에 다운타운과 함께 등장한 예능인들(웃짱난짱(ウッチャンナンチャン, 우치무라 데루요시(内村光良)와 난바라 기요타카(南原清隆) 콤비)을 '오와라이 탤런트 3세대'라고 한다.

또한 이들의 뒤를 이어 '오와라이 탤런트 4세대'가 탄생한다. 이들은 다모리가 사회를 봤던 「보케브라 천국(ボキャブラ天國)」(후지TV 계열에서 1992년 10월 14일부터 2008년 9월 28일까지 단속적으로 방송)을 통해서 등장했는데, 이 프로그램은 시청자들이 격언이나 기존에 있던 노래 가사를 비슷한 발음의 다른 단어로 바꿔서 투고하면, 출연자들이 시청자들의 웃음의 센스를 품평하는 것이었다. 이 안에는 젊은 예능인들이 자신들의 토크를 선보여 대결하는 코너가 있었는데, 여기에서 살아남은 사람들이 4세대의 예능인에 해당한다. 그리고 같은 시기에 새로운 시도를 선보인 야외촬영 프로그램도 인기를 얻기 시작했다. 사회로 나가 젊은이들을 대상으로 개그를 하거나 토크를 하면서 그들과 소통하는 모습이 동세대의 지지를 받았던 것이다.

또한 90년대에는 자니즈(ジャニーズ) 사무소 소속의 5인조 남성 아이돌 그룹 SMAP가 예능인으로 활약하여, 이후 아이돌의 예능프로 진출의 포문을 열었다. 이 시기 아이돌의 예능 진출은 앞의 개괄에서 언급한 대로 방송사의 경제적인 문제에서 비롯되었는데, 시대의 변화에 발맞춰 자니즈 사무소의 사장은 직접 SMAP에게 예능을 가르치도록 지시했다고 한다. 80년대에도 아이돌이 만들어진 캐릭터를 가지고 예능 프로그램에 출연하는 경우는 있었지만, 오와라이 탤런트와 같은 위치에서 참여한 것은 아니었다. 그러나 SMAP는 직접 예능을 배우고, 프로그램의 진행방식도 습득하여 일본의 예능 프로그램을 견인할 정도로 성장하게 되었다.

5) 2000년대 이후 : 오와라이 탤런트의 공급과잉과 그 문제점

경제 불황은 방송 업계에 큰 영향을 주어 비교적 싼 제작비로 시청률

을 올릴 수 있는 방법이 강구되기 시작했다. 이러한 효과를 얻기 위해서는 신인을 발굴해야만 했는데, 그래서 탄생한 것이 만자이 경연 프로그램이었다. 1999년 NHK교육채널의 「폭소 온 에어 배틀(爆笑オンエアバトル)」(2010년까지 방송)을 시작으로, 「엔터의 신(エンタの神様)」(니혼TV, 2003~2010), 「폭소 레드 카페트(爆笑レッドカペット)」(후지TV, 2007~2010) 등의 프로그램이 탄생하게 되는데, 그러나 이들 가운데에서도 전국적인 화제가 된 것은 시마다 신스케가 기획하고 요시모토 흥업이 개최한 「M-1 그랑프리(M-1グランプリ)」(TV아사히(テレビ朝日)에서 2001년부터 2010년까지 매년 12월에 개최)이다. 아직 세간에는 널리 알려지지 않은 신인 오와라이 탤런트들이 다수 등장하여 자신들의 만자이를 선보이고 서로 경쟁하는 프로그램으로 이른바 '네타미세 프로그램(ネタ見せ番組)'('네타(ネタ)'란 이야깃거리라는 뜻이고, '미세(見せ)'는 보여준다는 뜻이다. 즉 수많은 오와라이 탤런트들이 이야깃거리를 만들어내서 관객들에게 보여주는 만자이 형태의 프로그램이라는 뜻이다)이라고 한다. 이러한 형식의 프로그램의 특징은 다운타운처럼 특정 층을 겨냥한 개성 강한 만자이가 중심이라는 점이다. 특히 「M-1 그랑프리」는 전 국민의 관심을 얻었던 프로그램으로, 심사위원에는 시마다 신스케, 다운타운의 마쓰모토 히토시 등 유명 오와라이 탤런트가 배정되었다. 매년 인터넷에서도 큰 화제가 되었는데, 그 이유는 우승자, 패자부활전에서 부활하는 예능인, 심사위원의 코멘트까지 시청자들이 누구의 예상이 맞는지를 인터넷 안에서 서로 경쟁하고 있었기 때문이었다. 이러한 프로그램을 통해서 등장한 예능인들이 '오와라이 5세대'이다.

2005년도 「M-1 그랑프리」 우승자 블랙 마요네즈(ブラックマヨネーズ)[4]

또한 같은 시기에 입빠쓰야 예인(一發屋芸人, 입빠쓰야(一發屋)는 일시적으로 활약하고 사라지는 연예인, 작가, 스포츠 선수를 뜻하는 용어)이 등장하였는데, 이들은 특정한 문구(예를 들어 '느낌 아니까~')로 좌중의 시선을 끌어 인기를 얻은 오와라이 탤런트들이었다. 이러한 오와라이 탤런트의 공급 과잉은 텔레비전에 한 번 출연하고 사라지는 현상으로 나타나기도 하고, 사회자가 다수의 오와라이 탤런트를 앉혀놓고 그들의 토크를 유도하는 형태의 프로그램을 탄생시키기도 했다. 즉 히나단(雛壇, 히나단이란 히나마쓰리(雛祭り) 때 인형을 장식해 놓은 계단식의 단을 의미함)식 예능 프로그램의 증가를 초래하게 된 것이다. 우리나라에서도 이러한 프로그램이 증가하고 있는데(강심장 등), 많은 수의 오와라이 탤런트들이 나와서 사회자의 지휘 하에 토크를 하는 형태로, 2009년 리먼 쇼크를 계기로 제작비가 많이 드는 야외촬영 프로그램이 감소하자 자구책으로 만들어진 것이 이 히나단 프로

4) http://image.search.yahoo.co.jp/search?p=%E3%83%96%E3%83%A9%E3%83%83%E3%82%AF%E3%83%9E%E3%83%A8%E3%83%8D%E3%83%BC%E3%82%BA&aq=-1&oq=&ei=UTF-8#mode%3Ddetail%26index%3D18%26st%3D532

그램이었다. 그러나 만자이를 중심으로 한 오와라이 탤런트들은 히나단 프로그램에서 자신의 능력을 발휘하기가 어려우며, 따라서 신세대에 의한 새로운 스타일의 예능 프로그램 개발이 어렵다는 단점을 드러내고 있다.

이러한 가운데 중년의 아카시야 산마, 다음 세대인 웃짱난짱의 우치무라 데루요시(内村光良), 아리요시 히로이키(有吉弘行) 등은 안정적인 입담과 특유의 캐릭터로 꾸준한 인기를 유지하고 있다. 특히 이들 중 2011년에 가장 많은 프로그램에 출연하여 탤런트 랭킹 1위에 오르기도 한 아리요시 히로이키는 독설가 캐릭터를 무기로, 시청자의 마음을 독설로 대변하고 있다는 점에서 인기가 급상승한 인물이다. 그는 탤런트 중 가장 많은 트위터 팔로워수를 보유하고 있기도 하고, 그 자신이 트위터를 의식하고 있다는 것을 텔레비전에서 이야기하기도 하였다. 이것은 인터넷과 트위터의 발달이 오와라이 탤런트의 인기와 결부되고 있으며, 나아가 트위터를 통한 시청자들의 비평이 프로그램의 제작에 영향을 미치기도 한다는 것을 드러내고 있다.

현재 예능 방송은 오와라이 탤런트 5세대와 중년의 오와라이 탤런트들, 그리고 아이돌들에 의해서 성립되고 있다. 그러나 앞서 언급한 대로 히나단 프로그램의 발달로 인해 예능인의 능력이 제한되어 새로운 스타일의 예능 프로그램 창출이 어렵다는 현실을 방송 관계자들은 가장 우려하고 있다. 이러한 난국을 타계하기 위해서 예능 프로그램 종사자들은 현재 트위터 등의 매체를 어떻게 예능 프로그램에 이용할지, 새로운 매체와 텔레비전과의 교섭을 시도하고 있다. 뿐만 아니라 초고령화 사회에 접어들었다는 점을 감안하여 방송 업계는 지금까지 젊은이들만을 대상으로 한 예능 프로그램 제작에서 벗어나, 라쿠고 등 중장년층을 포섭할 수 있는 예능 프로그램 개발이 시급하다는 것을 인식하고 있다.

일본인이 가장 좋아하는 오와라이 탤런트

순위	이름
1	아카시야 산마(明石家さんま)
2	아리요시 히로이키(有吉弘行)
3	우치무라 데루요시(内村光良, 웃짱난짱(ウッチャンナンチャン))
4	서머즈(さまぁ～ず)
5	다모리(タモリ)
6	비트 다케시(ビートたけし)
7	이모토 아야코(イモトアヤコ)
8	에가시라2:50(江頭2:50)
9	샌드위치맨(サンドウイッチマン)
10	우에다 신야(上田晋也, 크림스튜(くりぃむしちゅー)) 다운타운(ダウンタウン)

출처 :『日経エンタテインメント！』, 日経BP社(2014.2)

03 | 예능 프로그램의 분석

1) 아이돌 예능 프로그램의 출발 -「SMAP×SMAP」

1992년에 데뷔한 아이돌 그룹 SMAP는 현재 국민적 아이돌이라고 불릴 정도로 일본에서 인기가 높다. 그들의 인기에는 이 프로그램이 기여한 바가 크다. 관서TV와 후지TV 공동제작으로, 1996년 4월 15일 이후 현재까지 매주 월요일 밤 10시부터 한 시간 동안 방송되고 있는 이 프로그램은 5명의 SMAP멤버가 모두 출연하는 유일한 프로그램이다. 구성은 전반과 후반으로 크게 나뉘는데, 전반부(일명 「BISTRO SMAP」)는 그룹의 멤버가 두 팀으로 나뉘어 방청객과 초대된 게스트 앞에서 직접 요리를 해서 손님을 대접하는 형태로 이루어진다. 1996년 시작 당시에는 주방에서 본 경험도 없었던 이들이 현재는 프로 요리사에 버금갈 정도의 요리 솜씨를 자랑하고 있다는 것도 시청자들에게 재미를 더해 주고 있다. 이 프로그램의 영향으로 요리하는 남자를 선호하는 여성들이 증가했으며, 이후 남성 탤런트나 아이돌들이 요리를 하는 프로그램이 제작되기 시작했다. 또한 직접 프로그램에서 만든 요리의 레시피를 모아서 요리책을 출간하여 높은 판매부수를 올리기도 했으며, 대형 편의점 세븐 일레븐(7-ELEVEN)이 이들이 직접 개발한 레시피를 바탕으로 도시락과 디저트를 한정판매하여 바로 완판되는 현상이 일어나기도 했다.

「SMAP X SMAP」와 7-ELEVEN과의 도시락 콜라보레이션 광고[5)]

여기에 초대되는 게스트들은 당시 가장 이슈가 되고 있는 인물이나 인기 있는 드라마의 출연자, 정재계 인사(고이즈미(小泉) 전 수상도 출연 경력이

5) http://image.search.yahoo.co.jp/search?p=bistro+SMAP&aq=-1&oq=&ei=UTF-8#mode%3Ddetail%26index%3D0%26st%3D0

있음), 스포츠 선수, 일본을 방문 중인 해외스타들이다. 요리를 하는 동안 사회자가 손님과 간략하게 이야기를 나누고 5명의 멤버들과 게임이나 퀴즈로 대결을 벌인다. 그리고 손님이 요리를 시식한 후 승자를 가려서 선물을 하는 형식으로 진행되고 있다. 전반부에서의 볼거리는 음식과 요리 솜씨, 그리고 가장 주목을 받는 인물들이 자신의 숨은 이야기를 SMAP멤버들과 진솔하게 나눈다는 것이다. 예를 들어 2020년 도쿄 올림픽 유치를 위해 부에노스아이레스에서 열린 IOC위원회 회의에서 영어와 프랑스어로 프레젠테이션을 한 다키가와 크리스텔(瀧川クリステル, 전 후지 TV 아나운서)이 출연해 자신의 프레젠테이션에 얽힌 이야기를 들려주었다. 프레젠테이션의 내용 안에는 손님을 극진히 대접한다는 의미의 일본어 '오모테나시(おもてなし, 이 용어는 2013년 유행어 대상을 받기도 했다)'를 강조한 부분이 있었는데, 이 용어를 사용하게 된 경위 등에 관해서도 이야기하였다. 이와 같이 당시의 가장 이슈가 되는 인물들이 나와서 숨겨진 뒷이야기를 들려주면서 시청자들의 궁금증을 해소시켜 준다는 점에서도 인기를 얻고 있다.

그러나 SMAP 멤버의 개성을 가장 잘 보여주는 것은 후반부이다. 후반부는 콩트와 노래로 구성되어 있는데, 콩트 부분에서는 SMAP와 유명 연기자, 또는 오와라이 탤런트가 출연해서 연기를 한다. 콩트 역시 가장 화제가 되고 있는 인물의 흉내 내기, 영화나 드라마, 만화나 애니메이션 주인공의 패러디 등 최신 유행을 알 수 있는 소재가 등장하고 있다. 오래간만에 일본인들을 매료시킨 드라마 「한자와 나오키(半澤直樹)」(2013년 7월 7일~9월 28일까지 TBS계열에서 매주 일요일 밤 9시부터 1시간 동안 방영. 평균 시청률 28.7%, 최종회 시청률 42.2%)에 등장하여 유행어가 된 "2배로 갚아주겠다!(倍返しだ!)"라는 대사를 살려 드라마를 패러디한 것이 대표적인 예이

다. 뿐만 아니라 SMAP의 멤버들은 콩트를 위하여 여장을 하거나 노인이나 어린이가 되기도 하고 애완동물로까지 변신하는 등 성별, 인종, 나이를 초월한 연기를 펼친다. 심지어 파이로 얼굴이 범벅이 되기도 하고 물에 빠지는 등 슬래스틱 코미디 연기도 마다하지 않는다. 프로그램의 마지막을 장식하는 노래 부분은 당대의 인기 뮤지션, 또는 일본을 방문한 해외의 뮤지션들과 함께 노래를 부르고 짤막한 감상을 이야기하는 것으로 끝을 맺는다.

이 프로그램의 특징은 아이돌도 평범한 인간이라는 점을 부각시켜 친근감을 느끼게 하고, 그들을 응원하는 팬을 확보해 간다는 점이다. 또한 이 프로그램 하나를 보면 일본 예능의 판도를 전부 파악할 수 있다는 점도 매력으로 작용하고 있으며, 요리책이나 도시락 판매의 예에서 볼 수 있듯이 예능 프로그램이 미디어 믹스 전략을 어떻게 수행하고 있는지도 알 수 있다.

2) 정치를 콘셉트로 한 버라이어티 -「마쓰코&아리요시의 분노신당(マツコ&有吉の怒り新党)」

현재 일본 예능 프로그램에서 많은 인기를 얻고 있는 마쓰코 디럭스(マツコ・デラックス)와 아리요시 히로이키, 그리고 아나운서 나쓰메 미쿠(夏目三久)가 진행하는 이 프로그램은 TV아사히에서 매주 수요일 밤 11시 15분부터 1시간 동안 방영되고 있다. 원래 방송 초기(2011년 4월 5일부터 방송 실시)에는 새벽 1시부터 30분 동안 방송되었는데, 심야 시간대 방송임에도 불구하고 높은 시청률을 기록하여 지금의 방송시간대로 옮기게 되었다.

전례가 없는 독특한 콘셉트로 화제가 되었는데, 프로그램 이름에서 알 수 있듯이 마쓰코와 아리요시가 새로운 정당을 설립했다는 가정 하에 마쓰코가 간사장(幹事長), 아리요시가 정조회장(政調會長), 나쓰메가 총재(總裁) 비서, 그리고 프로듀서가 총재역할을 맡고 있다. 시청자로부터 분노를 느낀 경험담을 메일로 모집하여 화를 내도 좋은 것인지를 마쓰코와 아리요시가 이야기를 나누면서 판단한다. 즉 일상생활에서 느낀 분노, 예를 들면 '마트 계산대에서 계산을 하기 위해 줄을 서는 동안 미리 지갑을 꺼내지 않는 사람에게 분노를 느낀다.'라는 등의 분노 체험을 시청자들이 메일로 투고하면, 이에 대해서 아리요시와 마쓰코가 토론을 벌인다. 화를 내는 이유가 타당하다고 납득하면 메일 채용, 그렇지 않으면 미채용, 판단을 유보할 경우는 보류로 결론을 내린다.

이러한 구성은 방송 시작 당시의 정부와 국민들 간의 관계를 예리하게

「마쓰코&아리요시의 분노신당」6)

---

6) http://image.search.yahoo.co.jp/search?p=%E6%9D%BE%E5%AD%90%E6%9C%89%E5%90%89%E3%81%AE%E6%80%92%E3%82%8A%E6%96%B0%E5%85%9A&aq=-1&oq=&ei=UTF-8#mode%3Ddetail%26index%3D1%26st%3D87

포착한 결과 탄생한 것이었다. 방송이 시작된 2011년은 일본인들에게는 잊을 수 없는 해로, 3월 11일에 동일본대지진이 발생하고, 이것은 곧바로 원전사태로 이어진다. 2년 전인 2009년 9월에는 자민당(自民党)의 장기집권체제에서 벗어나 민주당(民主党)으로 정권교체가 이루어졌는데, 이 선거 결과는 새로운 일본을 꿈꾸는 사람들이 그만큼 많았다는 것을 의미하고 있었다. 그러나 민주당 집권 1년 동안의 성과는 국민들의 기대에 미치지 못했고, 동일본대지진과 원전사태에 대한 재난 처리 능력에서도 무능함을 드러냈다. 연일 보도되는 원전 폭발의 가능성과 쓰나미의 잔해를 바라보면서 일본인들은 분노를 느꼈으나, 국민의 의견을 수렴할 수 있는 정부는 존재하지 않았다. 이러한 현실상황을 패러디하여 신당을 창당하여 국민들의 분노를 수렴하고 채용여부를 결정한다는 것이 이 프로그램의 콘셉트가 된 것이다.

또한 이 프로그램은 일본인들의 특성을 잘 파악하여 프로그램에 이용하고 있다는 점에서도 주목할 만하다. 분노를 경험한 내용을 담은 메일은 남에게 폐를 끼쳐서는 안 된다는 것을 강조하는 일본인들의 인간관계의 특징을 드러내는 것이 대부분이다. 타인과의 거리감을 중요시하는 만큼 세세한 부분에서도 일본인들은 특히 예민하게 반응하는 경우가 많은데, 이것을 두 사람이 토론을 통해서 판단한다는 것은 규칙과 보편성을 강조하는 일본 사회의 특성을 드러내기도 한다.

이 프로그램의 묘미는 독설가로 유명한 두 명의 오와라이 탤런트가 어떻게 토론을 전개해 나가는가에 있다. 인생의 우여곡절을 경험한 인물로도 알려져 있는 두 사람은 자신들의 경험을 바탕으로 다양한 시점을 제시하면서 독설을 섞어 이야기를 풀어내고 있다. 이 프로그램의 성패는 바로 오와라이 탤런트들의 입담에 달려 있다고 할 수 있는 것이다.

참고자료

日経BP社(2014.2),『日経エンタテインメント！』
신미선(2003),「지상파방송의 편성특성에 관한 연구 : 한국, 미국, 영국, 일본, 대만을 중심으로」,『한국방송학보』 17권 4호
안수근(1990),「일본위성방송의 프로그램 편성에 관한 연구」,『한국방송학보』, 1호
インタラクテイブプログラムガイド(2013),『テレビ番組をつくる人一あの番組をつくった、あの人に、思いきり叫んでもらいました。』, PHPパブリッシング
大見崇晴(2013),『「テレビリアリティ」の時代』, 大和書房
佐藤義和(2011),『バラエテイ番組がなくなる日-カリスマプロデユーサーのお笑い「革命」論』, 主婦の友社
高橋弘樹(2013),『デイレクターの演出術：物事の魅力を引き出す方法』, 筑摩書房

문학 제5장

Literature

01 | 대중소설

1) 대중소설의 탄생

대중소설이란 '다수의 대중에게 읽히기 위해 흥미 위주로 지은 소설'을 일컫는다. 이 정의는 문화 소비주체로서의 '대중'과 '흥미위주'라는 소설의 내용적 요소 안에 대중소설의 특징이 있음을 보여준다. 이러한 관점에서 볼 때 현대적 의미의 대중소설은 18~19세기 근대적 대중의 형성과 함께 출현한다. 인간의 이성과 과학적 지식을 근간으로 한 근대화는 기존 사회시스템과 제도에 급격한 전환을 가져오고 '대중'을 중심으로 한 새로운 계층구조를 탄생시켰다. 특히 그동안 사회의 소수그룹만이 문화의 지근거리에 위치할 수 있었던 시대에서 다수 사회구성원의 문화참여가 가능해진 시대로의 이행은 문화지형을 둘러싼 근본적인 지각변동을 의미했다. 창작과 소비 양쪽에서 이루어진 대중의 역할 확대는 단순히 새로운 문화주체가 등장했다는 사실에 머물지 않고, 문화전반에 걸친 외연 확장을 가져왔기 때문이다.

소설이 '근대'에 발달한 이유는 주체와 객체, 나와 타자의 구분을 통한 서구의 이원론적 세계관을 인간중심적 관점에서 가장 효과적으로 발현해 낸 문화양식이기 때문이다. 이른바 고전이라 불리는 작품들이 인간 존재의 밝은 면과 어두운 면, 그리고 감추고 싶은 면에 천착한 세계상을 그려 온 것도 같은 맥락에서 이해할 수 있다. 그렇지만 근대적 대중의 등장, 그리고 그에 동반한 사회구조의 변화는 소설이라는 표현양식에 보다 다양한 역할과 내용을 요구하기 시작한다. 대중소설이 탄생하고 그로 인해 순수소설이라는 장르가 새롭게 구역된 경위는 문화 소비주체의 요구에 부합하여 근대 문화가 형성-변용-정착해 온 과정을 잘 보여주는 예이다. 마찬가지로 최근 소설 장르가 연애소설, 신문연재소설, 추리(탐정)소설, 공상과학소설, 납량공포(괴기)소설, 역사(전기)소설, 판타지소설, 모바일소설 등 점차 다양하게 분화해 가는 현상은 문화 소비주체의 이동이 다시 새로운 양상으로 전개할 가능성을 징후적으로 드러내는 것이라고 할 수 있다. 반면 큰 틀에서 볼 때 대중소설과 순수문학이라는 전통적인 문학의 경계구분은 빠르게 유효기간을 상실해 가고 있다. 일례로 무라카미 하루키(村上春樹)의 작품은 순수문학적 색채의 주제표현을 유지하면서도 감각적이고 자극적인 소재 사용을 선호한다는 점에서 매우 대중지향적인 감촉을 담고 있다. 이미 하나의 문학작품에 대한 다양한 평가의 주도권이 독자에게 넘어온 지 오래이며, 현재적 의미에서 '대중소설이란 무엇인가'에 관한 물음 역시 새롭게 모색되고 있다.

2) 일본 대중소설의 흐름

'대중'의 등장이 대중소설의 성립을 근거한다고 볼 때, 일본 대중소설의 시작은 문명 개화기에서 찾는 것이 타당하다. 이 시기에는 정치소설과 계몽소설, 그리고 번역소설이 많이 눈에 띄는데, 이들 소설은 당시 대중이 가장 관심 있어 하는 신시대의 모습을 담고 있어 '다수 대중에게 읽히기 위한' 대중소설의 요건을 만족시켰다. 마찬가지로 게사쿠(戱作)문학은 에도시대부터 이어져 온 표현의 틀을 유지하면서도 내용적 변화를 꾀하여 문명의 과도기에 직면한 일본 대중의 요구에 대답하려고 노력하였다. 그렇지만 근대소설이라는 큰 틀에서 조망할 때 일본 대중소설의 시작은 일본에 서구 근대 소설이념을 도입한 쓰보우치 쇼요(坪内逍遙)의 등장 이후로 보는 것이 바람직하다. 특히 우리에게 조중한이 쓴 『장한몽』의 원저로 잘 알려져 있는 오자키 고요(尾崎紅葉)의 『금색야차(金色夜叉)』는 게사쿠 특유의 권선징악적 색채가 남아 있기는 하지만, 근대 소설 기법에 오락성이 가미되었다는 점에서 일본 대중소설의 효시로 평가받는다.

한편 다수 대중 계층의 형성을 동반한 일본 대중소설의 비약적인 발전은 다이쇼기(大正期, 1912~1926)에 이루어진다. 러일전쟁을 계기로 가속화된 사회시스템의 전환은 일본의 도시 공간, 사회 제도, 문화 환경을 전면적으로 변화시켰다. 또한 관동대지진(1923)을 전후로 급속히 발달한 매스미디어 환경은 도시 대중들의 다양한 요구에 부합한 문화의 창작과 소비 공간 조성을 가능케 했다. 초기에 주로 역사물을 중심으로 한 활극소설(チャンバラ小說)만을 지칭하였던 일본 대중소설은 이후 대중과 미디어의 요청과 함께 탐정소설, 과학소설, 유랑소설 등 점차 현실과 밀착한 장르로 그 영역을 넓혀간다. 특히 초기 서양 범죄소설의 번안으로 시작한 추리물은 에도가와 란포(江戸川亂步)라는 걸출한 작가의 등장을 기점으로 탐정소설이란 일본적 장르를 확립하면서 급속히 일본 대중소설의 중심부에 위치하게 된다.

이처럼 문명개화기를 기점으로 다이쇼기에 어느 정도 완성을 본 대중소설은 이후 신문, 부인잡지, 오락잡지 등의 비약적인 성장을 기반으로 대중들의 확고한 지지를 얻어간다. 그리고 대중소설에 대해 호의적인 문학 환경의 조성은 자연스럽게 대중들의 인식 변화를 불러오는데, 이는 일부 순수문학계열 작가들의 대중소설 진입을 유도하는 요인으로 작용하기도 한다. 쇼와(昭和, 1926~1989)초기의 사토 하루오(佐藤春夫)와 같은 순수문학계열 작가가 신문에 대중소설을 연재한 것이 대표적인 예라고 할 수 있는데, '순수문학 위기론'이나 '문예부흥운동' 등과 같이 순수문학의 부활이 외쳐지는 흐름 속에서도 일본 대중소설은 점차 외연을 넓혀 가고 있었다. 그리고 이러한 움직임은 일본의 패전 이후 순수문학과 대중소설의 특성을 모두 아우른 중간소설(中間小說)이라는 장르의 등장으로 이어진다. 대중적 요소를 추구하면서도 예술성을 잃지 않는 소설 분야의 개척을 목표로 한 중간소설의 탄생은 전후 일본문학의 방향을 상징적으로 제시한 하나의 사건이었다.

1970년대 무렵 오락성이 풍부한 대중소설 장르 전체를 지칭하는 신조어로 엔터테인먼트소설이라는 용어가 등장한다. 중간소설이 소설 내부의 순수문학과 대중소설의 접합이라는 시도에 머문 반면 엔터테인먼트소설은 소설 외부의 다양한 문화장르를 시야에 두고 있다는 측면에서 보다 전향적인 성격의 것이라 평가할 만하다. 또한 현대적 의미의 대중소설이 다양한 매체와 문화 콘텐츠를 매개로 변화를 멈추지 않고 있다는 점에 착안할 때, 엔터테인먼트 소설은 정확히 그들이 지향하는 지점에 위치해 있다고 볼 수 있다.

한편 표지나 삽화에 애니메이션풍의 일러스트를 사용한 소설장르가 뒤이어 등장하는 데 이를 라이트노벨이라 일컫는다. 라이트노벨은 만화와 게임, 애니메이션과 같은 서브컬처와의 밀접한 관계에서 발생한 것으로 영어의 Light와 Novel을 합성한 일본식 조어이다. 현재 이 명칭은 일본 특유의 소설 장르를 지칭하는 것으로 영어권을 포함하여 세계적으로 통용되고 있다. 라이트노벨의 발생은 1970년대 후반으로 보는 것이 일반적이지만, 그 명칭이 만들어진 것은 1990년대 무렵이며 폭넓게 인지되기 시작한 것은 일본에서 급격한 인터넷의 대중화가 이루어진 2000년대 이후로 알려져 있다. 라이트노벨은 서브컬처와의 밀접한 관계 속에서 발생한 것인 만큼 청소년을 주요한 독자층으로 삼아 출발했지만, 최근 만화와 애니메이션 소비층의 고령화와 함께 중장년층에 이르기까지 그 수요를 확장해가는 추세에 있다.

라이트노벨이 만화와 애니메이션에 친숙한 계층을 주요 고객으로 삼는다는 사실은 라이트노벨의 일러스트가 작품의 구매력을 좌우하는 주요한 요소임을 말해준다. 라이트노벨의 일러스트는 시대에 따라 그 유행이 변화해 왔는데, 초기의 형성기에는 주로 유화나 수채화를 이용한 것이 주류였지만, 80년대에 들어서는 인기 만화가의 적극적인 참여를 동반한 만화풍의 것으로 그 흐름이 바뀌었다. 그리고 90년대 이후에는 애니메이션에 익숙한 독자층의 증가와 함께 애니메이션풍의 일러스트를 사용한 작품이 호응 받는 등 라이트노벨의 일러스트는 시대와 독자층의 변화에 기민하게 반응하며 진화해 왔다.

한편 라이트노벨은 연애, SF, 판타지, 미스터리, 추리물 등 폭넓은 범위의 장르를 포함한다. 이러한 특징은 라이트노벨이란 장르에 미디어믹스를 적극적으로 활용할 수 있는 요인으로 기능하는데, 하나의 라이트노벨 작품이 드라마, 영화, 게임, 애니메이션, 만화 등 다양한 분야로 재현되는 것은 일반적인 현상이라고 할 수 있다. 여기서 미디어믹스란 원래 광고 용어에서 온 것으로, 특정 오락작품이 일정한 경제효과를 지닐 때 그 작품과 관련된 부차적 작품을 여러 종류의 오락미디어를 통해 다수로 제작하여 팬서비스와 상품판촉을 확충하는 것을 의미하는데, 최근에는 라이트노벨을 포함한 엔터테인먼트소설 전반에서 활발히 응용되고 있다. 라이트노벨은 메이저 문학과 서브컬처와의 접점을 개척하고, 미디어믹스를 통해 다양한 미디어 공간을 적극적으로 지향한다는 점에서, '상상력'의 세계를 현실 환경에 맞추어 복원해 가는 새로운 형태의 문학적 실험이라고 할 수 있을 것이다.

02 | 추리소설

1) 추리소설과 근대

18~19세기에 정점에 이른 서구의 근대는 인간 이성이 진보한다는 믿음과 함께 개인주의와 세속주의로 대변되는 '근대'라는 공간으로 사람들을 초대하였다. 그렇지만 급속한 사회 변화는 자본주의 팽창이 가져오는 갈등, 대도시에 내던져진 개인의 불안, 진보와 혁신을 향해 질주하면서 직면하게 되는 혼돈과 같은 여러 가지 사회 문제들을 불러왔다. 특히 낯선 도시에서 일어나는 범죄는 때때로 대중들에게 단순한 해프닝을 넘어서 근대의 '불안'을 상징하는 사건으로 인식되었고, 완비된 경찰시스템을 통해 가시적인 위협을 해결해 가는 추리물은 사람들에게 안도와 카타르시스를 제공하는 기능을 담당했다. 그리고 그런 의미에서 추리물 속 부르주아 계급의 탐정이 주어진 사건에 부딪혀가는 과정은, 이상적인 근

대 모델(사고하는 자아)이 근대적 공간(대도시)에서 근대적인 문제(도시 범죄)를 해결한다는 의미에서 가장 근대적인 서사구조이자 다수 대중을 향한 이야기의 완성이었다.

근대적 소설장르로서 서구 범죄 추리물의 탄생은 미국인 에드거 앨런 포(Edgar Allen Poe)에 의해 시작된다. 『모르그 가의 살인사건』으로 대표되는 그의 작품은 19세기 유럽을 배경으로 탐정을 등장시킨다는 점이 특징인데, 하나의 사건을 둘러싸고 주인공인 탐정이 합리적 이성과 과학적 사고를 통해 문제를 해결해 간다는 서구 근대 추리물의 원형을 만들어낸 것으로 평가 받는다. 그리고 그의 작품은 아서 코난 도일(Arthur Conan Doyle)의 『셜록홈즈』 시리즈, 모리스 르블랑(Maurice Leblanc)의 『아르센 루팡』 시리즈를 거쳐, 아가사 크리스티(Agatha Christie)와 같은 보다 현대적인 탐정물로 그 전통이 이어지게 된다. 초기 범죄소설은 인간 이성과 근대시스템을 둘러싼 적극적인 믿음과 자신감에서 출발했으며, 근대를 긍정적으로 바라보고자 하는 당시 대중들의 욕망을 가장 정확하게 반영해 낸 장르였다.

한편 초기의 서구 범죄물과 조금 성격을 달리하는 작품군이 1930년대에 미국에서 출현하는데, 이를 하드보일드 소설이라 일컫는다. 미국의 하드보일드 소설은 사건 그 자체에 주인공이 적극적으로 개입하면서 문제를 해결해 간다는 점에서 사색하는 탐정과 범인의 두뇌싸움이 중심이었던 초기 범죄소설과 차별된다. 이는 20세기 초 미국이 치안 시스템과 공권력에 대한 믿음이 극도로 부재한 혼란된 사회였다는 점과 관계 깊은데, 사회의 구조적 결함에 주목하고 있었던 당시의 대중들은 전통적인 범죄 소설의 이야기 전개에서 벗어난 새로운 양상의 추리물을 요구하기 시작한 것이다. 실제로 하드보일드 소설의 대부분은 주인공이 사건을 해결해 가는 과정보다 사건의 이면에 감추어진 범죄의 배경과 부조리한 사회 구조를 주시하는데, 이는 근대라는 공간과 시스템을 1930년대 미국의 대중들이 조금은 다른 방식으로 이해하기 시작했음을 의미한다. 이처럼 초기 탐정물과 하드보일드 소설은 근대를 향한 대중들의 의식을 첨예하게 반영해 온 공간이었으며, 현재까지도 추리소설을 지지하는 두 가지 커다란 흐름으로 그 전통이 이어지고 있다.

2) 본격파(本格派) 추리소설의 등장

일본의 추리소설은 서구 범죄 소설의 두 가지 흐름에서 크게 벗어나지 않는다. 메이지유신 이후 급속한 근대화를 이루어낸 일본은 근대 서구가 직면했던 고민과 비슷한 문제들을 공유하고 있었다. 도시화와 자본주의 체제로의 이행이 가져오는 수많은 문제점은 당시의 일본사회 역시 안고 있는 과제였으며, 사람들은 근대라는 새로운 시대와의 접촉과정에서 일찍이 서구인들이 경험했던 불안과 조우하게 된다. 일본 추리소설의 선구자는 메이지기(明治期, 1868~1912) 말기에 최초의 창작 탐정소설을 쓴 구로이와 루이코(黒岩涙香)라고 할 수 있다. 다만 당시 일본사회가 번역을 통한 일본문학 내지는 일본어를 확립해가는 과정에 있었고, 구로이와 루이코 또한 추리소설에 대한 강한 이끌림에도 불구하고 대부분 서구 추리물의 번안 작업에 그 역량이 집중되어 있었다는 점은 아쉬운 부분이다.

한편 일본 추리소설은 『이전동화(二錢銅貨)』를 통해 데뷔한 에도가와 란포에 의해 본격적으로 전개되기 시작된다. 필명에서도 알 수 있듯이 그는 미국 추리소설 작가 에드거 앨런 포의 강한 영향 하에 작품 활동을 시작하는데, 사색하는 탐정이 문제를 해결해 간다는 고전적인 서구 범죄

소설의 형식을 거의 그대로 모방하는 데에서 출발했다. 이후 에드가와 란포는 일본적인 추리물 창작을 지속적으로 모색하면서 활동을 이어가게 되는데, 본격파 추리소설이라는 일본적 추리장르를 개척했을 뿐 아니라 추리물의 대중화에 기여했다는 점에서 높이 평가받고 있다. 여기서 본격파 추리소설이란 고전적인 추리소설 장르를 가리키는데, 사건의 실마리가 작품 안에 모두 제시되고 주어진 정보를 바탕으로 작중 주인공(탐정)이 사건을 해결해 가는 데 그 특징이 있다. 주로 탐정과 범인의 두뇌싸움, 혹은 작가와 독자의 두뇌싸움을 통해 수수께끼를 해결해 가는 과정에 초점을 맞춘 작품군을 지칭하며 일본의 패전 이후에는 『본진살인사건(本陣殺人事件)』의 요코미조 세이시(横溝正史), 『불연속살인사건(不連續殺人事件)』의 사카구치 안고(坂口安吾) 등에게 그 전통이 이어진다.

3) 사회파(社會派) 추리소설의 전개

본격파 추리소설이 유희적이고 환상적인 기교를 바탕으로 범인과 주인공의 두뇌싸움에 초점을 맞추는 반면, 사회파 추리소설은 사건이 일어난 사회적 배경과 맥락을 주시한다. 사회파 추리소설 역시 사건에 대한 논리적인 해결을 중시한다는 점에서 본격파 추리소설과 큰 차이를 보이지는 않으나, 사건에 직접 부딪쳐가며 점차 사건 자체보다 그 원인을 규명하는 데 주안을 둔다는 점에서 미국의 하드보일드계 소설의 전통을 잇고 있다. 일본의 사회파추리소설의 효시는 1950년대 후반에 등장한 마쓰모토 세이초(松本清張)이다. 1950년대 중반부터 본격화하기 시작한 일본의 고도경제성장은 대도시와 그 주변에 다수의 샐러리맨 독자를 양산하였는데 그들의 대다수는 고학력의 독자층이었다. 이들은 급변하는 환경 속에서 패전 이전의 본격파 추리소설과 차별화된 보다 현실과 밀착한 내용의 추리물을 요구하기 시작한다.

마쓰모토 세이초는 이들의 요구에 호응하여 고도경제성장 시대에 어울리는 현실적인 문제의식과 참신한 문체를 무기로, 도시 중간계층에 어필할 수 있는 추리서사 구조를 완성하는 데 이것이 사회파 추리소설의 시작이었다. 사회파 추리소설은 일본이라는 특수한 도시공간과 문화를 매개로 한다는 점, 그리고 현실 일본 사회의 구조적인 문제에 초점을 맞춘다는 점에서 가장 일본적인 추리소설의 탄생과 연결된다. 시대의 변화에 민감히 반응하며 진화를 거듭해 온 사회파 추리소설은 최근 미야베 미유키(宮部みゆき), 다카무라 가오루(高村薫)와 같은 재능 넘치는 작가로 그 전통이 이어져 독자적인 영역을 구축하고 있다. 또한 일본과 비슷한 경제성장의 길을 같은 아시아의 많은 나라들이 걷고 있다는 점, 그리고 이들 국가가 앞서 일본이 경험했던 사회구조적 문제에 직면하고 있다는 점에서, 사회파 추리소설은 현재 일본을 뛰어 넘어 한국, 대만, 중국 등의 아시아권에서 점점 더 주목받고 있다.

4) 신본격파(新本格派) 추리소설

신본격파 추리소설은 사회파 추리소설에 대한 반동으로 탄생한 장르이다. 1960년대 이후 일본추리소설의 주류를 차지하였던 사회파 추리소설에 대한 비판에서 출발하여, 고전적인 본격파 추리소설 기법으로 회귀한 작가가 다수 등장하는데 이들의 작품을 일컬어 신본격파 추리소설이라 한다. 신본격파 추리소설은 사회파 추리소설이 지닌 소설기법상의 한계를 보완한 측면이 강하다. 즉 신본격파 추리소설은 사회적 이슈를 정면에서 다룬다는 점에서 사회파 추리소설과 비슷한 성향을 보이면서도, 등장인물이 정교한 트릭을 무기로 두뇌싸움을 통한 문제해결을 지향한다는 점에서 초기의 본격파 추리소설의 전통을 잇고 있다.

그렇지만 실제로 신본격파 추리소설과 사회파 추리소설을 구분할 수 있는 기준은 다소 애매한 것이 사실이다. 이는 일본 추리소설이 범죄심리소설, 하드보일드소설, 소프트보일드 소설, 경찰소설, 역사미스터리, 여행미스터리 등 점점 더 다양한 장르로 분화해 가는 반면 하나의 장르로 수렴할 수 있는 작품이 거의 없다는 현실에서도 엿볼 수 있는데, 현재 전통적인 의미에서 추리소설 장르의 경계 구분은 이미 실효성을 상실했다고 볼 수 있다.

한편 신본격라이트소설 붐에서 보이는 바와 같이 일본 추리소설은 다른 어떤 소설장르보다 뚜렷한 확장성을 보인다. 특히 최근 일본에서 텔레비전 드라마, 영화, 만화, 애니메이션을 망라하여 추리물이 범람하는 현실은 일본 추리소설에 내재된 사회성이 대중들의 욕망과 맞물려 다양한 방면에서 재조명되는 현실을 보여준다. 이른바 문학과 문화의 가장 첨예한 장소에서 추리소설은 진화하고 있다.

5) 히가시노 게이고(東野圭吾)『플래티나 데이터(Platina data)』

현대 일본 추리소설을 대표하는 작가 히가시노 게이고 작품에 대한 한국 내 반응이 뜨겁다. 일일이 나열하기 힘들 정도의 수많은 소설뿐 아니라, 이들 작품을 원작으로 만들어진 영화, 드라마, 만화 등도 한국에서 화제를 몰고 있다. '이야기 한다'는 소설의 특권적 지위가 무너지고 있는 현재, 히가시노 게이고 작품이 보여주는 확장성은 현대 대중을 관통하는 욕망을 이 시대의 소설 양식이 어떻게 구현해야 하는가에 대한 실마리를 제시하는 듯하다.

히가시노 게이고는 일반적으로 '신본격파'라 일컫는 현대 일본 추리소설의 한 흐름을 대표하는 작가로 알려져 있다. '신본격파 추리소설'이란 이른바 '추리소설다움'의 자격을 '수수께끼 풀이'에 둘 것인가, 수수께끼를 유발한 '외부요인'에 둘 것인가라는 해답 없는 논의의 부산물로, 명칭 그대로 새롭게 등장한 장르이면서 그 새로움의 정체를 규정짓기 힘든 모호한 영역에 위치한다. 그리고 현대 추리소설 장르 구분을 둘러싼 이러한 '애매모호함'은 히가시노 게이고 작품에서 그대로 재현되고 있다고 할 수 있다. 작가의 초기 작품들이 추리물의 고전적인 형식미를 충실히 재현하는 데 머무른 반면, 최근 작품 경향을 살펴보면 작가가 전통적인 추리물의 틀에서 벗어나, 점차 다른 형태의 '의외성'을 탐색하는 방향으로 선회하고 있기 때문이다. 예를 들어 일본 TV 드라마 「갈릴레오(ガリレオ)」와 영화 「용의자X의 헌신(容疑者Xの獻身)」으로 친숙한 <탐정 갈릴레오 시리즈(探偵ガリレオシリーズ)>에서 작가는 '범인이 누구인가(Whodunit)'보다 '어떻게 범행을 저질렀는가(Howdunit)'에 집중하면서 이야기를 전개해 간다. 그에 비해 『플래티나 데이터』(2010)와 같이 비교적 최근의 작품에서 작가는 '왜 범행을 저질렀는가(Whydunit)'의 '왜', 다시 말해서 범행을 유발한 동기에 작품의 중심축을 치우치게 함으로써, 사회구조적인 맥락에서 작품이 제시하는 '수수께끼'의 의미를 포착하는 데까지 나아간다.

『플래티나 데이터』는 고도로 발달한 과학기술을 바탕으로 DNA 수사 시스템 도입을 눈앞에 둔 일본사회를 배경으로 하고 있다. 주인공은 DNA 수사 시스템의 고안자이면서 동시에 자신이 만든 시스템으로 인해 살인사건의 범인으로 몰리게 되는 인물로, '가구라(神樂)'와 '류(リュウ)'라

는 다중인격을 오가는 존재이다. 작품은 가구라와 류라는 각각의 인격에 이성과 감성이라는 대립적인 특성을 부여하면서 두 자아 사이의 갈등과 소통을 실마리로, DNA 수사 시스템에 내재된 구조적 모순을 폭로해 간다. 과학 기술에 대한 맹신과 불안, 자본주의 시스템의 부조리, 규율과 규제 사회의 모순, 정보화 사회의 개인의 자유와 같은 현대의 수많은 문제들을 회의적으로 제기한다는 점에서 작품의 근저에 흐르는 것은 '디스토피아(Distopia)'적 세계인식이다. '인간'이라는 존재를 매개하는 한 그 어떤 이상적인 시스템도 결국은 한계를 드러낼 수밖에 없다는 인식에서 출발할 때, 근대 이후 인간 사회가 지향해 온 세계는 디스토피아적 요소로 가득 찬 공간이다. 히가시노 게이고는 이와 같은 암울한 디스토피아적 미래를 전경화시킴으로써, 작품의 사건해결이 가져올 효과를 의도적으로 희석시킨다. 그로 인해 독자들은 일부 사회지도층만을 보호하기 위한 데이터(Platina data)의 존재가 사건의 핵심적인 실마리였음이 서서히 밝혀짐에도 불구하고 애초에 추리소설에서 기대했던 카타르시스를 경험하기 어렵다. 이성과 감성, 직관력과 이성적 추리력, 과학적 사고와 예술적 사고와 같은 상징적인 기호들, 그리고 이러한 기호들이 충돌하면서 사건이 해결되어 가는 과정보다 사건 해결 후에도 남아 있는 '왜'라는 물음이 여전히 흡입력 있게 기능하고 있기 때문이다.

흥미로운 것은 이와 유사한 감촉이 비슷한 시기에 간행된 무라카미 하루키의 『1Q84』에서도 발견된다는 사실이다. 『1Q84』는 개인과 시스템의 관계를 종속과 극복의 과정으로 묘사하면서 전체주의라는 '커다란 이야기'의 대안으로서 '개인의 이야기'가 지니는 가능성에 주목한다. 이는 규제 만능주의로 향하는 현대사회의 허위에서 벗어나는 것은 '규율을 행하는 사람' 개개인의 자율적인 정제(精製)를 통해서 가능하다고 본 『플래티나 데이터』의 조심스러운 전망과 상당부분 일치한다고 볼 수 있다. 이와 같이 2010년을 전후해 발표된 두 작품 모두 일본사회를 디스토피아적 세계와 개인이라는 구도에서 포착한다는 사실은 시사하는 바가 크다. 1990년대 일본 사회를 지배하고 있었던 '자의식'에 대한 물음이, 1995년의 옴진리교의 지하철 사린가스 테러와 2001년 미국 9·11 테러를 계기로 '자의식의 세계 이후 개인이 지향할 공간은 어디인가'라는 물음으로 빠르게 전환하는 과정에서 두 작가가 유사한 감촉으로 해답을 모색했고, 이는 히가시노 게이고 작품이 대중소설적 감각과 기교만큼이나 순도 높은 문제의식을 통해 일본 독자들에게 호소하고 있음을 방증하기 때문이다.

같은 관점에서 최근 한국 대중사회의 히가시노 게이고 작품의 수용은 과거 한국사회의 일본 대중소설 수용과는 차별되는 의미를 지닌다고 할 수 있다. 1960년대에서 80년대에 이르기까지 일본 대중소설의 한국 내 소비가 한국문단이 처해 있던 극단적인 대중소설 장르의 결핍을 대체하는 측면에서 이루어졌다고 한다면, 최근에는 이와 같은 환경적 요소보다는 작품이 함의하는 내용적 요소가 한국 대중에게 호소한다고 볼 여지가 충분하기 때문이다. 즉 히가시노 게이고 작품이 일본 독자에게 내던진 물음이 2000년대의 한국 대중에게도 유효하다면, 우리는 지금 이 시대의 한국 대중과 일본 대중을 관통하는 문제의식을 작가의 작품에서 엿볼 수 있는 것이다. 그리고 이는 1990년대에서 현재에 이르기까지 작품의 내용적 변주에도 불구하고 지속적으로 한국문단에서 소비되고 있는 무라카미 하루키 붐, 그리고 최근 한국문학에서 순문학과 대중소설이라는 장르적 경계를 가리지 않고 대두하고 있는 '일류' 현상을 해명하는 중요한 단초가 될 수 있다. 따라서 지금이야말로 추리소설 작가 히가시노 게이고, 나아가 일본의 추리소설 장르에 대한 새로운 접근과 해석이 필요한 시점이다.

03 | 한국에 수용된 일본 대중문학

1) 1945~1959년까지의 일본문학

해방 이후 한국에서 일본문학의 수용은 정치적 긴장관계 속에서 이루어졌고 대중소설 역시 이러한 정치적 이해관계 속에서 수용되어 왔다. 윤상인은 '엄밀한 의미에서 식민지 시대에 한국어로 번역된 일본문학 작품은 도쿠토미 로카(德富蘆花)의 『불여귀(不如歸)』(1898) 1편에 지나지 않'으며, 일부 '문예지에 게재된 일본의 근대시, 단편소설, 문학평론 등이 외국문학 작품으로서 독립적으로 유통된 것은 아니다'라고 『일본문학번역 60년-현황과 분석』에서 언급한다. 다시 말해 해방 이전 특히 식민지화 이후 일본문학은 해외문학이 아닌 이른바 '황국신민'의 문학으로서 번역이라는 문화적 완충 장치 없이 식민지 조선에 유통되었고, 따라서 당시의 조선인들이 일본의 문화 권력 앞에 그대로 노출되어 있었음을 지적하고 있는 것이다.

해방 이후 한국문단은 이와 같은 식민지 시대의 비대칭적 문화지형을 복원한다는 사명에서 출발한다. 그 첫걸음은 필연적으로 일본문학을 부정하는 것에서 시작되었고, 그 대상은 일본문학뿐만 아니라 일본문학에 영향을 받은 한국 근대문학을 포함하는 것이었다. 이를 위해 한국문단은 공적 영역에서 일본문학을 축출하는 한편, 일본문학의 영향권에서 비교적 자유로운 한국문학 발굴에 집중해야 했는데, 그 과정에서 일본문학 작품의 번역이 금기시되는 것은 자연스러운 현상이었고, 새로운 일본문학의 소개 또한 요원했다. 실제로 『일본번역문학60년－현황과 분석』에 따르면 1945년부터 59년 사이에 일본 소설은 단 7편만이 번역되었으며, 그 내용 역시 종교나 한국 정세, 그리고 일본의 패전 등과 같이 문학 이외의 것이 대부분이었다.

2) 1960~1980년대의 일본문학

한국의 공적 영역에서 완전히 사라졌던 일본문학이 한국에 다시 등장한 것은 1960년 이후이다. 해방 이후 강력한 배일정책을 추진했던 이승만 정권은 1960년 4・19혁명을 계기로 역사의 뒤안길로 사라졌고, 1965년 박정희 군부정권하에 체결된 한일기본조약은 한국과 일본을 둘러싼 문화 환경에 실질적인 전환을 가져왔다. 그러나 이러한 시대환경의 변화 속에서도 국민문학으로서의 한국문학 창출은 여전히 한국문단의 주요한 과제였고, 일본문학 그중에서도 순수문학 계열의 작품은 지속적으로 배제해야 할 대상이었다. 반면 이와는 대조적으로 일본 대중소설에 대한 빗장은 서서히 풀어지기 시작한다. 물론 초기의 일본 대중소설은 일본사회가 비윤리적이면도 퇴폐성이 농후하다는 부정적인 표상과 함께 한국에 소개된 측면이 없지 않지만, 오히려 '재미'라는 대중성이 크게 부각되면서 다수 작품들이 베스트셀러 목록 최상위에 오르는 등 이내 한국 독자들의 호응을 이끌어낸다.

한편 일본 대중소설의 성공은 뛰어난 흥행성과 참신한 소재 및 문체 등이 한국 독자에게 호소한 측면이 컸으나, 그에 못지않게 당시 한국문단이 직면해 있던 비대칭적 문학 환경도 중요하게 작용했다고 할 수 있다. 해방 이후 한국문단은 여러 가지 정치 상황과 맞물려 현실참여적인 순수문학으로 지나치게 편중되어 있었고, 주류문학과 비주류 문학의 양적, 질적 불균형이 가져온 왜곡된 구조는 상당 기간 지속되었기 때문이다. 즉 1960년대에서 80년대에 이르기까지의 일본 대중소설의 한국 내 수용에 있어서, 작품이 함의하는 내용적 요소보다 작품 소비를 둘러싼 환경적 요소가 크게 작용했다고 볼 수 있는데, 이는 같은 기간 동안 가와바타 야스나리(川端康成), 오에 겐자부로(大江健三郎)와 같이 세계문학으로 공인받으며 한국에 소개된 순수 문학계열 작가들의 작품이 한국 대중에게 그다지 호응을 얻지 못했다는 사실에서도 확인된다. 일본문학을 향한 이중적 잣대가 강력하게 기능하는 가운데, 이 시기의 일본 대중소설은 한국의 복잡다단한 정치적, 문학적 지형의 틈새에서 일본 순수문학과는 전혀 다른 양상으로 한국문학의 지근거리에 위치해 왔다고 할 수 있을 것이다.

3) 1990년대 이후의 일본문학

현재 일본문학은 순수문학과 대중소설의 장르구분과 관계없이 폭넓게 읽히고 있다. 특히 90년대 이후 일본 순수문학에 대한 한국의 폭발적인 수요의 증가는 주목할 만한데 그 중심에 무라카미 하루키가 위치한다. 특히 1989년 『상실의 시대(ノルウェイの森)』의 출판은 한국 내 일본문학의 위치를 단숨에 격상시킨 사건이었다. 순수문학적 물음을 제기하면서도 대중적 감성에 호소하는 무라카미 하루키의 등장은 해방 이후 한국 독자들이 애써 유지해 온 일본 순수소설에 대한 경계를 무화시키는 시발점이 되었을 뿐 아니라, 한국문단 내 서구문학과 일본문학의 암묵적 우열관계를 해체시키는 계기로도 작용하였다. 서구소설 일변도의 대학 권장도서 목록에 일본소설이 오르기 시작하고, 서구소설에 뒤지지 않게 일본소설이 출판되어 읽히는 시대가 도래한 것이다. 이러한 변화를 이끌어낸 무라카미 하루키 소설의 특징은 현대사회의 대중적 감수성을 보편적 시대의식에 성공적으로 접합시켰다는 데 있다. 독자들은 그의 작품을 읽을 때 일본이라는 후경(後景)을 의식하기 전에 대중적 감성이 호소하는 지점을 먼저 응시하게 되는데, 바로 이 점이 한국 독자들로 하여금 무라카미 하루키의 작품에 온전히 몰입할 수 있는 경험을 가능케 했다고 할 수 있다. 그리고 '하루키 신드롬'에 의해 촉발된 일본문학에 대한 관심은 무라카미 류(村上龍), 요시모토 바나나(吉本バナナ), 에쿠니 가오리(江國香織)와 같은 작가를 중심으로 한 일본소설 붐으로 그 흐름이 이어져 왔는데, 현재 새로운 작품 소개뿐 아니라 기존에 번역된 작품들에 대한 재번역이 활발하게 이루어지는 등 일본문학을 향한 호의적인 시선은 여전히 유지되고 있다.

한편 일본 순수문학에 대한 경계의 해체는 일시적으로 소강상태에 접어들었던 일본 대중소설에 대한 인기를 재점화시키는 계기로도 작용하였다. 현재 일본 대중소설은 소설 장르뿐 아니라, 영화, 드라마, 만화와 같은 다양한 인접장르를 매개로 한국 문화 전반에 걸쳐 급속하게 유입되고 있다. 국민문학의 한계에서 탈피하기 시작한 한국문학은 현재 양적, 질적 측면에서 커다란 전환기에 접어들었고, 일본문학에 대한 한국 독자들의 태도 변화 또한 이러한 한국문학의 현실을 우회적으로 가리키고 있다고 할 수 있을 것이다.

참고자료

윤상인・김근성・강우원용・이한정(2008),『일본문학번역 60년－현황과 분석』, 소명출판

윤상인・박규태 엮음(2006),『일본의 발명과 근대』, 이산출판사

호소마사오 외 지음, 고재석 옮김(1998),『일본 현대 문학사』, 문학과 지성사

김계자(2013.5),「번안에서 창작으로－구로이와 루이코의『무참』」,『日本學報』95집, 한국일본학회

만화 제6장
Cartoon

01 | 일본 만화의 등장

1) 일본 '만화'의 탄생

만화란 이야기를 간결하고 익살스럽게 그려 인생이나 사회를 풍자하는 그림을 일컫는다. 일본에서의 만화는 에도(江戶, 1603~1868)시대 목판화를 이용한 대량생산을 통해 대중에게 친숙해진 장르로 메이지(明治, 1868~1912)시대에 들어 본격적으로 발달하게 되었다.

일본에서 '만화(漫畵)'라는 용어를 처음 사용한 사람은 체제를 풍자하는 회화 등 현재의 한 컷 만화에 해당하는 그림으로 유명한 가쓰시카 호쿠사이(葛飾北齋, 1760~1849)로, 그가 그린 『호쿠사이 만화(北齋漫畵)』에서 찾아볼 수 있다. 그러나 여기에서 만화라는 것은 일반 회화에 비해 가벼운 마음으로 그린 그림이라는 의미에 지나지 않아 현재의 만화라는 용어와 정확하게 일치하는 개념은 아니다. 또한 '만화'라는 용어가 정착하기 이전에는 이와 동일한 의미로 '도바에(鳥羽繪)'라는 용어가 사용되기도 하였다. 도바에란 12세기 중반에서 13세기 중반 도바 소조(鳥羽僧正, 생몰연대

미상)가 동물을 의인화하여 풍자한 그림인 조수희화(鳥獸戱畫)에서 유래한 용어로 도바의 그림이란 뜻이다.

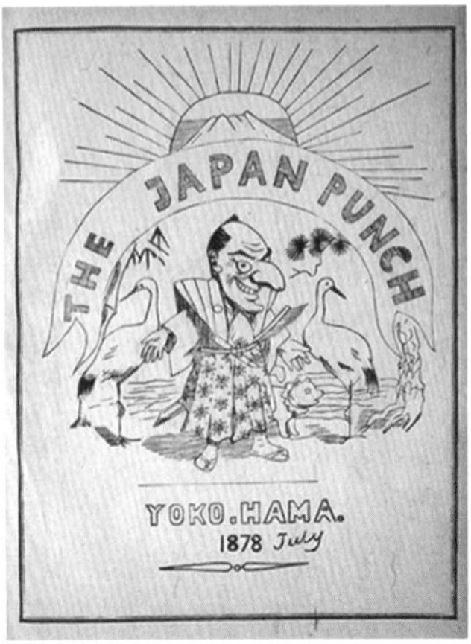

『재팬 펀치』 표지

일본에서 발행된 최초의 만화 잡지는 1862년 영국인 찰스 와그만(Charles Wirgman)이 창간한 『재팬 펀치(Japan Punch)』로 이는 근대 일본 최초의 영문 잡지이기도 하다. 이에 영향을 받아 1900년대 전후의 만화는 '폰치(ポンチ)' 혹은 '폰치에(ポンチ繪)'라 부르기도 하였으며 만화라는 용어가 대중 사이에 정착된 것은 1920년대 중반 무렵으로 그 이전까지 만화, 만화가, 만화 잡지라는 용어는 출판 관계자들 사이에서 주로 쓰였다고 할 수 있다.

2) 메이지 시대 : 만화 저널리즘의 탄생

일본의 근대 만화는 메이지 절대주의 정권에 맞서 국회를 개설하고 자유와 평등을 요구하며 민주주의적 개혁을 주장한 자유민권운동과 더불어 시사적인 정보 전달에 유용하게 이용되었다. 글을 모르는 이들도 간결한 한 컷 만화를 통해 당시의 정보를 발 빠르게 흡수할 수 있어 만화 저널리즘이 탄생할 수 있는 기반이 마련된다. 바로 이러한 근대 일본의 만화저널리즘의 출발을 알린 잡지가 『마루마루친분(團團珍聞)』이다. 전직 내무성(內務省) 관리였던 노무라 후미오(野村文夫)는 영국 유학시절 접했던 만화잡지를

『마루마루친분』 표지

참고로 시사풍자 주간지인 『마루마루친분』을 창간한다. 당시 자유민권운동이 전국으로 확산되는 추세에 있어 노무라 후미오는 전직 관리라는 이점을 잘 활용하여 빠른 정보를 전달했던 까닭에 많은 사람들에게 인기를 얻을 수 있었다. 또한 투고 작품을 잡지에 실어 지면 구성을 다양하게 하였으며 가격 또한 비싸지 않아 큰 호응을 얻었다.

일본에서 만화가라는 직업이 확립된 것은 기타자와 라쿠텐(北澤樂天, 1876~1955)과 오카모토 잇페이(岡本一平, 1886~1948) 두 사람의 활약을 통해서이다. 대중적인 직업 만화가의 효시라고 알려진 기타자와 라쿠텐은 자신이 간행한 『도쿄 퍽(東京パック)』의 1905년 6월 10일호에서 '만화사(漫畵師)'라는 용어를 사용하였다. 『도쿄 퍽』은 1905년 창간된 이래, 혈세를 심하게 거두는 것이 정부의 폭력임을 알리는 등 정부의 권력에 대해 만화라는 수단으로 비판을 계속 해나갔다.

『도쿄 퍽』의 영향을 받아 1906년 서양화가 아카마쓰 린사쿠(赤松麟作)가 창간한 『오사카 퍽(大阪パック)』은 지역색을 잘 살려내 오사카인의 요구에 부합하는 편집내용으로 간사이(關西)지방의 독자들에게 지지를 얻었다. 이 잡지는 잡지명을 바꾸어 발간하기는 하였으나 최장수 만화잡지라는 기록을 세울 만큼 오랫동안 일본인들에게 사랑받았다.

이러한 만화잡지의 붐을 타고 1907년 일본에서 최초로 아동만화잡지인 『소년 퍽(少年パック)』이 창간되었는데 영국의 아동만화신문 PUCK에 게재된 만화의 묘사나 표현 등을 다수 참고하였다. 당시의 만화는 시사풍자적 성격이 강한 관계로 성인들의 전유물이었으나 이 잡지의 창간으로 인해 만화가 아동에게도 향유될 수 있다는 가능성을 보여주게 된다. 본격적인 아동용 만화의 등장이 다이쇼시기(大正, 1912~1926)임을 생각해 보았을 때 시기적으로 대단히 앞선 아동용 잡지라고 할 수 있다.

3) 다이쇼 시대 : 대중오락으로서의 지위 확립

1910년 일본에서는 메이지천황을 암살하려는 계획이 발각되어 다수의 사회주의자, 무정부주의자들이 체포, 조사를 받고 결국 사형 집행된 대역사건이 일어난다. 후에 암살 계획에 가담했던 이는 4명에 불과하다는 것이 밝혀지면서 정부의 탄압정책이 발각되기도 한 이 사건을 계기로, 정부에 대해 비판적인 논조를 지닌 풍자만화지도 탄압을 받게 되자 자연스레 만화는 침체기를 맞이한다. 다이쇼 시대 전반에 만화잡지의 휴간과 폐간이 잇달았고 이러한 상황 속에서도 선전을 했던 것은 『오사카 퍽』으로 대역사건에 의문을 제시하는 만화를 싣기도 하였다.

다이쇼 중기에 접어들면서 영화, 연극, 대중가요 등 대중문화의 발전과 더불어 만화잡지도 다시금 활기를 띄게 되는데 만화가 대중오락으로 자리 잡는데 큰 역할을 한 인물이 바로 오카모토 잇페이(岡本一平)이다. 그는 1912년에 아사히(朝日) 신문사에 입사하여 만화를 그리기 시작한 이래 '전쟁만화', '만화소설' 등의 용어를 처음 만들어 사용하였고 '만화', '만화가'라는 용어의 보급에도 적극적으로 나섰다. 1915년에는 만화의 지위 향상과 만화가들의 친목을 도모하기 위해 최초의 만화가단체인 '도쿄만화회(東京漫畵會)'를 결성하였다. 또한 그림뿐만 아니라 경쾌한 문장을 곁들인 스타일의 '만화소설'로 만화계의 유행을 주도하며 그만의 독특한 만화 세계를 개척하기도 하였다. 만화소설의 대표작으로는 『사람의 일생(人の一生)』을 들 수 있는데 주인공인 다다노 히토나리(唯野人成)의 출생부터 결혼, 취직, 양육을 그린 이야기로, 한 장의 커다란 만화 아래 글을 적은 특이한 편집체제로 인기를 끌었다. 이 작품으로 막대한 부를 축적한 오카모토 잇페이는 만화의 위상을 높이는데 크게 기여하여 후대의 작가들에게 적지 않은 영향을 끼쳤다.

이 시기 만화계에 지대한 영향을 끼친 또 하나의 인물로 기타자와 라쿠텐(北澤樂天)을 들 수 있다. 그는 서구 신문에서 볼 수 있는 본격적인 일요판 만화부록을 일본에서도 간행하기 위해 고심한 끝에 4페이지 컬러로 인쇄한 일요판 만화부록인 『시사만화(時事漫畵)』를 창간한다. 이로 인해 신문만화의 붐을 일으키기도 하였다.

또한 이 시기 본격적인 어린이 만화지 『어린이 퍽(子供パック)』의 창간으로 어린이만화가 크게 주목받기 시작하였는데 그중에서도 『일간 아사히클럽(日刊アサヒクラブ)』에 연재를 시작한 『쇼짱의 모험(正チャンの冒險)』은 남녀노소를 불문하고 대단히 사랑받았던 일본 최초의 4컷 신문 연재만화이다. 『쇼짱의 모험』은 다양한 제목으로 연재를 거듭하다 출간된 단행본의 명칭으로 그 인기는 현재의 아이돌에 버금갈 정도로 막강한 영향력을 미쳐 어린이 만화의 성공신화를 보여주는 사례라고 할 수 있을 것이다.

02 | 일본 현대 만화의 전개

1) 쇼와(昭和) 시대 전기 : 현대 만화의 탄생

1920년대 중반 이후 신문 연재만화는 새로운 시도를 도모하게 된다. 1929년 『요미우리(讀賣)신문』은 판매부수를 올리기 위해 고심 끝에 사내에 만화부를 설치하고 일요판 형태로 『요미우리 선데이 만화(讀賣サンデー漫畵)』를 창간한다. 이는 신문 지면 4면을 전부 컬러 만화로 인쇄한 획기

적인 기획이었다. 이 기획으로 『요미우리신문』의 판매부수는 비약적으로 증가하고 다른 신문 잡지 매체에서도 만화란이 대폭 신설되었으며 동시에 만화가의 세대교체 또한 시작되었다. 이때 두각을 나타낸 이들이 바로 '신만화파집단(新漫畵派集団)' 출신의 작가들로 그들을 현대 만화의 원점이라고 할 수 있을 것이다. 1932년 결성된 '신만화파집단'은 이전 시대와 달리 붓이 아닌 펜으로 만화를 그렸으며 서구 만화의 영향을 받아 순수 유머를 추구하였다. 또한 표현 기법뿐만이 아니라 기존에 활동했던 신문, 잡지라는 발표의 장을 활용하면서도 새로운 매체를 개척하는 데 주안을 두어 광범위한 활동을 하였다. 이로 인해 쇼와시대(1926~1989)의 만화계는 '신만화파 집단'의 활약으로 시작되었다고 해도 과언이 아닐 것이다.

어린이 만화의 부흥도 이 시기의 특징이라고 할 수 있는데 『소년구락부(少年倶樂部)』의 창간은 어린이 만화의 발전에 커다란 밑거름이 되었으며 이 잡지에 연재된 다가와 스이호(田河水泡, 1899~1989)의 「노라쿠로(のらくろ)」는 패전 후까지 연재가 이어질 정도로 큰 인기를 얻었다. 노라쿠로라는 개가 군대에 들어가 승진을 거듭하며 활약하는 만화로 군국주의의 시대 분위기와 맞물리며 다양한 시리즈를 양산하였다. 1930년대 중반 이후 전쟁이 가까울수록 군국주의적인 선동 내용도 적지 않았지만 고단샤(講談社)와 나카무라쇼텐(中村書店)을 중심으로 한 어린이 만화는 스토리 만화의 세계를 열어 일본 어린이 만화의 초석을 쌓았다고 할 수 있다.

2) 패전 후의 만화

패전 후 얼마 되지 않아 일본에서는 만화 잡지의 창간 붐이 일기 시작

한다. 전쟁 말기 군국주의적 내용 이외에는 현실적으로 창작이 불가능했던 만화가들에게 패전은 자유로운 창작이 가능한 시대적 분위기를 선사했다. 이때 가장 주목할 만한 잡지로서 1947년부터 1955년까지 간행된 『만화소년(漫畵少年)』을 들 수 있다. 이 잡지는 발간사(發刊辭)에서도 밝히고 있는 바와 같이 어린이를 즐겁게 하기 위한 목적으로 창간되었는데 한국에도 널리 알려진 데즈카 오사무(手塚治虫)의 「밀림의 왕자 레오(ジャングル大帝)」와 「불새(火の鳥)」 등이 연재되었으며 독자투고란을 마련하여 당시 애독자나 아마추어 투고자의 작품도 수록해 마쓰모토 레이지(松本零士, 1938~)처럼 현재까지도 활약하는 작가들을 배출하였다. 이 잡지를 기준으로 소년과 소녀를 주된 독자층으로 하는 다양한 잡지들이 연이어 창간되어, 소년 만화지와 소녀 만화지로 분화되는 분기점이 되었다고 평가할 수 있을 것이다.

이 시기의 만화 중 주목할 만한 것이 바로 아카혼(赤本)이다. 명칭에서 드러나는 바와 같이 저렴한 인쇄로 인해 표지가 대부분 붉어 빨갛다는 뜻의 '아카'에 책이라는 뜻의 '혼'이 붙은 명칭으로 이 만화들은 대부분 정식 루트를 통해 출판된 것이 아니라 주로 거리 노점에서 팔리던 만화였다. 작품의 질이 그다지 높은 편은 아니었지만 가격이 대단히 저렴하여 어린이들이 손쉽게 사 볼 수 있었다. 아카혼이 만화사에서 중요한 의의를 가지는 것은 많은 판매부수로 인해 어린이 만화의 대중화에 공헌을 한 점이며 신진 작가들이 만화계로 진입하는 데 어렵지 않은 발표의 장을 마련해 주었다는 데 있다. 데즈카 오사무도 신인 시절 작품을 발표하여 만화가로서 입지를 굳히기도 했던 아카혼은 만화 대본소(貸本所)가 등장하면서 자취를 감추게 된다.

3) 1960년대 : 경제 성장과 현대 만화

오락 잡지나 통속소설 등을 대여해주는 대본소가 등장하면서 만화를 직접 구매하지 않더라도 저렴한 가격으로 빌려볼 수 있는 길이 열리게 된다. 만화는 주로 단행본이 주류를 이루었지만 대본소에서 용이하게 대여가 가능해지자 점차 시리즈로 출판되었고, 명칭도 대본지라 불렀다. 대본만화지의 작품들은 영화와 같은 대중오락에 영향을 받은 것이 많았던 관계로 중고생들에게 인기를 끌면서 이제까지 어린이와 성인으로 양분되었던 독자층을 더욱 확충하는 데 기여하였다.

1960년을 전후하여 일본은 미국의 점령체제에서 벗어나 수출 산업의 발전으로 경제적 번영을 이룩하기 시작하고 실추된 국가이미지도 급속도로 회복해 간다. 이에 소비에 여유로워진 독자들의 만화구매력이 높아지자 주간지의 창간이 붐을 이루었다.

당시에 출간된 소년 주간지의 특징은 만화작품 이외에 소년을 대상으로 한 소설, 스포츠 기사, 과학 관련 기사도 함께 게재되어 일종의 종합정보지 성격을 지녔다. 최초의 주간 소년만화지는 1959년에 창간된 『소년 매거진(少年マガジン)』이다. 이 잡지는 1966년에 주간 소년만화지로는 처음으로 100만 부 판매를 돌파하였고 1968년에는 「도전자 허리케인(あしたのジョー)」으로 단숨에 150만 부를 돌파하는 등 대중적인 인기와 지지를 얻었다.

『소년 매거진』 표지

대본소의 인기가 주춤하면서 일반 서점을 통해 만화를 구입하게 되자 새로운 잡지에 대한 욕구

는 커지게 된다. 소년만화지와 소녀만화지의 향유자였던 독자층이 성장하여 청년이 되면서 그들의 욕망을 반영한 『가로(ガロ)』가 창간되었다. 『가로』는 청년만화의 출발점이 된 잡지로 종래의 만화와는 완전히 다른 난해하면서도 실험적인 작품이나 문학성을 갖춘 작품을 실어 고등학생과 대학생에게도 지지를 얻어 청년만화의 발전에 초석이 되었다고 할 수 있다.

4) 1970년대 : 만화문화의 전성기

1960년대 후반부터 1970년대 초반에 걸쳐 안보 투쟁 등 학생들의 시위가 잇따르자 불안한 사회 분위기 속에 문화적으로도 새로운 움직임이 일기 시작한다. 만화 또한 예외가 아니어서 청년독자층이 급부상하며 본격적인 청년만화지가 등장하는데 그 대표적인 것인 1967년에 창간된 『만화 액션(漫畵アクション)』이다. 주로 스토리만화를 일컫는 '극화(劇畵)'와 '코믹'을 연재하였는데 이 잡지를 기점으로 청년을 대상으로 한 잡지가 우후죽순 창간되어 청년만화지의 대중화에 물꼬를 텄다고 할 수 있다. 당시 '코믹'이라는 용어는 코믹한 면을 강조하고 영어 발음을 그대로 표기해 기존 만화와 차별화된 이미지를 부여하기 위해 이 시기 빈번하게 사용되었다.

『만화 액션』 표지

SF만화가 인기를 얻게 된 것도 바로 이 무렵이다. 당시 급속한 경제성장을 이룩한 일본은 미국과 어깨를 나란히 하는 경제대국으로서 과학의

중요성을 인식한다. 이러한 분위기는 교육계를 비롯해 만화에까지 영향을 미치는데 나가이 고(永井豪)의 「마징가Z(マジンガーZ)」나 마쓰모토 레이지의 「은하철도 999(銀河鐵道999)」의 성공은 이를 잘 말해준다. 한국에도 잘 알려진 「마징가Z」는 거대 로봇물의 시조가 되는 작품으로 많은 학생들이 과학자의 꿈을 갖게 한 만화로 이후 로봇물에 커다란 영향을 미쳤다. 소학관 만화상(小學館漫畵賞)을 수상한 「은하철도 999」는 기차를 타고 우주여행을 하며 여러 행성에서 조우하는 인간의 다양한 문제를 상징적이고 함축적으로 담아내 문명화에 대한 문제를 제시했다는 점에서 일본사회의 문제를 잘 드러냈다는 평가를 받았다.

또한 이 시기에는 1960년대 후반부터 미국을 중심으로 남성중심의 사회에서 만들어진 '여성' 개념을 재검토하자는 취지의 '우먼리브 운동'이 전 세계적으로 확대되자 만화에서 소녀영웅이 등장하고 남성 주인공이 주류를 이루던 만화계에 지각변동이 일어난다. 그 대표적인 작품이 이케다 리요고(池田理代子)의 「베르사이유의 장미(ベルサイユのばら)」이다. 프랑스 혁명기 남장여자인 오스칼의 활약을 그린 만화로 당시 대단한 인기를 얻어 사회현상으로까지 주목을 받았다. 또한 불굴의 의지를 갖고 웃음을 잃지 않는 「들장미소녀 캔디(キャンディ♥キャンディ)」도 새로운 여성상으로 각광을 받아 기존에 남성에게 종속되거나 순종적인 여성상의 대안으로 아시아 각국에 영향을 주었다.

5) 1980년대 : 정보지와 문학으로서의 만화

이 시기 일본 경제의 지속적인 발달에 힘입어 대중문화 영역이 세계로 진출하기 시작한다. 특히 수많은 만화들이 애니메이션으로 제작되었으며, 캐릭터 상품의 판매, 판권 판매 등 만화를 통한 막대한 수익 창출은 만화로 거대한 자본이 투입되게 되었다. 일본 사회는 거대한 경제력을 바탕으로 안정 지향적인 분위기가 지속되었는데 만화계의 경우에도 새로운 경향은 나타나지 않았지만 만화 잡지는 더욱 확대되었고 독자 또한 세분화되면서 고정화되었다.

『만화 일본경제입문』 표지

이 시기 만화계의 가장 큰 특징이라면 정보 만화가 등장했다는 것이다. 그 대표작으로는 이시노모리 쇼타로(石ノ森章太郎)의 단행본 『만화 일본경제입문(マンガ・日本経済入門)』을 들 수 있는데 이 작품은 속편과 자매편이 나왔을 정도로 큰 호응을 얻었으며 그 영향으로 만화와 관련이 없던 출판사까지 비슷한 종류의 정보 만화를 출판하게 되었다. 1988년 일본만화가협회상 대상을 수상한 『만화 일본경제입문』은 아동만이 아닌 성인을 위한 학습만화로서 새로운 장르를 개척한 데 그 의의가 있다고 할 수 있다. 이러한 정보만화는 경제, 정치, 법률, 자연과학부터 고전, 위인전기(偉人伝記)에 이르기까지 폭넓게 출간되어 큰 호응을 얻었다.

6) 현대의 만화 : 독자들이 만드는 새로운 미래

1982년부터 1990년까지 『주간 영매거진(週刊ヤングマガジン)』에 연재된 오토모 가쓰히로(大友克洋)의 「AKIRA」는 1988년에 에니메이션으로 제작되고 1990년 미국에 공개되어 대단한 인기를 끌었다. 2019년 제3차 세계대전 후의 인공도시 네오 도쿄를 배경으로, 폭주족 소년이 초능력 소

『AKIRA』 표지

년 다카시를 만나 일어나는 사건을 그린 사이버펑크의 걸작이라고 할 수 있다. 이 작품의 치밀하고 사실적인 그림은 대단히 높은 평가를 받아 오토모 이전과 이후로 일본 만화의 표현기법을 나눌 정도로 그의 작품은 일본만화사에 한 획을 그었다고 할 수 있다. 작품성 또한 인정받아 2002년 미국의 가장 권위 있는 만화상인 아이즈너상(The Will Eisner Comic Industry Award)을 수상하기도 하였으며, 2020년 도쿄 올림픽 개최로 인해 구시가지에 재개발 공사가 진행되는 작품 속 에피소드는 실제 2020년에 올림픽 개최가 결정되면서 일본에서 큰 화제가 되기도 하였다. 20년 넘게 화제가 지속되고 있는 이 작품은 창조적 미래를 그려내기 위한 파괴를 담았다는 평가를 받고 있다.

이렇듯 사이버펑크 계열의 작품뿐만 아니라 다양한 영역의 만화 작품이 창작되는 것은 현대 일본 만화의 가장 큰 특징이라고 할 수 있다. 이러한 다양성에 크게 공헌한 것이 바로 코믹 마켓(줄여 코미케)이다. 코미케는 1975년에 탄생한 동인지 즉매회로 참가 동아리 수는 32개, 참가자는 약 700명 정도로 출발하였지만 이후 꾸준히 성장하여 2013년 여름 코미케에는 약 59만 명이 방문할 정도로 그 규모는 상상을 초월한다. 처음에는 만화나 애니메이션을 취급했지만 점점 평론이나 연구 등이 확장되어 동인활동을 하는 동아리의 장이 되었고 현재에는 개인이 발행하더라도 동인지로 인정하고 있다. 대단히 자유로운 반면 과도한 성묘사나 폭력적인 표현, 패러디한 작품의 저작권 등 문제점 또한 내포하고 있어 그 개선의 과제도 남아 있다. 코미케의 등장은 인쇄기술의 발달로 인해 만화

동인지를 손쉽고 저렴하게 생산할 수 있는 환경과 인간의 창작욕, 동료와 공감하고 싶은 소통욕구가 맞물리면서 탄생했다고 할 수 있다. 또한 코미케의 성장으로 참가자가 캐릭터를 설정하고 독자적인 스토리를 전개하여 일반 상업지에서는 다룰 수 없는 실험성이 강한 만화나 마니아적 성격이 강한 만화, BL(Boys Love, 동성애적 사랑)계 만화가 등장하는 등 코미케는 인간의 상상력이 총집결된 창작의 장이 되고 있다.

정식 데뷔한 작가만이 작품을 창작할 수 있는 시대는 이미 지났다. 아마추어이지만 독특한 아이디어와 작품세계로 자신의 작품을 어필할 수 있고 인터넷의 보급으로 많은 이들과 공유하게 된 현대의 만화는 새로운 미래를 맞이하고 있다.

03 | 데즈카 오사무와 아톰

일본의 만화를 논할 때 빠뜨릴 수 없는 『철완 아톰(鐵腕アトム)』은 데즈카 오사무(手塚治虫)의 작품으로 우리나라에서도 <우주소년 아톰>으로 상영된 바 있다. 우리가 어린 시절 따라 불렀던 아톰의 주제가가 일본의 애니메이션 <철완 아톰>의 주제가를 그대로 옮긴 것이라는 사실을 아는 이는 많지 않을 것이다. 이른바 일본 애니메이션의 아버지라 불리는 데즈카 오사무는 이제까지의 만화에 대한 개념을 바꾸고 새롭고 다양한 표현 방법과 스토리를 만들어 만화를 예술의 단계로까지 승화시켰으며 다른 예술 장르에도 적지 않은 영향을 주었다.

1952년부터 1968년까지 잡지 『소년(少年)』에 연재된 『철완 아톰』은 작자인 데즈카 오사무가 직접 애니메이션으로 제작하여 1963년 1월 1일

TV방영을 시작하였다. 평균 시청률이 30%를 넘는 큰 히트로 본격적인 첫 TV 애니메이션 <철완 아톰>은 당시 불가능하다고 생각했던 애니메이션 프로그램을 실현시킨 획기적인 작품이었다.

데즈카 오사무가 <철완 아톰>으로 과감히 승부를 걸 수 있었던 것은 만화의 흥행이었다. 그의 대표작으로 자리 잡은 『철완 아톰』은 모험극에 그치는 것이 아니라 현대까지 이어지는 사회와 인류, 지구를 위협하는 다양한 문제들을 고찰하여 한 차원 높은 만화를 구현해냈다는 평가를 받았다.

최고 과학자인 덴마 박사는 자동차 사고로 죽은 아이를 로봇으로 되살린다. 그러나 아톰이 자기가 생각한 모습이 아닌데다가 더 이상 자라지 않는 것에 실망하여 아톰을 로봇서커스단에 팔아버린다. 하지만 자상한 성격의 오차노미즈 박사가 아톰을 서커스단에서 데리고 나온다. 어른들의 학대와 인신매매 내용은 미국에서 삭제되는 해프닝도 있었지만 데즈카 오사무 본인은 제2차 세계대전을 거치면서 '생명의 소중함'을 평생 테마로 삼아왔다고 피력했다.

특히 주목할만한 에피소드로는 '로봇인권선언'이 있다. 인간의 도구로 사용되고 차별받으면서 반항할 줄 모르던 로봇들은 어느 날 로봇인권선언을 하고 시위를 하게 된다. 이에 대한 배경으로는 당시 1959~1960년 일본을 달구었던 안보투쟁과 미이케투쟁(三池闘争)과 같은 노동운동을 들 수 있지만 이보다 더 큰 영향은 미국에서 일어난 흑인들의 민권 운동이다. 당시 미국에서는 흑인들의 버스 승차 거부 등 일상생활에서의 차별이 계속되었고, 1960년 2월 1일 노스캐롤라이나주의 한 식당에서 흑인들의 커피 주문을 거부한 것이 계기가 되어 대대적인 인권운동으로 확대되었다. "우리들 로봇은 물건이 아니에요! 우리들은 살아 있어요!"라고 외치는 아톰의 목소리를 통해 차별에 대한 강한 비판 의식을 드러내고 있는데 데즈카 오사무 본인이 백인에게 받았던 차별 경험이 투영되었다는 것은 널리 알려진 사실이다. 1965년에는 흑인의 투표권 등록에 관한 차별금지법이 제정되는데 이 시기는 아톰 애니메이션 제1기가 제작되던 시기와 일치한다. 데즈카 오사무 또한 흑인 민권 운동에 관심을 갖고 있어 로봇이 대통령이나 시장이 되는 것에 인간이 반발하는 에피소드를 통해 선거권에 관한 문제도 첨예하게 다루고 있다.

그러나 데즈카 오사무가 최악의 제작환경을 극복하기 위해 만들어낸 리미티드 기법(반복적인 움직임에 대해 그림을 재사용)은 오히려 애니메이션의 수준을 저하시켰다는 비난을 받기도 하였다. 이렇듯 데즈카 오사무의 긍정적, 부정적 측면을 떠나 그가 애니메이션 업계에 미친 영향은 지대하며 특히 <철완 아톰>에 드러나는 메타포는 지금도 우리에게 다양한 메시지를 전하고 있다.

04 | 혐한류를 넘어

2014년 7월 3일 일본에서 일본출판노동조합연합회 주최로 심포지엄을 열어 이웃나라의 실정이나 목소리를 제대로 듣지 않고 '혐중', '혐한' 출판물을 제작하는 것에 대한 자성의 목소리를 내었다. 또한 서점에서 '혐중', '혐한' 출판물이 팔리는 것에 대해 실제 종사자들이 괴로움을 안고 있다는 통계조사도 발표되어 이것이 비단 국외의 문제가 아니라는 것을 분명히 했다.

이러한 현상은 실은 그만큼 '혐중', '혐한' 출판이 많이 이루어지고 있

다는 반증도 된다. '혐한류'라는 용어가 정착되기 시작한 것은 바로 『만화 혐한류(マンガ 嫌韓流)』의 인기 때문이었다. 작가는 야마노 샤린(山野車輪)으로 본명은 공개하지 않아 알 수 없다. 2005년 7월 26일에 첫 출간되어 양국의 역사문제(독도, 역사교과서, 한국병탄)를 비롯하여 자극적인 내용을 실어 대단한 비난을 받았으나 발간 7일 만에 20만 부가 판매되었고 2권까지 65만 부, 4권에 이르러 90만 부가 판매되었다. 그러나 그 이후 판매는 주춤하였다.

『만화 혐한류』의 인기 원인은 몇 가지로 정리해 볼 수 있다. 우선 가장 큰 원인은 만화라는 알기 쉬운 양식을 이용했다는 점이다. 무거운 주제이지만 상대적으로 가볍게 전달할 수 있는 만화라는 표현양식이 '혐한류' 확산의 배경이 되었다. 또한 이제껏 일본 국내에서 아시아문화가 대단히 확산되었던 경험을 갖지 못한 일본인들의 한류에 대한 위화감과 반감이 그 지렛대 역할을 하였다. 그리고 기본적으로 내재되어 있는 양국의 역시인식의 치, 사회불인정으로 인한 젊은이들의 불만이 '혐한류'로 표출되었다고 할 수 있다. 이러한 사실을 2ch를 통해서도 확인할 수 있는데 2ch는 사용자의 익명성을 최대한 보장하고, 주제가 다양하여 게시판의 규모가 방대한 것이 그 특징이다. 또한 인터넷 공간을 중심으로 일어나는 담론은 전파가 빠르며 확대, 재생산되면서 부정적 이미지를 강화해 가는 단점을 안고 있다. 이러한 그릇된 미디어 내셔널리즘의 결정체가 바로 '혐한류'인 것이다. 그러나 이러한 '혐한류' 현상이 일본의 주류적인 현상이 아니며 긴밀한 사회성을 추구하는 과정에서 나타난 행동양식이라는 의견도 많다.

동아시아에서 일어나고 있는 미디어 내셔널리즘은 기존 미디어에 대한 불신감을 기반으로 개인적 불안감이 집단적으로 표출되는 공통된 특징을 안고 있다. 대부분 동아시아의 젊은이들이 그 주체라는 점에서 대단히 우려스러운 현상이기도 하다. 무조건적인 감정적 대응보다는 반한, 혐한, 혐중에 대한 명확한 개념을 인식하고 상대의 논지를 명확히 파악한 뒤 이성적 대처가 요구되는 시점이다.

참고자료

박수옥(2009), 「일본의 혐한류와 미디어 내셔널리즘」, 『한국언론정보학보』 Vol.47, 한국언론정보학회

홍윤표(2013), 「『철완 아톰(鐵腕アトム)』에 나타난 1960년대 일본의 가족주의」, 『일본학보』 97, 한국일본학회

清水勳(2009), 『漫畵の歴史』, 岩波新書

吉村和眞 編(2008), 『漫畵の教科書』, 臨川書店

毎日新聞(2014.7.14), 「＜出版＞冷静に伝える努力訴え「嫌中・嫌韓」に異議、日中出版人が交流」

애니메이션 제7장
Animation

01 | 애니메이션과 저패니메이션

1) 애니메이션

애니메이션은 동화영화(動畵映畵)라고도 하며 어원은 라틴어 'anima(영혼)'에서 유래한다. 어원적으로 보아 '무생물(無生物)에 영혼을 불어 넣는다'는 뉘앙스가 강하지만, 실제로는 생명체의 동작뿐만 아니라 비·바람·불같은 자연현상과 기계적인 움직임 따위의 표현이 모두 포함된다.

애니메이션은 움직임의 환상(幻像)과 환영(幻影)을 만들어내는 특수촬영의 한 종류라고도 할 수 있다. 여기에는 만화영화·인형영화·그림자영화 외에도 교육영화·학술영화 등이 포함되며, 광고 필름에서 실험영화에 이르기까지 그 범위는 매우 넓다.

애니메이션의 효시는 1906년 영국의 존 스튜어트 블랙턴의 <유쾌한 얼굴>이라고 알려져 있다. 하지만 오늘날처럼 하나의 영상 분야로 인정받게 된 계기는 1937년 월트 디즈니가 제작한 세계 최초의 컬러 장편 애니메이션 <백설 공주와 일곱 난쟁이>로부터라고 할 수 있다. 이때부터 하나의 대중문화 및 영상 산업으로 발돋움하였다.

2) 저패니메이션

저패니메이션이란 일본(Japan)에 애니메이션을 더한 합성 신조어이다. 현재, 세계의 거의 모든 만화 팬들은 일본 애니메이션에 열광하고 있으며 이에 따라 일본의 업계는 그들만이 지닌 무한 상상력을 바탕으로 시장 확대를 계속 넓혀 가고 있다. 여기에는 메이지유신 이후의 일본 문화의 세계화에 대한 오랜 숙원이 교묘하게 내재되어 있다고 보아도 무방하다.

저패니메이션의 유래는 어디에서 온 것일까? 저패니메이션의 조류는 하와이를 비롯한 미국의 서해안에서 시작되었다고 한다. 미국으로의 이입의 시초는 최초의 일본 텔레비전 애니메이션인 <철완 아톰> 때부터이다. 그러나 실제로 저패니메이션으로서 인식되기 시작한 것은 아마도 <초시공 요새 마크로스>(1982)에서부터일 것이다. <로보테크>라는 제목으로 미국 전역에 방영된 이 작품은, 캘리포니아뿐만 아니라 뉴욕, 텍사스 등과 캐나다에서 적지 않은 팬을 확보했으며, 이어서 팬클럽이 결성되고 동인지의 발행도 이어졌다. 심지어 그들은 텔레비전 방영을 기다리지 않고, 일본에서 화제가 된 애니메이션을 방영 다음날 항공편으로 공수해서 함께 시청했을 정도로 열광했다. 팬클럽 등에서는 일본어를 공부해 영어 자막을 넣어 함께 시청하는 일도 드물지 않았다. 80년대 후반에는 미주의 저패니메이션 팬들이 단체로 일본을 방문해, 만화 잡지의 편집부와 애니메이션의 명소를 돌아다녔고 그로 인해 일본의 매스컴에 저패니메이션이라는 단어가 자주 쓰이게 되었다.

한편 유럽에서도 같은 현상을 볼 수 있다. 특히 프랑스에서 저패니메이션에 대한 인기는 실로 엄청나다고 한다. 그 예로 <UFO 로봇 그렌다이저>가 <골드 럭>이라는 타이틀로 방영됐는데 당시 최고의 시청률을 기록했다. 그 후 <캔디 캔디>, <드래곤 볼>도 믿겨지지 않을 정도의 시청률을 올렸다. 프랑스 문화성은 이런 사태를 일본의 문화 침략이라고 판단해, 일본 애니메이션의 방영시간을 제한하는 움직임마저 보였다. 아시아권에서도 저패니메이션의 영향력은 막대하다. 중국의 어느 백화점의 개점기념 이벤트로 <울트라맨 쇼>를 기획했는데 3000명밖에 들어갈 수 없는 야외극장에 수많은 인파가 몰려 결국 쇼는 중지되고 말았다. 이런 현상은 우리나라도 마찬가지로 2000년대 초반에 전국 비디오 숍에는 저패니메이션이 가득히 진열되어져 있으며, 관련 캐릭터도 넘쳤었다. 특히 2003년 스튜디오 지브리의 <고양이의 보은>의 한국 상영에 맞춰 조사된 가장 기억에 남는 최고의 애니메이션으로 <센과 치히로의 행방불명>을 꼽았다는 것은 한국에서의 저패니메이션이 지니는 대중적 힘을 보여주는 좋은 예일 것이다.

02 | 일본 애니메이션의 역사와 전개

1) 일본 애니메이션의 출발과 정착 : 1950년대까지

일본의 애니메이션의 역사는 1917년 시모가와 헤코텐(下川凹天, 1892~1973), 고우치 준이치(幸内純一), 기타야마 세이타로(北山清太郎) 등 3인에 의해 시작되었다. 만화가였던 이들은 칠판에 분필로 그림을 그려서 애니메

이션을 시도했다고 한다. 기타야마는 일본 정부의 저축 캠페인을 애니메이션으로 제작했으며, 1921년 일본 최초의 애니메이션 전문 스튜디오인 기타야마 영화 제작소를 설립했다. 이 제작소에서 활약한 무라타 야스시(村田安司, 1896~1966)는 1936년까지 50여 편의 종이 애니메이션을 제작했다. 이어 셀 애니메이터로는 마사오카 겐조(政岡憲三, 1898~1988)를 들 수 있는데 그는 1932년 일본 최초의 본격적인 토키 애니메이션[1]이라 할 수 있는 <힘과 여인의 세상(力と女の世の中)>을 제작했다. 현재는 전해 오지 않지만 이 작품을 계기로 일본 애니메이션은 토키 시대로 접어드는 역사적 전환점을 마련하게 되었다. 특히 1943년 제작한 마사오카의 <거미와 튤립(蜘蛛とチューリップ)>은 폭풍우가 치기 전후의 장면을 대조적으로 묘사하고, 80명의 오케스트라 반주에 의한 사전 녹음을 가미시켜 화려한 사운드를 연출한 것으로 큰 화제를 불러일으켰다.

한편 일본 최초의 장편 애니메이션은 1942년 세오 미츠요(瀬尾光世)가 만든 <모모타로의 바다 독수리(桃太郎の海鷲)>이다. 1944년 속편으로 제작된 <모모타로－바다의 신병(桃太郎-海の神兵)>은 군국주의를 배경에 둔 전쟁 애니메이션이었다. 1945년 패전 후, 미군의 통치하에 디즈니를 비롯한 미국의 컬러 애니메이션이 들어오자 일본도 큰 변화가 찾아왔다. 1946년 일본 의회는 영화법을 제정하여 애니메이션을 어린이 교육에 필요한 문화 영화 1종으로 규정지었다. 이로써 애니메이션은 본격적으로 각광받기 시작하였다. 그때까지 일본 애니메이션을 이끌었던 마사오카 겐조는 야마모토 사나에(山本早苗)와 함께 '일본만화영화사'를 설립하고 무라타 야스시를 영입해 첫 작품으로 1946년 <봄의 환상(春の幻想)>을

1) 영사할 때 영상과 동시에 음성 음악 등이 나오는 영화의 총칭으로 사일런트(무성)에 대한 대칭 용어.

완성했다. 1947년 도호(東宝) 영화사가 애니메이션 전담 교육 영화부를 신설하고, 마루야마 쇼지(丸山章治)가 감독한 <느릅나무 이야기(ムクの木の話)>(1947)와 아시다 이와오(芦田巖)의 8편 풀 애니메이션인 <바그다드 공주(バグダッド姫)>(1948), 야부시타 다이지(藪下泰次)의 <칙칙폭폭 느림보 기관차(ポッポヤさん・のんき機關車)>, <동물 야구대회(動物大野球戰)>(1949) 등이 연달아 제작되었다. 그러나 디즈니를 비롯한 수많은 미국의 컬러 애니메이션이 쏟아져 들어오고 당국의 오락 애니메이션의 엄격한 규제로 인해 곧 침체기로 들어가고 만다.

이후 흥행을 목적에 둔 상업적인 작품들을 제작하기 위해 영화사가 본격적으로 애니메이션 산업에 참가한다. 그 대표적인 영화사가 도에이 도가(東映動畵)였는데 처음에는 제작팀을 꾸리지 못해 니치도(日動) 영화사에 위탁해 <신나는 바이올린(うかれバイオリン)>(1955)을 만든 후 곧 독립회사 도에이 도가를 만들었다. 여기에서 만든 야부시타 감독의 <흰뱀 이야기(白蛇伝)>(1958)는 기본 제작 방법에 충실한 일본 최초의 컬러 장편 애니메이션으로 시선을 끌었다. 이 작품은 그다지 관중들에게 호평 받지 못했지만 1958년 NHK 영화제 베스트 10에 선정되었고, 13회 마이니치 영화 콩쿠르에서 특별상, 베를린 국제 영화제에서 문화상, 베니스 국제 영화제에서 그랑프리, 멕시코 영화제에서 명예 대상을 수상해 일본 애니메이션의 미래를 밝게 했다.

2) 어드밴처와 스포츠 애니메이션 : 1960년대

1960년대 TV가 안방을 차지하며 애니메이션이 활발하게 제작된다. 일본의 60~70년대는 미・일 신 안전보장, 도쿄(東京) 올림픽, 오키나와(沖縄)

반환 등 패전 후 불안했던 일본 사회에서 벗어나 점차 활기를 되찾아가고 있었다. 1963년 1월 1일 후지TV를 통해 방영된 데즈카 오사무의 <철완 아톰>은 일본 최초의 TV시리즈 애니메이션으로 하나의 신기원을 이룩하며 그 후 전개되는 일본 애니메이션의 화려한 붐을 예고했다. 시청률 30%를 넘기는 대히트를 기록한 <철완 아톰>은 데즈카 오사무를 당대의 대표적인 애니메이터로 부각시켰다. 그는 그 후 연달아 자신의 만화를 원작으로 만든 애니메이션을 발표해 일본의 애니메이션 업계를 이끌어 나갔다. 그러나 성공의 신화처럼 보이는 데즈카 오사무의 이면에는 일본 애니메이션의 고질적인 병폐를 이미 내면 깊숙이 숨기고 있었다. 적지 않은 예산이 소요되는 애니메이션을 저가에 수주함으로써 업계 전체에 적자 구조를 고착화 시키고 말았다. <철완 아톰>은 1960년대부터 193편의 단편으로 만들어졌으며, 1963년부터 1966년까지 후지TV에서 방송되었다. 국내에서는 <우주소년 아톰>이란 제목으로 1970년대에 방영되었으며 1983년에는 최초의 컬러 애니메이션을 일본에서 선보였고, 국내에서도 그 시기에 함께 방영을 하였다.

한편 데즈카 오사무의 성공에 자극받아 수많은 TV시리즈 애니메이션이 제작되었다. 만화를 원작으로 만들어 가는 애니메이션이라는 구도가 이때 정착했다. 60년대의 애니메이션의 특징 중 하나는 전쟁 상흔의 극복과 비약적인 경제 성장이라는 일본의 성공 신화를 업고 어드벤처적인 성격이 강한 작품이 많이 등장한다는 점이다. 대표적인 애니메이션을 들어 보면 <밀림의 왕자 레오(ジャングル大帝)>, <개구리 왕눈이(The Boy Flog)>, <캔디 캔디(Candy Candy)> 등이 그 좋은 예로 시련과 아픔을 극복하고 바르고 강하게 살아가는 주인공을 그리고 있다.

<밀림의 왕자 레오>는 부모를 잃은 흰 사자가 밀림을 지키기 위해

밀림의 친구들과 함께 노력하는 모습을 담아 힘들고 외로워도 혼자가 아니라는 의미를 담고 있다. 여자 어린이에게 인기를 끌었던 <캔디 캔디> 역시 고아원에서 자란 소녀가 여러 가지 고난을 겪지만 친구들이 있어 극복해 나가는 내용이다. 패전 후, 가족을 잃거나 경제적 곤경에 처해 상실감에 빠져있던 일본의 어린이들의 상황을 주인공에 그대로 투영시키고 있다. 당시의 일본의 어린이들은 불운한 주인공이 역경을 이겨나가는 모습에서 용기와 희망을 얻을 수 있었다.

〈철완 아톰〉

60년대 후반에는 스포츠 만화 붐이 불어닥친 것도 이 시대의 특징이다. 그저 재미있는 스토리와 코믹 만화에서 벗어나 사회적 메시지와 관심 대상을 담기 시작했다. 인간의 불굴의 가능성을 고취하며 '하면 된다'라는 주제를 담은 스포츠 만화는 고도 경제 성장기에 나타나는 다양한 성공 신화와 맞물려 큰 인기를 끌었다. <내일의 죠(도전자 허리케인)>, <타이거 마스크>, <거인의 별>, <어택 NO.1> 등이 그 대표적인 작품이다.

3) 로봇 애니메이션과 시청자의 성인화 : 1970년대

70년대 애니메이션의 특징은 우선 거대 로봇 만화 붐을 들 수 있는데 이때부터 다양한 로봇 애니메이션이 등장하기 시작한다. <마징가Z>,

<짱가> 등이 이 시대의 대표적 작품이지만 여기에는 패전 후 여전히 뿌리 깊게 남아 있는 일본을 향한 반감에 대한 대응 논리와 강국에 대한 열망, 그리고 전쟁에서 경험한 기술력의 중요성이 가미되어 표출되었다. 과학 문명이 진보한 미래 세계를 무대로 로봇이라는 강력한 물체를 조종하는 것은 어린이였다. 당시까지 애니메이션은 아동용이었기 때문에 주인공들은 어린이의 꿈과 이상을 북돋우는 상징물이 되었다. 로봇 애니메이션은 이전 시대의 대표작이라고 할 수 있는 데즈카 오사무의 <철완 아톰>과 함께, 패전으로 인해 무력감에 사로잡혀 있던 일본의 미래 세대들에게 꿈을 안기며 곧 강국으로 나설 수 있다는 자신감과 무한한 가능성, 그리고 희망을 안겨 주었다. 이전 시대의 <철완 아톰>과 비교하면 로봇이면서도 조그만 어린이 모양이었던 아톰은 사건이 일어나면 힘든 상황에서도 언제나 맞서는 용기와 힘을 보여줌으로써 어린이들에게 희망을 주었던 것에 비해 70년대의 로봇물의 상징이었던 <마징가Z>와 <짱가>에서는 일본적 색채를 더욱 진하게 머금으며 일본의 미래에 대한 강한 메시지를 담게 되었다.

<마징가Z>는 단순한 로봇 만화의 흥행을 넘어 장난감 메이커와 애니메이션의 본격적인 제휴가 시작되었으며 초합금 로봇이라는 캐릭터 상품의 성공을 가져왔다. 나아가 장난감을 팔기 위해 기획된 애니메이션이 등장하기에 이르렀다. 1972년 도에이 애니메이션의 의뢰로 나가이 고(永井豪)가 제작한 <마징가Z>는 1972년 12월부터 1974년 9월까지 2년 10개월 동안 후지TV에서 총 92편으로 방영되었던 장편 연재 애니메이션이다. TV에서의 인기를 바탕으로 1973년에는 <마징가Z 대 Devil맨>으로 1974년에는 <마징가Z 대 암흑대장군>이라는 이름으로 영화화되었다. 우리나라에서도 1975년 MBC에서 25편까지 방영되었고 1978년에 전편

이 재방영되기도 했다. 이후, 한국에서도 <태권V> 등의 거대 로봇을 제작하는 데 큰 영향을 끼쳤다. 이 애니메이션은 '로봇물'의 신화를 열었다고 해도 좋을 것이다. 거대 로봇시리즈의 출발은 1963년 제작된 <철인 28호>에서 찾을 수 있지만, 로봇 속에 주인공이 들어가 인간과 로봇 사이의 공생관계를 설정한 첫 번째 애니메이션이 바로 <마징가Z>이다. 이런 <마징가Z>의 캐릭터와 서사구조의 성공은 훗날 슈퍼 로봇 애니메이션 시리즈의 기본 공식으로 자리 잡았다.

〈마징가 Z〉

〈우주 전함 야마토〉

1974년 <우주 전함 야마토>가 TV시리즈로 방영되었다. 처음 반응은 저조한 편이었으나 소수 애니메이션 독자층을 중심으로 인기를 끌면서 재방송시에는 약 14%에 달하는 시청률을 기록하고 1977년 극장용으로 상연될 때에는 230만 명, 그리고 속편 <안녕 우주전함 야마토>(1978)는 400만 명을 동원하며 공전의 히트를 기록했다. 작가인 마쓰모토 레이지는 1977년부터 연재한 <은하철도999>에서 세기말적인 허무주의와 에로틱한 스토리 전개로 70년대 후반 마쓰모토 만화왕국의 결정체를 이루며 최고의 명성을 쌓았다. 그가 한참 인기가 있었던 70~80년대에는 일본의 만화가 더 없는 황금기를 맞고 있었다. 그 중심에는 마쓰모토 레이지가 있었고 그 후 <건담> 같은 SF물이 계속 나오기 시작했다. 그러나 그의 작품은 국수주의와 군국주의에 대한 향수를 담고 있어 데즈카 오사무는 언론과의 인터뷰에서 마쓰모토 레이지의 작품을 공개적으로 비판하기도 하였다.

<우주 전함 야마토>를 계기로 아이들을 겨냥하는 애니메이션에서 <은하철도999>, <기동전사 건담>과 함께 성인이 볼 수 있는 수준 높은 애니메이션으로 시각을 돌리기 시작한다. <은하철도999>는 999호를 타고 가는 메텔과 철이의 여행 이야기지만, 그 속에는 실존 철학을 담고 있었다. 메텔의 존재를 비롯해, 철도가 지나가는 여러 행성에 제시된 인간 사회의 비판, 그리고 인간적인 아름다움까지 만화의 시각을 넘어 세세히 살펴보면 그저 간과할 수 없는 여러 문제를 함축적으로 담고 있다. 기계화 일변도의 문명 세계, 비인간적 세계 등 행성마다 대두되는 소재들은 일본 사회에 내재되어있는 문제점을 넘어 과거 현재 미래에서의 인간 존재의 의미라는 실존 문제를 다루고 있기 때문에 섬뜩하게 느껴지기도 한다. 마쓰모토 레이지의 만화를 보면 음악과 영상의 조화가 무척 뛰어나다. <우주 전함 야마토>에서의 중후한 음악은 한층 더 비장함을 일깨워준다. 또한 <은하 철도 999>의 극상 판 사운드 트랙에 해당하는 <교향시 은하철도999 앨범>은 지금까지 모두 38만 2천여 장이 팔렸고, 역시 마쓰모토 레이지 원작의 <안녕히 우주전함 야마토>와 함께 20년이 넘도록 그 판매 기록이 깨지지 않고 있다. 마쓰모토의 작품이 호평받는 이면에는 이러한 배경 음악과 함께 적절한 미스터리에 둘러싸인 중심적인 등장인물들이 있었다. 또한 깊이 있는 플롯과 스토리 전개가 성인 취향에 어울렸다고 보인다.

<기동전사 건담>은 60년대의 <철완 아톰>과 <마징가Z> 이후 강력하고 대형화되어 가는 로봇애니메이션들과는 일선을 그은 애니메이션으로 꼽힌다. 나고야TV에 1979년 4월부터 1980년 1월까지 매주 토요일 오후 시간에 방영되었던 인기 애니메이션으로 전 43화로 이루어졌다. 원

작은 야타테 하지메(矢立肇)와 도미노 요시유키(富野喜幸, 지금의 由悠季)의 공동으로 발표되었으며, 도미노 요시유키가 감독을 맡았다. 단순히 싸우고 물리치기만 하던 주인공이 적과 아군에 대해 고민을 하고, 단순히 악으로만 그려졌던 적을 같은 인간으로 보기 시작했다는 점을 특징으로 꼽을 수 있다. 후에 제작진은 건담의 세계관을 체계화하여 극장 판 <기동전사 건담 3부작>을 제작해 <전설의 건담>을 만들어내며 <Z건담>에 이르게 된다.

〈기동전사 건담〉

<기동전사 건담> 이후 일본 애니메이션은 시리즈라는 형식이 유행한다. <건담> 시리즈처럼 한편에서 끝나는 것이 아니라 계속해서 속편이 만들어졌는데 이 또한 일본 특유의 형식이기도 하였다. 또 하나 특기할 만한 점으로 타 시리즈와 달리 <건담>은 매회 제작 감독이 달랐다. 그 덕분에 시청자는 다양한 <건담>을 볼 수 있게 되었고, 폐쇄성의 탈피와 발전적 전개라는 점에서 이후의 애니메이션에 적지 않은 영향을 안겨주었다. 그러나 이러한 과정에서 '정통 건담'이라는 개념이 생기고 후속편의 건담은 정통논쟁을 거치면서 그 정체성이나 참신함을 잃어 방향성을 상실하기도 하였다. 이후 90년대 들어서도 계속해서 시리즈물이 제작되었으나 모두 어린이 취향의 스토리와 상품 판매를 노린 많은 수의 로봇들로 인하여 상업적인 면에서는 성공했으나 기존의 건담 마니아로부터는 외면을 당하기에 이르렀다.

4) 애니메이션의 다양화 : 1980년대

〈드래곤 볼〉

80년대에 들어서 일본이 세계의 경제 대국으로 성장함과 더불어 애니메이션에서도 경제력을 바탕으로 다양한 장르가 나타나기 시작했다. 일본의 사회상을 소재로 만들어지던 애니메이션들이 일본을 탈피해 여러 분야에서 상상력을 넓혀 나간다. 60~70년대의 어드벤처와 로봇물, 순정 등에서 더욱 확대되어 SF는 물론이고 판타지, 아동물, 성인물, 미스터리, 심리극 등에 이르기까지 애니메이션의 장르가 다양화되기 시작했다.

아동물에서는 마법과 마술로 어른이 되고 소원을 이룬다는 등의 판타지물이 등장한다. 우리나라에도 잘 알려져 있는 <이웃집 토토로>, <천사소녀 새로미>, <마법의 스타 메직컬에미>, <밍키 모모> 등, 70년대의 애니메이션과는 달리 행복한 가정에서 자란 아이들을 배경으로 하고 있다. 이 작품들은 대부분 어른 세계에 대한 동경과 더불어 요술이나 신비한 힘으로 소원을 성취하는 등, 80년대 아이들의 꿈을 보여주고 있다.

또 하나의 특징으로 80년대 중반 이후 『주간 소년 점프』 계열의 인기 만화가 애니메이션의 황금기를 구가했던 것을 들 수 있다. 만화잡지로는 후발 주자였던 『주간 소년 점프』는 히트한 만화를 적극적으로 애니메이션으로 만드는 전략을 구사해 <캣츠♥아이>, <드래곤 볼>, <슬램덩크>, <북두신권> 등이 대성공을 거두었다. 한국인들에게 일본 만화에 대한 호기심을 가장 많이 자극했던 도리야마 아키라(鳥山明)의 <드래곤 볼>은 한때 학생들 사이에서 센세이션을 일으키며 크게 히트한 만화이다. 너무나 익살스러운 모습과 유머, 그리고 선정적인 인물설정과 화려한 액션은 독자의 구미를 당기는 모든 요소들을 갖추고 있다고 해도 지나치지 않는다. 이러한 성공은 다른 만화잡지와 애니메이션의 제휴 노선에도 불을 붙이며 80년대의 화려한 만화 영상산업을 장식했다.

〈바람계곡의 나우시카〉

한편 84년 극장용 애니메이션 <바람계곡의 나우시카>가 등장하면서 미야자키 하야오의 신화가 시작된 것도 80년대 애니메이션에서 잊어서는 안 될 것이다. 미야자키 하야오는 1982년부터 출판사 도쿠마 서점에서 발간하는 월간 『아니메쥬』에 신작 만화 <바람계곡의 나우시카>를 연재하였다. 이 작품은 처음부터 애니메이션을 염두에 두고 만들어진 것으로, 연재할 때부터 이색적인 소재와 독특한 그림 스타일로 대단한 주목을 받았었다. 미야자키 하야오는 <바람계곡의 나우시카>의 대성공으로 인해 일약 일본을 대표하는 애니메이터로 부상하였다. 환경 보호와 반전주의의 메시지를 담은 이 애니메이션은 흥행과 비평 모두 크게 성공하며 만화 영상 매체를 문화의 한 장르로 인식하게 하는 계기를 만들었다.

성인물에서는 <반딧불의 묘>, <아키라>, <마크로스>, <에어리어 88>, <천사의 알> 등이 제작되었는데 세계 속의 일본으로 성장하는 가운데 과거의 상처와 경제 불안에 따른 암담한 미래에 대해 대담하게 묘사한 작품들이다.

<반딧불의 묘>는 2차 대전 당시의 일본을 배경으로, 전쟁의 잔혹함을 전쟁의 가해자가 아닌 피해자의 입장에서 다룬 작품으로 남매의 비참한 생활상과 죽음을 그리고 있다. 전쟁을 경험했던 다카하타 이사오(高畑勳, 1935~)의 체험적인 관점에 서서 사실주의적인 연출과 조화를 이루어 탁월한 작품을 만들었다. 소년의 내레이션 등을 삽입해 다큐멘터리 형식을 만화에 도입한 것은 관객들을 이야기 속으로 몰입하게 하였다.

<마크로스>는 SF계 애니메이션으로 미래와 우주에 대한 이야기를 다루었다. 지구는 전쟁으로 인해 황폐해졌고 지구인은 마크로스라는 거대한 우주모함에 탑승해 우주를 떠돈다. 전쟁만을 아는 젠트라디와 멜드라디의 싸움에 끼게 된 지구인을 바탕으로 우주세기의 인간들을 묘사한다. 이 애니메이션 속에는 문명에 대한 원시적인 인식과 본능적인 갈구, 음악과 노랫말을 통한 평화공존 등의 제재를 취해 현재를 탈피하고 밝은 미래를 만들기 위한 노력이 보인다. 특히 <마크로스> 속에 나온 노래들은 그해 가요 음악차트의 1위를 석권해 애니메이션 음악이 단순히 만화의 주제곡이 아니고 수준 높은 음악의 장르를 차지할 수 있다는 것을 대중에게 보여줌과 더불어 만화 음악의 수준을 끌어올리는 데 큰 공헌을 했다. 또 그 화면구성이나 전투 장면은 후대의 애니메이션에 다양한 모티브를 제공할 정도로 많은 영향을 끼쳤다.

<에어리어88>은 국내에서도 TV 방영된 적 있는 작품으로 리얼한 전투기와 전투장면으로 유명하다. 단순한 전쟁이 아닌 용병이라는 특이한

소재와 사랑, 인간 내면의 갈등을 배합한 리얼한 시나리오를 가진 명작 중의 하나로 꼽힌다. 전쟁에 한번 길들여진 용병이 보통 생활로 돌아갈 수 없음을 보여주는 인간성의 파괴와 그 괴리감에 대한 만화로 <에어리어88>은 전쟁을 겪은 사람들이 아닌 전쟁을 한 사람들의 이야기를 담음으로써 그들만의 고통을 독자들에게 인식시켜주었다.

〈아키라〉

<아키라>는 1982년부터 『영 매거진(講談社刊)』에 게재된 만화를 애니메이션으로 제작하였다. 내용은 3차대전 후인 2019년 도쿄만 위에 새롭게 건설된 네오도쿄를 배경으로 음모와 그 저지에 초점이 맞춰진다. 일본의 만화가 겸 애니메이터인 오토모 카쓰히로(大友克洋, 1954~)가 원작과 감독을 맡은 불멸의 명작이다. 그는 아키라제작위원회라는 일종의 컨소시엄을 통해 이 영화를 제작했다. 다른 3자의 간섭을 배제하며, 원작자 자신이 직접 극본가 및 감독으로 활동했을 뿐만 아니라 당시로서는 상상을 뛰어넘는 25억 엔의 제작비로 크게 화제를 불렀던 작품이다. 그러나 뛰어난 작품성을 제대로 소화해내지 못했다는 평을 받으며 흥행에서는 실패하고 말았다. 이후 일본 이외의 나라에서 개봉된 <아키라>는 높은 작품성과 사이버펑크라는 새로운 장르 개척에 의해 개봉 후 6년이 지난 1994년까지 꾸준히 흥행에 성공해 손익분기점을 넘길 만큼 생명력 있는 애니메이션이었다. 특히 그 제작기법에서 역대 일본에서 제작된 모든 작품을 능가한다는 것이 대체적인 중론이며 앞으로도 <아키라>를 능가할만한 작품

도 쉽게 나오지 않을 것이다. 기술적 완성도에도 불구하고 일본 국내 흥행에서 실패한 것은 내용적인 측면에서 동기와 결과가 불투명했기 때문이라는 평가도 있다. 인간이 손에 넣고 싶어 하는 거대한 힘, 인간의 욕망 등을 나타내고 있지만 그 속에 나타난 주제는 역시 인간의 기억에 대한 정체성 문제이다. 결국 아키라라는 거대한 힘 앞에 인간은 붕괴해 버리지만 그 속의 '나'라는 정체성을 끝까지 지키고 싶어 하는 인간을 난해하게 그리고 있다. <아키라>의 영상 또한 80년대 작품을 뛰어넘는 세밀한 구조와 어두운 밤 도시를 질주하는 폭주족들의 영상 등은 압권이라 할 수 있다.

5) 애니메이션의 세분화 : 1990~2000년대

일본은 1990년대에 들어서면서 거품경제가 붕괴하기 시작한다. 더불어 옴 진리교에 의한 지하철 독가스 살포, 여야 정권 교체, 고베 대지진, 그리고 간사이(關西) 국제공항의 개항, 엔의 폭등 등 복잡한 상황을 겪게 된다. 애니메이션에서도 일본의 복잡한 사회현상이 반영되어 90년대의 일본 애니메이션은 양이나 질에 있어 그야말로 절정시대라고 할 수 있다. 성인물은 점점 내용이 복잡해지고 동시에 섬세함을 바탕으로 어려운 소재와 무거운 주제들을 담은 작품들이 늘어나기 시작한다. 아동물도 <포켓몬스터>, <디지캐럿>, <세일러문>, <보노보노> 등이 등장하기 시작하면서 여러 종류의 소재와 다양한 주제를 다루기 시작했다. 아동물에서의 큰 변화는 로봇만화가 더 이상 아이들에게 공감을 갖지 못하면서 로봇물의 대작들은 성인물이 되어버렸다는 점이다. 오히려 <포켓몬스터>처럼 아이들과 동물이 교감을 갖는다거나 <세일러문>처럼 마법을 사용해 악의 무리를 없애는 쪽에 아이들의 시선을 고정시켰다. <포켓몬스터>나 <세일러문>은 아류작도 많이 낳았는데 때로는 <디지몬>의 예처럼 아류작이 더 큰 인기를 끌기도 하였다.

〈포켓몬〉

〈디지몬 어드벤처〉

성인층의 애니메이션은 <신세기 에반게리온>, <키 더 메탈 아이돌>, <인랑>, <원령공주>, <부기 팝은 웃지 않는다>, <퍼펙트 블루>, <공각기동대> 등 그 내용이 점점 복잡해지고 어려워지면서 단순히 한 번 보고는 이해할 수 없는 난해한 작품이 적지 않게 등장한다. 그리고 이들 작품은 마니아를 양산하며 그들로부터 지속적인 사랑과 관심을 얻게 된다. 그중 90년대 작품들은 '나'와 사회, 그리고 타인들의 관계를 깊이 파헤치는 <에반게리온>이나 <키 더 메탈 아이돌>, <공각기동대>, <인랑>, <원령공주>, <총몽>, <총의 6호> 등의 작품들이 크게 주목 받았다.

90년대의 만화의 한 획을 그은 <에반게리온>은 그 내용뿐만이 아니라 인간 심리를 심층적으로 파헤치며 영상 자체에서도 충격적인 영상미를 보여준다. 빠른 화면과 박력 있는 전투 장면이 있는가 하면 너무나도 정적인 장면들의 삽입은 보는 이에게 긴장감과 평온함을 적절하게 안겨준다. 화면 구성뿐만이 아니라 그림 자체에서도 인물의 동작이라든가 표정들이 무척 정확하게 묘사된 수준 높은 애니메이션이라 할 수 있다.

〈인랑〉

<공각기동대>와 <인랑>은 오시이 마모루(押井守, 1951~)의 작품으로 두 작품 모두 그림체와 화면 구성이 <에반게리온>과는 또 다른 측면에서 뛰어난 작품으로 평가받고 있다. 이 두 작품 역시 인간 내면의 자아에 대해 다룬 작품으로 <공각기동대>에 있어서는 자신에 대한 궁금증으로 가득 찬 사이보그인 주인공 구사나기의 자아를 사실적인 영상으로 나타내고 있다. <인랑(人狼)>은 한자 그대로 인간 늑대라는 뜻으로 군인인 주인공 후세 가즈키가 삶을 위해 처절한 고투를 보여주고 있다. 마치 대공황 이후의 사회를 보는 듯한 어두운 모습과 인간 사회를 억압하고 통제하는 경찰들의 모습은 우리나라 80년대의 암울한 시위 장면을 보는 듯이 현실적이고 사실적이다.

또 <퍼펙트 블루>, <부기 팝은 웃지 않는다>처럼 미스터리나 심리극 등에서 '나'라는 정체성을 기묘하게 표현하기도 한다. <퍼펙트 블루>는 가리고에 미마라는 아이돌 스타의 삶을 들어 '나'는 누구인가라는 질문을 통해 심리극을 만들고 그 속에 살인 사건을 넣어서 미스터리

애니메이션으로 만들었다. 극 뒤의 반전은 보는 사람으로 하여금 경악을 금치 못하게 만든다. 영상 부분에 있어서도 미마의 그룹이 노래를 부르는 장면은 <마크로스>에서의 노래 부르는 장면과 비교해서 더욱 사실적으로 발전한 것을 볼 수 있다.

<부기 팝은 웃지 않는다>는 한 편 한 편 전혀 다른 이야기들이 모두 하나의 이야기로 부합되는 대작이다. 원래 코믹스 판에서는 순정 만화였는데 많은 인기를 얻자 애니메이션으로 제작되어 도저히 순정에서 나온 이야기라고는 생각되지 않을 정도의 복잡한 전개와 스토리가 혼란을 주지만 결국 이 이야기도 '나'라는 자아확립에 대한 이야기로 끝을 맺는다.

90년대 애니메이션의 가장 큰 특징은 남녀노소 구분 없이 같이 볼 수 있는 이야기가 만들어졌다는 점이다. 80년대까지는 아동물과 성인물을 확연하게 구분 지을 수 있었다고 한다면, <ROD>, <마스터 키튼>, <그와 그녀의 사정>, <3X3 아이즈>, <나디아>, <슬레이어스>, <카우보이 비밥>, <마법진 구루구루>, <프리크리> 등 90년대에는 아동물 혹은 성인물이라고도 할 수 없는 애니메이션이 만들어졌다. 특히 장르를 구분 지을 수 없는 <마스터 키튼>과 <카우보이 비밥>, <프리크리>, <ROD> 등은 단순히 즐길 수 있으면서도 유치하지 않고 나름대로 메시지가 선명히 담겨 있는 내용과 멋진 영상미를 한꺼번에 맛볼 수 있다. <카우보이 비밥>의 경우에는 각 장마다 다른 장르의 음악을 만들어 <마크로스>의 뛰어난 음악성의 뒤를 잇고 있다. 2000년대에 들어서도 <부기 팝은 웃지 않는다> 등 이제까지의 대작을 만든 감독들만큼이나 역량을 갖춘 차세대 감독들의 등장이 눈에 띈다. 그에 따른 애니메이션계의 세분화에 의해 여러 종류의 작품이 연이어 나오고 있어 앞으로의 발전 가능성이 높다는 것을 보여주고 있다.

한편 미야자키 하야오는 <센과 치히로의 행방불명>을 제작하여 세계적인 거장으로 그 위치를 확고히 한다. 미야자키 하야오 감독의 <센과 치히로의 행방불명>은 현대 일본을 살아가고 있는 10살짜리 소녀 치히로를 주인공으로 하고 있다. 터널 저편엔 신비한 마을이 있을 것 같다는 어린이들의 상상력을 극대화한 작품이다. 토지신과 다양한 하급신, 요괴들이 사는 그곳에는 옛날부터 이 나라에 살던 영령들이 병과 상처를 달래던 목욕탕이 있었다. 여기에서 일본의 다양한 고전에서 모티브를 취하고 있음을 엿볼 수 있다. 10살짜리 소녀 치히로(千尋)가 빠진 것은 인간이 절대로 들어 갈 수 없는 세상이었다. 그 곳에서 치히로가 살 수 있는 조건은 두 가지였다. 마을 중심에 위치한 거대한 목욕탕을 지배하는 강력한 마녀 아래서 일하는 것과 이름을 빼앗기고 인간의 세상에서 사라지는 것이었다. 치히로는 이름을 빼앗기고 센(千)이라는 이름으로 일하게 된다. 선배들인 린(リン)과 의문투성이 소년 하쿠(ハク) 등에게 격려를 받으며 열심히 일하는 치히로는 일을 하게 되면서 난생 처음 도우며 살아가는 삶의 의미를 느낀다. 어느 날, 욕탕을 지배하는 유바바(湯婆婆)의 쌍둥이 동생 때문에 하쿠가 상처를 입는데 치히로는 위험을 감수한 채 하쿠를 구할 수 있는 유일한 방법에 도전한다. 그것은 '타인을 위해 무엇을 하는 것'이었다. 그 후 유바바로부터 돼지가 된 부모를 인간으로 되돌린 후 다시 일상으로 돌아온다. 이 작품은 2003년 <고양이의 보은> 한국 개봉에 즈음하여 배급사가 조사한 설문에서 한국에서 다시 보고 싶은 가장 인기 있는 애니메이션으로 꼽혔을 정도로 화제를 불러일으켰다. 미야자키 하야오는 이 작품으로 2001년 제 14회 닛칸 스포츠 영화 대상 작품상, 2001년 마이니치 영화 대상, 감독상, 음악상, 2001년 제 44회 블루리본상 작품상, 2001년 블루리본상 최고의 일본영화 8위, 2002년 베를린국

제영화제 금곰상, 2002년 제85회 NBR 애니메이션영화상, 2002년 제28회 LA비평가협회 애니메이션상 등을 수상했다.

03 | 저패니메이션 신화의 주역

1) 데즈카 오사무(1928~1989)와 아톰

(1) 저패니메이션의 아버지

저패니메이션을 논할 때 빠뜨릴 수 없는 <철완 아톰>은 만화와 애니메이션의 역사를 새로 쓴 데즈카 오사무의 작품으로 우리나라에서도 상영된 바 있다. 이른바 일본 애니메이션의 아버지라 불리는 데즈카 오사무는 제2차 세계대전 후 일본의 청소년들의 정신 형성 과정에서 적지 않은 역할을 했다. 일본 애니메이션을 오늘날, 세계적인 애니메이션으로 이끌어낸 장본인으로 꼽는데 이의를 제기하는 이는 없을 것이다. 그는 이제까지의 만화에 대한 개념을 바꾸어, 새롭고 다양한 표현 방법과 스토리를 만들어 만화를 매력적인 예술로 승화시켰으며 문학과 영화를 비롯한 타 예술 장르에도 적지 않은 영향을 주었다.

개방적인 가정에서 자라온 데즈카는 만화와 애니메이션의 상상력을 마음껏 발휘할 수 있는 유년기를 지냈다. 1946년 네 컷 만화 <마아짱의 일기장(マアチャンの日記帳)>을 소국민신문(少國民新聞)의 간사이판에 연재하며 정식으로 만화가로 데뷔하였고 1952년 만화 소년을 통해 <철완 아톰>, <록 모험기(ロック冒險記)>, <나의 손오공(僕の孫悟空)> 등을 연재하면서 유명작가로 부상했다. 1958년 도에이 도가에서 <서유기(西遊記)> 구성을 담당하면서 애니메이션계에 등장하고 곧이어 독립해 1963년 1월 1일 6시 일본 애니메이션의 역사를 새롭게 바꿔었다고 하는 무시(虫)프로덕션의 <철완 아톰>이 TV전파를 탔다. 아톰은 일본의 어린이들을 TV앞으로 끌어 모았으며, 우주를 지키는 영웅이 되었다. 아톰의 활약상은 일본뿐만 아니라 미국, 유럽, 그리고 아시아 여러 국가로 뻗어나갔으며, 그 뒤를 이어 <밀림의 왕자 레오(ジャングル大帝)>, <사파이어 왕자(リボンの騎士)>, <불새(火の鳥)>로 애니메이션의 세계를 구축해 나아갔다. 데즈카 오사무가 위암으로 세상을 떠난 지 25년이 지나고 있지만, 그의 정신과 상상력의 세계는 아직도 일본인의 마음속에 살아 있다. 2012년 아톰 탄생 60주년을 기념하여 데즈카 오사무를 추앙하는 다양한 전시회 및 출판에서 그것을 확인할 수 있다.

(2) 〈아톰의 아버지〉 데즈카 오사무의 공과 실

데즈카 오사무가 만든 일본 최초의 텔레비전용 애니메이션인 <철완 아톰>은 일본 내에서는 물론 우리나라에서도 <우주소년 아톰>이라는 이름으로 대인기를 얻었고, 세계적으로 널리 알려진 작품이다. 이 작품은 그 후에 등장하는 모든 TV용 애니메이션의 제작, 방영, 스폰서 형태의 원형이 되었다고 해도 지나치지 않다. 아톰의 등장은 <철인 28호>, <빅엑스> 등의 로봇물로 이어지는 계기가 되었고, TV 애니메이션이라는 하나의 장르가 자리를 잡게 된 것이다. 이 점은 데즈카 오사무의 부인할 수 없는 공으로 일본 애니메이션이 세계로 도약할 수 있는 기반을 닦았다고 평가할 수 있다. 그러나 데즈카 오사무의 이런 크나큰 업적과는 달리 그의 열정은 일본의 애니메이션 프로덕션과 애니메이터들을 경제적으로 궁핍한 처지에 처하게 하는 또 하나의 결과를 낳았다.

<철완 아톰>이 발표되기 전까지 만화영화란 1시간에서 1시간 30분 정도의 길이로 만들어졌는데 TV용 애니메이션은 매주 30분씩 연속 방영되므로 1년간 26시간이라는 장시간의 애니메이션을 만들지 않으면 안 되었다. 시간당 제작비는 만화영화와 거의 비슷하기 때문에 엄청난 비용이 필요해 제작비를 출자할 스폰서가 필요했다. 하지만 당시에는 성공을 확신할 수 없어 어린이 대상의 TV용 애니메이션에 선뜻 나서는 스폰서가 없었다. 결국 <철완 아톰>의 스폰서로 과자 회사인 메이지 제과가 광고주로 나서게 되었다. 이렇게 상업적 스폰서의 지원은 <철완 아톰> 이후의 일본 애니메이션계에 커다란 영향을 미친다. 즉 최대한의 이윤을 추구하려 하는 상업 스폰서의 성격상 TV애니메이션의 캐릭터를 자기 회사의 상품과 연결 지을 수 있는 방법을 찾는데 적극적인 관심을 기울이게 된 것이다. <철완 아톰> 이후에 만들어진 TV애니메이션인 요미우리 자이언츠를 모델로 한 스포츠 만화 <거인의 별(巨人の星)>(1968)의 경우에는 오오츠카제약이 스폰서가 되었고 이 작품을 이용해 <오로나민 C>라는 드링크제의 판매량을 비약적으로 늘리는 데 성공했다. 결국 TV애니메이션은 기업의 판촉 프로모션의 일면을 가질 수밖에 없었다. 나아가 <마징가Z>, <기동전사 건담>처럼 스폰서였던 반다이사는 위의 두 작품의 캐릭터를 상품화시킨 합금 로봇들의 판매를 통해서 기업으로서의 기반을 다진 경우도 있었다. 심지어 영업이익을 위해 캐릭터 발매 후, 애니메이션을 공개하는 경우도 있었다.

TV애니메이션을 상업주의에 물들인 데즈카는 제작 기법에서도 좋지 않은 선례를 만들었다. 그는 당시 상상할 수 없는 저가격의 제작비 조건을 받아들였다. 물론 그의 예술혼에 감동한 스태프들이 몰려들어 애니메

이션 제작회사인 무시 프로덕션이 설립되었지만 낮은 제작비는 항상 그 운영을 곤란하게 만들었다. 이러한 최악의 제작환경은 결국 리미티드 애니메이션이라는 열악한 표현 방식을 만들어내게 된다. 리미티드 애니메이션이란 화면 내에서 모든 것이 움직이는 풀 애니메이션(1초에 24콤마)에 비해서 엄청나게 적은 수로 단순화된 3콤마 애니메이션이다. 당시 무시 프로덕션에서는 1초용으로 8장의 셀을 만들어서 3콤마씩 같은 셀을 촬영해 합계 24콤마로 맞추었다. 당연히 풀 애니메이션에 비해 화면이 덜컥거리고 세련되지는 못했지만 스토리의 전달에는 그다지 문제가 없었다. 그 후 일본의 애니메이션은 리미티드 애니메이션이 주류를 이루며 서서히 발달하였고. 결국 일본만의 독특한 애니메이션 문화를 낳게 된 것이다.

2) 미야자키 하야오(宮崎駿)와 스튜디오 지브리

(1) 저패니메이션의 신화 미야자키 하야오

애니메이션 감독 미야자키 하야오는 1941년 1월 5일 도쿄에서 네 형제 중 차남으로 태어났다. 백부가 경영하는 비행기회사에서 그의 부친은 공장장으로 근무했으며, 태평양 전쟁 특수 속에서 어릴 적부터 상당히 부유한 환경 속에서 성장할 수 있었다고 한다. 미야자키 하야오는 전쟁 이야기를 좋아하던 큰형의 영향을 받으며 독서와 만화를 즐기며 유년기를 보냈다. 1963년에 학습원대학 정경학부를 졸업했는데 재학 중 아동문학연구학회부에서 활동하며 어릴 때의 상상력을 더욱 다양하게 펼칠 기회를 가졌다. 같은 해, 도에이에 입사하고 <태양의 왕자 호루스의 대모험>의 제작 스태프의 한 명으로 선발되지만, 흥행에는 실패하고 곧 퇴직

하고 만다. 1971년 A프로덕션으로 회사를 옮겨 <루팡삼세(ルパン三世)>의 연출을 담당하고, <판다코판다(パンダコパンダ)>에는 각본, 장면, 기획, 레이아웃, 원화를 담당하였다.

1973년 즈이요영상(후에 일본 아니메)으로 이적했다. 만화 영화 컷의 레이아웃을 해내는 열정을 내세웠던 <알프스 소녀 하이디(アルプスの少女ハイジ)>는 해외에서도 방영되는 인기를 누렸으며, 인기작 <엄마 찾아 삼만리(母をたずねて三千里)>에서도 장면 설정과 레이아웃을 담당하였다.

미야자키가 처음으로 감독을 한 작품은 TV시리즈 <미래소년 코난(未来少年コナン)>(1978)이었다. 이 작품의 성공으로 주목을 한 몸에 받게 되었다. 곧이어 1979년 텔레콤 애니메이션 필름작품 <루팡3세 카리오스토로의 성(ルパン三世カリオストロの城)>에서는 영화감독으로 취임하게 되었는데 그는 원작에 머무르지 않고 변화에 더해 재미있는 연출을 시도해 호평을 받는다. 더불어 1982년 <셜록 홈즈(シャーロック ホームズ)>에서도 연출을 맡았다.

1984년에 공전의 대 히트작 <바람의 계곡 나우시카(風の谷のナウシカ)>로 미야자키는 애니메이션의 거장으로 명성을 떨친다. 이 작품은 『월간 아니메쥬』에 연재 중이었던 같은 이름의 만화를 영화화한 것으로 원작에 더해 사회문제를 함께 포함시켜 큰 반향을 일으켰다. <바람의 계곡 나우시카>는 미야자키 아니메의 원점이라고 말할 수 있지만, 스스로는 그다지 높게 평가하지 않았다고 한다. 하지만, 제14회 파리 국제 SF환타지 페스티발 1위와 자그레브 SF/1위 입상 외에 일본 내의 주요 영화상들을 휩쓸었으며, 흥행에도 성공하여 그의 이름을 대중문화 속에 깊이 각인시키게 된다. 그 해 미야자키는 다카하타와 함께 <천공의 성 라퓨타(天空の城ラピュタ)>(1986)의 제작준비 개시에 때를 맞춰 도쿄에 스튜디오 지브리

(スタジオジブリ)를 설립하고, 영화의 배경이 될 영국 웨일즈 지방으로 단신 로케이션을 떠난다. 그는 <천공의 성 라퓨타>를 공개하고 나서, 다카하타의 <반딧불의 묘지(螢の墓)>와 함께 상영할 작품 <이웃의 토토로(となりのトトロ)>(1988)의 제작준비에 착수한다. 결국 장편이 된 <이웃의 토토로>가 인기리에 공개되었고 토토로는 현재 스튜디오 지브리의 심볼 캐릭터가 되었다. 이어서 시간에 쫓기면서도 완성도를 높인 <마녀 우편 배달부>는 미야자키 최고의 여성영화라는 선전과 평가 속에 300억 엔이라는 경이로운 흥행수입을 올린다. 나아가 자신의 <비행정시대>를 바탕으로 3, 40분 정도의 중편 애니메이션 <포르코 롯소>가 일본항공(JAL)기내에서의 상영예정으로 기획되던 중 90분의 대작으로 제작된 것이 극장용 장편 <빨간 돼지>(1992)이다. 다음해 6월 이 작품은 프랑스 앙시 국제애니메이션 영화제의 장편부문에서 대상을 수상하게 되었으며, 때맞춰 그의 장편 애니메이션 5편이 프랑스에서 상영되어 미야자키란 이름이 유립에 본격적으로 알려지게 되었다. 미야자키는 자신의 작품을 감독하면서도 다카하타의 문화기록영화 <야나기가와 운하 이야기>의 제작과 <추억은 방울방울>의 제작프로듀서, <헤이세이 너구리 대작전>의 기획을 담당해왔으며, 두 편의 텔레비전 광고와 단편영화를 연출, 제작하기도 했다.

92년 스튜디오 지브리의 신사옥을 다카하타와 함께 도쿄에 신축한 후, 장기 연재하던 <바람계곡의 나우시카>를 10년 만에 종료한 미야자키는 <귀를 기울이면>을 통해 오랫동안 자신의 작화 감독으로 일해온 곤도 요시후미를 감독으로 데뷔시켰다.

1997년에 미야자키가 결산 대작으로 제작, 공개한 <원령공주(もののけ姫)>에서는 일본 영화사상 처음으로 관객 동원 수 1000만 명을 돌파했으며 디즈니와의 제휴로 해외에서도 상영되었다. 2001년에는 <센과 치히로의 행방불명(千と千尋の神隱し)>에서도 원작, 작품, 감독까지 담당하며 터널 너머의 이상한 세계가 있을 것이라는 아동적 상상력을 바탕으로 아버지와 어머니가 돼지가 되어버리는 가운데 적극적인 성향의 인물로 탈바꿈하는 주인공을 그려 세계적으로 대성공을 거두었다. 21세기를 화려하게 연 미야자키이지만 그 상상력은 여전히 멈추지 않고 끊임없이 비상해 가고 있음을 이 작품이 암시하고 있다 하겠다.

(2) 스튜디오 지브리

지브리는 사하라 사막을 통해 불어오는 뜨거운 바람을 의미한다. 이 이름은 제2차 세계대전 당시 이탈리아 정찰 비행기들에서 사용된 것으로 미야자키는 비행기와 이탈리아를 좋아해 그로부터 스튜디오 지브리란 이름을 따 왔다. 수많은 작품을 공전의 히트작으로 만들며 저패니메이션의 신화를 창조한 미야자키 하야오의 스튜디오 지브리의 매력은 어디에 있을까?

지브리가 타 제작사와 구별되는 가장 큰 특징은 작가중심으로 제작과 운영이 이루어진다는 점이다. <이웃의 토토로>라는 작품을 지브리의 작품이라고 말하지 않고 미야자키의 수작이라고 한다. 이는 지브리라는 제작사보다 미야자키라는 작가가 위에 있다는 것을 의미한다. 외부 하청을 피하고 감독의 권한이 다른 제작사들보다 매우 크고 강하게 작용하는 작가 중심 체제를 이루고 있다는 것을 알 수 있다. 이 같은 작가 중심주의는 지브리의 모든 애니메이터들을 일하는 노동자가 아닌 한 명의 장인으로 대접하게 만들었다. 그리고 이를 바탕으로 지브리는 세계 시장에 진출하기에 앞서 먼저 일본을 대상으로 질 높은 작품을 만들었다. <마녀우편 배달부>와 전작인 <이웃의 토토로> 그리고 <반딧불의 무덤>의 예에서 알 수 있듯이 작품의 예술성 그리고 그것들의 축적된 역량 및 다양성이 그들을 성공으로 이끄는 요인이 되었던 점도 간과해서는 안 될 것이다. '작품 제일주의만이 우리의 살길이다'라는 미야자키의 구호아래 좋은 작품 만들기에 힘쓴 지 어언 30년을 바라보고 있지만 21세기에 접어들어서도 지브리의 미래는 변함없이 밝으리라 기대된다.

(3) 월트 디즈니와 미야자키 하야오

애니메이션의 아버지로 불리는 월트 디즈니는 동화책 속에서나 가능한 주인공들을 스크린으로 불러내 화려한 은막의 스타들과 어깨를 나란히 하게 한 탁월한 크리에이터였지만 20세기에 들어서 디즈니 애니메이션은 한계를 맞는다. 진부한 주인공들의 캐릭터와 현실과 동떨어진 줄거리, 독창적인 메시지의 부재 등이 디즈니의 한계였다. 디즈니는 최근 들어 그 문제점을 인식하여 원작을 새롭게 해석한 <인어공주>, <미녀와 야수> 등의 히트로 침체기를 극복한다. 그 이면, 바꿔 말해 캐릭터의 표정과 성격, 주제의식에 지대한 영향을 끼친 이는 이미 세계에 위상을 드높인 일본의 애니메이션 감독 미야자키 하야오였다.

몇 년간 꾸준히 공을 들여 캐릭터들의 성격과 외모의 디테일들을 세세히 잡아나가고 텍스트로 작성된 시나리오를 수없이 검토하며 더불어 수천 장의 스케치를 통해 표정과 동작 하나하나를 생생하게 구현해내는 것이 미야자키 하야오가 펼쳐가는 애니메이션의 특징이다. 컴퓨터의 수많은 색상보다도 스스로 채색해 얻어낸 색상과 이탈리아, 네덜란드, 스칸디

나비아, 일본의 시골 등 여행 체험을 바탕으로 세계 각국의 자연풍광을 그림으로 옮긴 그의 애니메이션은 '환경', '평화', '반전'과 같은 그만의 독특한 주제의식으로 승화되어 전 세계의 어린이뿐 아니라 성인관객들까지 열광시켰다.

1963년 애니메이션계에 발을 들인 미야자키 하야오는 TV애니메이션, 극장용 애니메이션, 연재만화 등을 통해 프로듀서, 원화작가, 감독 등의 역할을 해왔고, 일관되게 자신의 이념을 내세울 길을 찾아 왔다. 그의 장편 애니메이션은 극영화의 흥행기록을 계속 갈아치우고 있으며, 동시에 그의 영상은 저패니메이션이라는 어휘로 세계어가 되었다.

애니메이션을 안방과 극장으로 초대한 이가 월트 디즈니였다면 그 애니메이션에 심장을 뛰게 하고 영혼을 불어넣어 남녀노소 모두가 함께 느끼고 열광하게 한 것은 바로 미야자키 하야오였다고 해도 결코 지나친 말은 아닐 것이다. 근년에 디즈니는 미야자키 하야오의 스튜디오 지브리의 작품의 배급을 맡는 계약을 정식 체결했다. 애니메이션계에서 디즈니의 흥행 전략 그리고 미야자키 하야오의 뛰어난 상상력과 주제의식의 결합은 또 다른 애니메이션의 각광과 저패니메이션의 붐을 가져올 것인지 주목해야 할 것이다.

참고자료

박정일(2002), 『재패니메이션의 이해』, 부산외국어대학교출판부
원광대학교일본어교육연구회(2005), 『일본 대중문화의 이해』, 제이앤씨
중앙대학교 한일문화연구원(2008), 『현대일본의 문화콘텐츠21』, 한누리미디어
한창완(2001), 『저패니메이션과 디즈니메이션의 영상전략』, 한울아카데미
石津嵐(1980), 「秘密の手塚治虫」, 太陽企畫出版
大泉實成(2002), 『宮崎駿の原点 母と子の物語』, 潮出版社
久美薰(2008), 『宮崎駿の時代 1941～2008』, 鳥影社
櫻井哲夫(1990), 『手塚治虫—時代と切り結ぶ表現者』, 講談社現代新書
小學館文庫編集部編(1999), 「神様手塚を讀む」, 小學館文庫
夏目房之介(1995), 『手塚治虫の冒險 戰後マンガの神々』, 筑摩書房
米澤嘉博(2007), 『手塚治虫マンガ論』, 河出書房新社

영화 제8장
Movie

01 | 일본 영화의 역사

1) 일본 영화의 시작

영화는 어떻게 일본에 수용되고 일본영화로 만들어진 것일까? 우선 초창기 일본의 영화 수용 흐름을 살펴보면, 1868년 메이지유신을 계기로 미국과 프랑스의 영화 발명 소식이 일찍부터 일본에 소개되고, 이후 에디슨이 발명한 키네토스코프가 수입되면서 1896년 고베(神戶)에서 일반인을 상대로 공개된다. 이듬해에는 고니시(小西)사진관에서 근무하던 아사노 시로(淺野四郎)가 뤼미에르 형제에게서 구입한 영사기 시네마토그라프로 만든 필름을 오사카에서 공개하는데, 이는 현재의 영화와 같이 필름을 스크린에 영사하는 장치로 이를 계기로 일반인들 사이에서 영화에 대한 호기심이 높아졌다. 활동사진의 시초가 되는 영화는 1899년에 가부키좌(歌舞伎座)에서 일반 공개한 <게이샤의 손 무희(芸者の手踊り)>였다. 이 영화는 신바시(新橋)의 요정 가게쓰(花月)에서 세 명의 게이샤가 쓰루가메(鶴龜)춤을 추는 모습과 간다(神田) 등에서 펼친 무용을 촬영한 것으로 이때 가부키좌의 변사가 말을 삽입하여 크게 인기를 끌었다. 같은 해에 일본솔선활동사진회(日本率先活動寫眞會)를 이끌던 고마다 고요(駒田好洋)가 신파(新派)에서 활동하던 배우 요코야마 운베이(横山運平)를 기용하여 일본 최초의 극(劇)영화인 <권총강도 시미즈 사다기치(ピストル强盜淸水定吉)>를 촬영한다. 이 영화는 약 1분 30초 정도의 짧은 내용이었지만 1904년 2월 9일부터 일주일간 상연되고 대성공을 거두었다. 이후 최초의 일본인 감독이라 불리는 마키노 쇼조(牧野省三)가 일본의 근대화와는 상관없이 전통적인 자연환경을 보존하고 있는 교토(京都)를 배경으로 <혼노지전쟁(本能寺合戰)>(1908)을 촬영하는데, 이 영화가 교토를 무대로 한 시대극의 서막을 열게 된다. 이후 <추신구라(忠臣藏)>(1910)(에도시대에 주군의 원수를 갚기 위해 3년간 은둔 생활을 하던 47명의 무사들이 복수를 마친 후 할복자살 하는 무사도 이야기)는 현재까지도 꾸준하게 대중의 인기를 끄는 테마로 남는다.

이와 같이 1910년대 중반까지 영화라고는 해도 연극적인 연출을 재현한 것이 대부분이었다. 즉 1910년대부터 20년대까지는 연극과 영화가 공존하는 시기였다고 할 수 있다. 그러나 1910년대 중반부터 연극을 그대로 복사하는 일본영화에 대한 비판이 순수영화극운동(純映畵劇運動)을 통해 구체화된다. 순수영화극운동이란 가에리야마 노리마사(歸山教正)가 제창한 것으로 이러한 일본영화 근대화운동의 목표는 변사 폐지, 여배우의 기용, 영화 고유의 표현을 중시하는 것 등이었다. 이와 같은 운동의 영향으로 1910년대 후반으로 가면서 영화의 독자적인 기법이 시도되기 시작한다. 따라서 이즈음부터 '활동사진'에서 '영화'로의 변천이 시작되며 1922년경에는 영화라는 단어가 일반인들에게도 널리 사용되었다.

영화가 일본에 수용되어 일본영화라는 고유한 틀을 만들기까지는 일본문화가 준 영향이 크다. 영화가 일본에 도래한 시기에 일본은 세계에서도 보기 드물게 식자율이 높아 신문과 잡지와 같은 다양한 읽을거리만 이 아닌 가부키(歌舞伎), 죠루리(淨瑠璃)와 같은 일본 고유의 대중연극 또한 서민들에게 친숙해져 있었다. 일본영화는 이러한 일본문화를 배경으로 하여 서양에서 도입한 영화기술을 접목하는 형태로 자국의 영화문화와 산업을 성장, 발전시켜왔다.

2) 무성영화에서 유성영화로

영화기술이 도입되는 시점에서 1930년대 초까지 일본영화의 초창기는 무성 영화시대이며 활변, 변사의 시대이기도 했다. 무성영화는 일본의 전통극인 노와 가부키에서 형식을 빌린 것으로 장면설명과 소리가 없는 화면에 대사를 대신 읽어주는 변사가 출연한다. 이러한 변사의 존재로 일본영화는 다른 국가의 무성영화와는 달리 자막과 숏의 이야기 전달 기능이 최대한 단순화되었다. 이러한 무성영화 시대의 특징은 근본적으로 동시대적 주제, 즉 '겐다이게키(現代劇)'에 중심을 두고 있었다는 점이다. 겐다이게키는 수많은 하위 장르를 포함하는데, 그중 가장 많이 알려진 것이 '서민극(庶民劇)', 즉 서민 드라마였다. 1923년 관동대지진 이후 시작된 도시기반의 정비는 도시화와 더불어 대중의 소비 공간을 만들면서 대중소비문화를 탄생시켰다. 특히 근대적 소비 공간이라 할 수 있는 백화점, 카페, 비어홀, 댄스홀, 극장 등은 "오늘은 극장, 내일은 백화점"이라는 캐치프레이즈가 유행할 정도로 샐러리맨들이 주말을 이용해 여가시간을 즐길 수 있는 대중적 오락 공간이 되었다. 따라서 이러한 소비주체들을 대상으로 리얼리즘에 중심을 둔 현대극이 등장하면서 종래의 시대극에도 변화가 나타나기 시작한다.

현대극에서는 주로 궁핍한 사람들의 생활에 초점을 맞춘 영화의 제작과 함께 당시 새롭게 부상한 계층인 샐러리맨들의 일상생활 또는 소시민을 소재로 한 코믹영화가 제작되었다. 특히, 1920년에 설립하여 닛카쓰(日活 : 일본활동주식회사)와 더불어 영화산업의 주축을 이룬 쇼치쿠(松竹)키네마합병회사가 본격적으로 현대극을 시작한다. 특히 쇼치쿠에서는 오즈야스지로(小津安二郎)가 소시민을 주인공으로 하여 그들의 소박한 행복을 그리면서 일본적인 리얼리즘을 확립하였다. 한편 쇼치쿠보다 조금 늦게 시작한 닛카쓰에서는 일본영화의 뿌리를 찾아내려는 인식으로 영화에 접근하는 미조구치 겐지(溝口健二)의 작품이 두각을 나타낸다. 이후 일본영화는 닛카쓰와 쇼치쿠와 같은 메이저 대형회사들이 주도하는 스튜디오 시스템을 이루게 된다.

그러나 관동대지진의 여파로 기존의 스튜디오가 붕괴되거나 망해가는 상황과 맞물려 제1차 세계대전 이후 급속도로 유입되는 서구영화의 영향이 크게 작용하면서 일본영화에도 변화가 나타나기 시작한다. 먼저, 서구영화의 영향을 받은 감독들이 내러티브를 변사가 대신하지 않고 영상 자체를 통해 자동적으로 형성되는 방식을 적극적으로 받아들이려고 노력하였고, 그 결과로 미국영화의 스튜디오 시스템과 연출방식의 영향을 받게 된다. 이러한 일본영화계의 움직임으로 영화는 더욱 많은 사람들의 관심을 받게 되면서, 1927년 쇼와시대를 맞이한 일본의 전국 영화관수는 1,172개 관, 입장 관객수는 1억 6천 440만 명에 달하게 되었다.

한편, 최초의 유성영화인 미국영화 <재즈싱어(ジャズシンガー)>(1927)가 인기를 끌면서 각국의 영화계가 토키 시대로 전환하기 시작할 무렵 일본 역시 토키 시대의 막이 열린다. 일본에서 최초로 제작된 유성영화는 고쇼 헤이스케(五所平之助)의 <마담과 마누라(マダムと女房)>(1931)로, 이

영화가 성공을 거두며 일본영화도 본격적인 토키로의 전환기를 맞이한다. 그리고 유성영화로 인해 변사의 존재는 불필요해지고 새로운 배우의 출현과 새로운 장르의 확립을 초래한다. 자본력이 있는 메이저 회사는 적극적으로 유성영화 제작에 자본을 투자하고 1937년에 새롭게 출범한 영화사 도호(東宝)와 닛카쓰, 쇼치쿠를 중심으로 한 3사 정립시대가 열리면서 일본영화계의 첫 황금기인 '전전의 황금기'를 맞는다.

그러나 1937년 중일전쟁 발발 후인 1939년에 영화법이 설정되면서 감독과 배우 모두 면허등록제를 실시하는 등 엄격한 검열이 시작되었다. 따라서 군국주의 세력과 중일전쟁, 태평양전쟁의 영향으로 수준 높은 토키영화의 제작이 중단된다. 같은 해 당시의 독일 나치스와 합작한 국책영화 <새로운 땅(新しき土)>이 제작되고, 1941년에는 태평양전쟁이 일어나면서 영화는 정부의 철저한 통제 아래 들어간다. 이와 더불어 침략전을 합리화하고 전의(戰意)를 고취시키는 도구로 전락하지만, 그럼에도 불구하고 1941년 일본은 미국 다음으로 세계 제2위의 제작수인 500편이 넘는 영화를 제작하였다. 이 시기에는 전쟁을 주제로 하지 않거나 황당무계한 오락을 목적으로 한 작품은 금지되었지만, 이렇게 전시체제인 암흑기를 통해서도 패전 후 크게 빛을 보게 되는 구로사와 아키라(黑澤明)와 기노시타 게이스케(木下惠介)가 신진감독으로 등장한다.

3) GHQ점령과 영화에 요구되는 새로운 사상

제2차 세계대전에서 패전한 일본은 1945년부터 1952년까지 GHQ(General Head-Quarters)의 점령 하에 들어가고, 미국 점령군은 미디어와 영화산업의 민주화를 실행한다. 이에 따라 일본에서 제작된 영화는 GHQ

직속의 시민검열분과(CCD)와 연합국 최고사령부(SCAP)산하의 정보교육부(CIE)의 검열을 받게 되었다. 그 결과 군국주의를 고취시키거나 용인하는 소재의 영화는 제작할 수 없게 되는 등 새로운 검열법이 강화되고 반트러스트법(독점금지법)으로 책임자들의 권한이 커졌다. 1945년에 발표된 제작금지 리스트에는 국가주의, 애국주의, 자살이나 적에 대한 복수, 잔인한 폭력영화 등을 금지항목으로 하고 있다. 따라서 시대극과 같이 칼싸움을 하거나 검과 기모노가 나오는 영화는 '봉건주의'를 조장한다 하여 제한되고, 주로 민주주의를 옹호하는 영화제작을 권장하게 되는 것이다. 또한 국민을 민주주의로 이끌어 갈 조직화된 세력을 만들기 위해 노동조합 결성을 장려한다.

1945년에 쇼치쿠의 노동조합 결성을 시작으로 다른 영화사에서도 노동조합을 결성하여, 1946년에는 전일본영화종업원조합동맹(全日本映畵從業員組合同盟) 결성대회를 연다. 이러한 노동조합은 기업의 민주화에 유의미한 것으로 인식되며 이후 영화산업 발전에 크게 기여하였다. 이 시기 민주주의라는 새로운 사상을 품은 점령영화라는 특징 속에서 영화의 내용은 미국적 사상을 옹호하는 방향으로 흘러가면서 친미적인 방향을 유지한다. 따라서 GHQ의 주도하에 민주주의를 예찬하는 작품이 다수 제작되는 한편 각본가나 감독들은 영화에 주어진 일본의 민주화라는 사명을 회피하기 위해 오락적인 영화제작에만 관심을 쏟았다. 그러나 영화계의 노동조합은 전쟁책임에 대한 문제의식을 가지는데, 이는 노동조합을 지원한 '도호쟁의(東宝爭議)'를 통해 표면화되고 사회적인 문제로 확대되었다. 그리고 이러한 도호쟁의가 이후 독립프로덕션 탄생을 유발시키는 계기가 된 것이다.

이 시기 대표적인 영화로 파시즘에 대한 단죄를 테마로 한 구로사와

아키라의 <내 청춘에 후회는 없다(わが青春に悔なし)>(1946)와 이마이 타다시(今井正)의 <푸른 산맥(青い山脈)>(1949) 등을 들 수 있는데, 이러한 종류의 영화는 민주주의의 우월성을 인식시키는 내용을 담고 있어 민주주의 계몽에 공헌했다는 평가를 받는다.

4) 전후 영화의 전성시대

1951년에 샌프란시스코 강화조약이 체결되고 이듬해에 GHQ에 의한 영화검열이 폐지된다. 이후 상영이 금지되었던 시대극이 부활하면서 예술성이 뛰어난 다수의 작품이 제작되기 시작했다. 영화제에서는 구로사와 아키라와 미조구치 겐지의 영화를 선두로 하여 일본영화가 연속해서 수상을 하고, 1958년에는 일본영화 인구가 11억을 돌파하는 등 영화산업에 있어 제 2의 황금기가 도래한다. 특히 GHQ에 의해 제한되었던 전쟁영화가 제작되는데, 기노시타 게이스케(木下惠介)의 <12개의 눈동자(十二の瞳)>(1954)와 이치가와 곤(市川崑)의 <버마의 하프(ビルマの竪琴)>(1956) 등과 같이 전쟁을 단순 악의 시점으로 표현하지 않고 전쟁책임의 비장함과 감상적 회고를 목적으로 한 작품이 등장하여 사회적인 영향까지 끼치게 된다.

구로사와 아키라의 <라쇼몽(羅生門)>은 1951년 베니스 국제영화제에서 황금사자상을, 할리우드에서는 최우수 외국 영화상(아카데미상)을 수상하며 일본영화를 세계 주목의 대상으로 올려놓았다. 이듬해에는 미조구치 겐지의 작품이 3년 연속 그랑프리를 수상하고, 1954년에는 구로사와 아키라의 <칠인의 사무라이(七人の侍)>도 베네치아 국제영화제에서 은사자상을 수상한다. 또한 기누카사 테이노스케(衣笠貞之助)의 <지옥문(地獄門)>

도 칸 국제영화제에서 그랑프리를 수상하는 등 이 시기를 일본영화의 국제화 시대라고 할 수 있다. 특히 이 시기에 국제적인 관심을 끈 일본영화는 중세 일본을 배경으로 하거나 고전을 바탕으로 한 '풍속영화'가 대부분으로 사무라이와 기모노, 게이샤로 요약되는 풍속영화의 문화적인 이국성이 서양 관객의 주목을 받는 요소이기도 했다.

이 시기에 나타나는 영화의 양산체제는 도호, 쇼치쿠, 닛카쓰, 다이에이(大映)와 함께 급속히 발전한 도에이(東映)가 중심이 되었다. 1950년대는 스튜디오 시스템이 가장 왕성하게 활동한 시기로 영화산업이 절정기를 누린 일본영화계의 전성기이기도 했다. 일본영화 역사상 최고의 해라고 불리는 1958년, 일본 전국에는 7,500여 개의 영화관이 있었고 영화 입장객만도 11억 2,700만 명에 달했다. 연간 제작되는 영화의 수는 평균 500~600편에 이르고, 1958년에 상영된 전체 영화 중 일본영화가 75퍼센트를 차지하는 등 일본영화에 대한 관심이 높았다. 일본의 스튜디오 시스템은 쇼치쿠 서민극, 다이에이 시대극, 도호 야쿠자 영화 등 스튜디오 나름대로의 특징을 개발하면서 일본 감독이 작가로 탄생하는 밑거름이 되었다. 도호는 샐러리맨 시리즈, 사장 시리즈, 역 앞 시리즈 등으로 큰 인기를 끌었고, 닛카쓰는 젊은 층을 대상으로 한 청춘영화와 무국적 액션영화를 제작, 배급했다. 특히 이시하라 유지로(石原裕次郎)는 이시하라 신타로(石原愼太郎)의 단편소설을 영화화한 <태양의 계절(太陽の季節)>(1956), <미친 과일(狂った果實)>(1956) 등에 주연으로 캐스팅되어 일세를 풍미하는 톱스타가 된다. <처형의 방(處刑の部屋)>(1956)과 함께 이시하라 신타로의 소설이 원작인 이 두 작품은 무질서하게 행동하고 향락적인 생활에 빠져있는 젊은이들을 테마로 한 영화로 '태양족'이라는 유행어를 탄생시킨다. 따라서 이러한 영화를 '태양족영화'라 불렀는데, 태양족영화는 청

소년들이 일으키는 문란한 사건들에 영향을 끼친다하여 미성년자 관람 불가가 되는 등 사회적인 이슈가 되기도 했다.

그러나 이와 같이 왕성하게 활동했던 스튜디오 시스템은 영화 이외의 다른 오락물이 늘어나면서 영화산업 전반에 걸친 침체를 맞이하며 서서히 붕괴된다. 이러한 상황 속에서 1960, 70년대의 스튜디오 운영을 지탱한 힘은 서민극의 계보를 이어간 쇼치쿠의 야마다 요지(山田洋次)가 만든 <남자는 괴로워(男はつらいよ)> 시리즈, 닛카쓰의 핑크영화, 도호의 야쿠자영화들이었다. 이들에 의해 일본영화의 명맥이 그나마 유지되고 있었지만, 한편으로 이러한 영화산업의 위기가 스튜디오 시스템과 독립 영화 시스템의 공존 체제를 형성하는 계기를 만든다.

5) 고도경제성장과 일본영화

전후 일본은 1955년부터 고도경제성장기를 맞이한다. 이러한 경제의 고도성장과 더불어 영화산업도 활기를 띠면서, 1960년 일본영화의 최고 제작수인 547편이 제작되는 등 영화산업은 최고절정을 이루었다. 그러나 1958년에 11억을 넘었던 영화 관객 수는 조금씩 감소하여 1963년에는 5억 정도로 줄어든다. 이렇게 영화 관객 수가 줄어든 배경에는 1953년부터 급속도로 보급되기 시작한 텔레비전의 영향이 컸다. 이 시기는 일본사회가 급속도로 고도경제성장을 달성한 시기였는데, 텔레비전의 보급은 1959년 황태자의 결혼식과 1964년 도쿄올림픽을 계기로 가속화되었다. 따라서 영화계에서는 TV와 차별화된 영상으로 성인 남자 관객을 끌어들이려는 움직임이 일어난다.

1960년대 중반부터 상업적 오락 영화가 절정을 이루는 가운데 야쿠자

영화와 핑크(에로물) 영화가 주류를 이루기 시작한다. 그리고 60년대 후반부터는 로망 포르노라는 일본적 특성이 강한 핑크영화의 전성기를 맞는다. 메이저사의 틈새시장을 노린 독립프로덕션이 창출해 내는 일종의 포르노영화, 그것은 60년대 일본영화 산업 쇠퇴기 속에서 핑크영화 도약의 발판으로 작용했다. 특히 1970년대 로망 포르노영화의 전성기를 맞이하게 된 계기는 닛카쓰 로망 포르노 사건이다. 닛카쓰는 1971년 11월부터 로망 포르노를 시작하여 젊은 영화팬을 형성하는데, 72년 1월에 공개된 <사랑의 사냥꾼(戀の狩人)>이 외설적인 작품으로 경시청에 적발되면서 닛카쓰 로망포르노 재판으로 확대된다. 그러나 아이러니컬하게도 이 사건을 통해 외설적인 핑크영화 붐이 조성되고 로망 포르노가 시민권을 얻으면서 70년대 핑크영화의 활황기를 초래하는 계기를 만들었다. 또한 1975년에 프랑스의 제작자 아나톨 도망의 재정적 후원을 받은 오시마 나기사(大島渚) <감각의 제국(愛のコリーダ)>(1976)이 성적 해방을 열망하는 사회적 분위기와 맞물려 세계적인 성공을 거두며 오시마 나기사의 이름을 알리는 계기가 되지만, 한편으로 일본에서는 포르노로 비난받으며 금지 대상으로 지목되기도 했다.

이렇게 스튜디오 시스템 중심의 일본영화 산업이 사양화되는 가운데에서도 영화계가 새로운 전환기를 맞이할 수 있는 두 가지 계기가 만들어졌다. 하나는 60년대 초반에 '쇼치쿠 누벨바그(松竹ヌーヴェルヴァーグ)'라 불리는 오시마 나기사와 같은 젊은 조감독군들이 데뷔하면서 새로운 스타일의 영화를 발표한 것이고, 또 하나는 1960년대 후반에 나타나는 일본 예술 영화 전용관 조합인 ATG(Art Theater Guild)의 탄생이다. ATG는 소극장주들과 감독들이 연합하여 만든 조합으로 실험 영화나 예술 영화를 배급하기 위해 독립프로덕션과 합작하여 영화를 제작했다. 그리고 외

국의 급진적인 영화를 소개하는 등 안티 상업영화의 입장에서 일본영화계에 신선한 자극을 주었으며, 순수 일본영화 제작에 있어 중요한 역할을 담당한다.

이렇게 1960년대와 70년대는 메이저 시스템을 탈퇴한 작가들이 독립프로덕션을 통해 자유로운 분위기 속에서 개인적인 특색을 앞세운 다양한 영화를 만들어낸 시기였다. 그들은 새로운 형식을 시도한 실험영화와 정치적 주제를 과감히 다룬 정치영화들을 많이 쏟아낸다. 따라서 이 시기는 1950년대 고전영화와는 다른 새로운 양식의 일본적인 영화가 만들어진 시기라고 할 수 있다. 특히 이 시기 독립 영화사의 제작 활동은 이후 1980년대에 다양한 장르의 일본영화가 출연하는 토대가 되었다.

02 | 일본 영화의 현재

1) 스튜디오 시스템과 신세대 독립영화

일본의 대중문화는 영화산업과 함께 성장해왔다고 해도 과언이 아니다. 일본은 메이지유신 이후 서구문물의 적극적인 수용을 통해 아시아에서 가장 빠른 근대화를 이룩하였고, 이를 통해 전통문화와 서구문화를 혼합한 독특한 형태로 일본문화를 형성해 왔다. 영화 또한 근대화 과정에서 서양의 영화기기와 기술이 유입되면서 성립되었는데, 초기 일본영화는 가부키(歌舞伎)나 노(能)와 같은 전통예술에서 내용이나 형식을 빌어서 만들어진다. 따라서 신파극(新派劇) 계통의 현대극과 전통극인 가부키의 계통으로 양분되어 있었다. 영화는 1800년대 후반 일본사회에서 가장 근대적인 서구문화의 상징이었다. 따라서 지식인들 사이에서도 최대의 관심사가 되었고, 근대문학자들이 영화감독을 맡거나 자신의 원작을 영화에 제공하기도 했다. 특히 소설가 이즈미 교카(泉鏡花)는 후에 신파에 많은 원작을 제공하여 일본영화가 멜로드라마의 특징을 띠는데 공헌한다. 이와 같이 일본영화야말로 메이지유신 이후 독특한 형태로 형성해온 일본문화를 가장 대중적으로 시각화한 대중문화라 할 수 있다. 뿐만 아니라 이러한 영화의 대중화는 기존의 전통문화에서 구분되었던 고급문화와 저급문화의 틀과는 다른 새로운 중간문화를 만드는 기제가 되었다.

서구에서 수용한 이래 일본영화로 성장 발전한 과정에서 일본영화만이 가진 가장 큰 특징은 메이저 시스템을 통한 영화의 제작과 이를 통한 영화산업의 기축을 마련해 왔다는 점이다. 그러나 앞서 말한 것처럼 영화 외에도 연극, 경마, 경륜 등 대중의 오락문화가 다양해지고 비디오가 보급되어 렌탈 비디오가 영화를 대신하면서 영하에 대한 관심이 줄어든다. 영화제작자늘은 젊은 층의 관심을 끌기위해 시대극의 제작을 줄이고 그들의 취향에 맞는 영화를 제작하기 시작했고, 종래의 대기업 영화사는 경영의 악화로 영화제작보다 보급에 주력하게 된다. 그러나 한편으로 이러한 스튜디오 시스템의 붕괴로 독립프로덕션 영화의 배급이 용이해졌다. 이와 같은 영화계의 변화는 신예 감독들의 데뷔를 가능하게 했고 재능이 있고 개성을 가진 감독들이 대거 등장하는 독립영화 시대의 도래를 재촉했다.

독립영화는 일명 '인디영화'라고도 하는데, 흥행성만을 고집해온 기존의 영화제작 방식에서 탈피하여 작가정신과 개성적 스타일을 중요시하려는 영화이다. 또한 이윤추구를 1차 목표로 두는 일반 상업영화와는 주제와 형식, 제작방식 면에서도 차별화된다. 여기서 '독립'이란 자본과 배급망(메이저 스튜디오)으로부터의 독립을 뜻하는데, 창작과 예술의 자유를 외치는 영화인들이 소재의 제한으로부터 자유를 추구하는 것이라고 볼 수 있다.

이러한 70년대 후반부터 두각을 나타내는 일본의 독립영화는 이미 점령기 때부터 싹을 피우고 있었다. 앞서 언급한 바와 같이 영화계 노동조합의 결성과 도호쟁의의 결과로 영화인들에게는 회사의 명령에 따라서가 아닌 각자의 가치관과 입장에서 영화를 제작할 수 있는 계기를 마련할 수 있었다. 도호라는 메이저 스튜디오에서 회사가 정한 범위 내에서만 활동해야 했던 영화인들은 좌파, 우파, 순수파, 감각파, 예술파, 오락파 상관없이 각자가 선호하는 영화를 제작할 수 있는 터전을 만들게 된 것이다. 또한 60년대 후반에 안티 상업영화의 입장에서 순수 일본영화 제작에 주력한 ATG의 탄생 또한 일본의 독립영화를 발전시키는 데 중요한 역할을 하게 된다.

일본의 독립영화는 60년대 일본영화의 쇠퇴기와 함께 본격적으로 등장하는데, 오시마 나기사에서 시작한 누벨바그 운동과 80년대부터 개인적인 창작활동을 시작한 모리타 요시미쓰(森田芳光)의 대중적인 영화구축, 그리고 90년대 참신한 신인감독을 통한 뉴 웨이브 운동을 거쳐 현재에 이르고 있다. 오시마 나기사는 메이저 스튜디오를 탈퇴해 창조사를 설립하면서 독립영화의 서막을 열었다. 그리고 80, 90년대로 이어져 대학에서 영화서클활동을 통해 영화에 대한 경험을 익힌 이른바 '8미리 감독'이라 불리는 영화광들이 영화계에 대거 입문한다. 실제로 1980년대에는 독립영화의 감독 작품이 60퍼센트를 차지하고 있었다. 80년대를 대표하는 독립영화 감독인 모리타 요시미쓰와 이타미 주조(伊丹十三)는 ATG의 도움으로 주목받은 신인 감독이기도 하다. 모리타 요시미쓰는 현대사회 속

가족의 의미를 물으며 일본사회를 날카롭게 비판하는 <가족게임(家族ゲーム)>(1983)을, 이타미 주조는 사회가 현대화되면서 전통적 의식이 가치를 잃어가는 일본의 모습을 그린 <장례식(お葬式)>(1984)을 발표하는 등 독창적인 아이디어와 이미지로 새로운 영화를 만들어내었다. 또한 독특힌 미학을 지닌 스즈키 세이준(鈴木清順)의 <쓰고이네르바이젠(ツィゴイネルワイゼン)>(1980)도 흥행에 성공을 거둔다. 이들은 1980년대 뉴웨이브 영화의 선두주자로 대중적인 영화 세계를 구축한 대표적인 신세대 독립영화인이라고 할 수 있다.

일본영화계를 지탱하던 메이저 스튜디오를 중심으로 한 영화계 시스템의 변화는 정형화된 대중영화의 대량생산을 붕괴시켰다. 이는 영화제작에 자유를 가져다주었고 그 결과 자기세계를 추구하는 감독들이 다양한 장르의 독립영화를 만들 수 있게 되었다. 이들은 메이저 영화사들이 놓치기 쉬운 소재나 기획을 통해 개성적인 작품을 제작하는데, 이에 대한 영회관게자의 평가도 높고 해외영화제에서 수상한 작품들도 다수 배출한다. 또한 순수 투자인 시네마신탁 등을 이용함으로써 자유롭고 대담한 기획이 가능해졌고, 이에 따라 영화제작에 대한 새로운 가능성을 열었다. 이처럼 독립 영화인들은 일본영화를 세대나 취미, 감성에 의한 다각화된 영화로 변모시켜 영화 관객층의 다양화를 가져왔으며, 일본영화의 발전에 크게 기여했다고 할 수 있다.

2) 영화제를 통해서 본 일본영화의 현재

1990년대에는 장기적인 불황의 영향 속에서도 영화관의 수는 늘어나고, 미디어믹스의 움직임이 활발해지면서 게임, 만화, 애니메이션 등과 연동한 작품도 증가했다. 특히 미야자키 하야오(宮崎駿)의 지브리 스튜디오에서 제작되는 애니메이션은 국내외에서 큰 흥행을 거둔다. 그리고 '슈퍼웨이브'라 불리며 제2의 전성기를 예감하게 하는 신인감독들이 등장하여 국내뿐 아니라 해외영화제 등에서도 인정받으면서 일본영화가 해외시장으로 나아갈 수 있는 가능성을 열고, 그들은 침체 위기에 놓여 있던 일본영화의 희망으로 떠오른다.

이와이 슌지(岩井俊二)의 <Love Letter>(1995)는 베니스, 낭트, 몬트리올 영화제에서 호평을 받고, 이마무라 쇼헤이(今村昌平)의 <우나기(うなぎ)>(1997)도 칸 영화제에서 그랑프리를 수상, 베네치아 영화제에서는 기타노 다케시(北野武)의 <HANA-BI>(1997)가 금사자상을 획득하는 등 이 시기 국제영화제에서도 일본영화는 화제가 되고 매스컴에서는 '일본영화의 르네상스'라는 말까지 탄생시켰다. 또한 이러한 해외영화제 수상 소식은 사람들의 이목을 일본영화로 끌게 했다.

이러한 일본영화의 기운으로 2000년 이후 일본영화의 제작편수가 증가하고 극장 수도 3,000개를 넘어섰던 1970년대 이후 최고의 증가수를 나타내며 영화 관객수 또한 증가한다. 일본영화의 발전과 흥행에는 TV를 통한 영화선전 광고도 큰 영향을 미쳤다. 이미 대중에게 익숙해져 있는 소설 또는 만화 원작의 영화에 대한 선전공세를 TV미디어를 통해 펼치고, 방송 드라마와 영화 사이트에서 리메이크를 되풀이하면서 시청자와 영화 관객의 흥미를 동시에 유발시키는 영화의 산업적 전략이 큰 성공을 거둔 것이다. 이렇게 일본의 영화산업이 대내외적으로 제2의 부흥기를 맞이하면서 일본영화 시장의 규모도 미국, 독일에 이어 세계 3위의 수준으로까지 부상한다.

일본 영화계에서는 <센과 치히로의 숨바꼭질(千と千尋の神隠し)>(2001)이나 <히어로(HERO)>(2007)와 같은 흥행작을 만들어내는 한편, 작가의 개성이 표출되는 다양한 장르의 작품들도 다수 제작되어 좋은 평가를 받는다. 그리고 2008년 리먼쇼크로 인해 잠재적인 생활의 불안이 증가하는 가운데 일본의 전통적인 장례의식을 테마로 죽음을 앞두고 누구나 공감할 수 있는 인간의 고뇌를 그린 드라마 다키타 요지로(瀧田洋二郎)의 <굿’바이(おくりびと)>가 몬트리올 세계영화제에서 그랑프리를 수상하고 이듬해인 2009년에는 아카데미 외국어상을 수상하는 등 미국을 비롯한 세계 여러 나라에서 개봉되면서 해외에서도 높은 평가를 받는다. 이러한 국내외적인 영화제나 영화상은 흥행성과는 상관없이 좋은 작품을 제작하는 원동력이 되었고, 특히 일본의 각종 영화제는 새로운 비전을 제시하는 젊은 감독들을 발굴하는 장이 되어 왔다.

현재 일본에는 80개가 넘는 각종 영화제가 있다. 그중에서 우리나라에도 잘 알려져 있는 피아영화제(ぴあフィルムフェスティバル)나 도쿄국제영화제는 1976년과 1984년에 각각 시작되었다. 한편 각 지역을 중심으로 성장해 온 일본 영화제는 버블 경제 붕괴 이후 생겨난 것이다. 일본에서 이러한 영화제의 성장이 영화역사에 비해 조금 늦은 이유는 기존의 메이저 스튜디오가 그들의 산하에 있는 영화관과 수직사회를 만들어 폐쇄적이고 독점적인 관계를 유지해 왔기 때문이다. 그러나 메이저 스튜디오의 붕괴로 독립영화사들이 생겨나면서 관객과 횡적으로 연대할 수 있는 영화제가 생겨나기 시작했다.

도쿄국제영화제는 국제영화제작연맹 공인의 영화제이지만 종합영화제가 아닌 단편 작품만을 대상으로 하고 수상 부문도 다양하다. 피아영화제는 ‘새로운 재능의 발견과 육성’과 ‘영화의 새로운 환경 만들기’를 테마로 1977년부터 매년 개최되고 있다. 아마추어 영화인의 등용문으로 알려져 있는 피아영화제는 인재를 발굴해 장편 감독으로 데뷔시키는 프로그램을 갖고 있는데, 모리타 요시미쓰도 이름이 세상에 알려지기 전인 1978년에 제2회 피아영화제에서 입선을 한다. 한국에서는 <러브레터(Love Letter)>(1995)로 유명한 이와이 슌지(岩井俊二) 또한 요코하마(横浜)대학 재학 중 피아영화제에 출품한 단편영화가 주목을 받으면서 1992년부터 본격적인 활동을 시작했다. 피아영화제는 76년 즉 독립영화인들이 두각을 나타내기 시작한 시점에서 출발했고, 이러한 피아영화제는 독립영화를 육성하고 알리는 데 중요한 역할을 해왔다. 피아영화제는 아직 독립영화에 대한 지반이 부족한 한국의 영화인들도 많은 관심을 가지고 있는 영화제이기도 하다. 2013년 12월 도쿄에서 막을 올린 제25회 피아영화제에서는 영화진흥위원회 부설 한국영화아카데미의 작품을 소개하는 특별전을 마련하여 영화아카데미 출신 감독들이 재학 중 만든 단편영화와 재학생들의 작품을 선보이기도 했다. 이러한 독립영화제를 통한 영화인들의 교류는 영화의 내적, 질적인 향상을 도모하면서 보다 다양한 일본영화의 가능성을 연다. 이처럼 일본영화는 사회 또는 문화의 변화와 함께 발전하고 성장해왔으며 이러한 영화야말로 한 시대와 사회를 반영하는 거울이라고 해도 과언이 아닐 것이다.

03 | 영화 속 일본 읽기

1) 전후 일본사회의 풍자와 은유-〈라쇼몽(羅生門)〉

라쇼몽은 1950년에 다이에이(大映)영화사에서 제작하여 8월에 공개한 작품으로 베네치아국제영화제 그랑프리(1951)와 미국 아카데미상 특별상(1952)을 수상한 구로사와 아키라 감독의 대표작이다. 이 영화의 국제 영화제 수상은 일본영화를 세계에 알리고 구로사와 아키라 감독이 세계적인 감독으로 인정받는 계기를 마련한다. 라쇼몽은 아쿠타가와 류노스케(芥川龍之介)가 쓴 두 개의 단편 <라쇼몽(羅生門)>(1915)과 <덤불속에서(藪の中)>(1922)를 각색하여 영화로 만든 작품으로 촬영기법, 음악과 영상의 조화 등 영화의 기술적인 측면 등이 높게 평가되었다. 그러나 영화를 패전 후인 1950년 상황 속에 놓고 보면 전후 일본사회의 복잡한 심리를 엿볼 수 있다.

우선 영화의 줄거리를 정리해 보면 다음과 같다. 배경은 8세기 무렵의 헤이안(平安)시대로 폭우가 쏟아지는 어느 날 나무꾼과 스님, 한 남자가 반쯤 부서진 교토 라쇼몽의 처마 밑에 모여 이 마을의 기묘한 살인사건에 대해 이야기를 나누며 시작된다. 나무꾼은 숲속에 나무를 하러 갔다가 칼에 찔려 죽은 사무라이의 시신을 발견한다. 그리고 그 사건에 대해 이야기를 하는데, 그에 따르면 희대의 도적 다조마루가 말을 타고 숲속을 지나던 사무라이와 아내를 유인해 사무라이 앞에서 아내를 겁탈하고 사무라이와 결투를 벌이고 그를 죽인다. 당황한 나무꾼은 한달음에 관청으로 달려가 신고를 하고 곧 다조마루는 체포된다. 그리고 목격자인 나무꾼, 사무라이의 아내, 사무라이로 빙의하는 영매가 관청에 불려와 심문이 시작된다. 하지만 동일한 사건에 대한 네 사람의 진술은 크게 엇갈리고 모순되어 무엇이 진실인지 알 수 없는 상황에 빠지며 "모르겠어", "모르겠어"라는 말을 남기며 사건이 미궁 속에 빠진 채로 이야기는 끝난다.

패전 후 일본은 바로 GHQ의 점령하에 놓이고 이러한 상황은 52년까지 이어졌다. GHQ의 점령목표는 일본의 민주화와 비군사화, 사회전반에 걸친 개혁, 전전(戰前)과는 다른 민주적인 제도 기반을 마련하는 것에 있었고, 이를 위해 우선적으로 천황의 실질적인 통치권을 무화시켜 국민통합의 상징적인 존재로 규정하는 신헌법을 제정했다. 패전과 함께 나타나는 이러한 상황들은 일본국민의 혼란을 야기 시켰다. 영화는 살인사건을 둘러싼 등장인물들의 거짓인지 진실인지 알 수 없는 진술을 통해 혼란스러움을 극대화시키는 이야기 진행과 열린 결말로 전후 일본의 상황을 은유적으로 가시화하고 있다. 말하자면 증인들 사이의 책임전가, 위증, 위선적 남성성 등은 동경재판(극동국제군사재판, 1946년 5월 3일부터 1948년 11월 12일까지 약 2년 반에 걸쳐 진행된 재판으로 그 결과 28명의 A급전범 전원은 '평화에 대한 죄'를 물어 유죄 판결을 받고, 그중 도죠 히데키(東條英機) 등 7명이 동년 12월 23일 교수형에 처해졌던 재판을 지칭)이 불러온 전후 일본사회의 도덕적 타락상을 영화적으로 재구성한 것이라 할 수 있다. 일본군부의 무능, 패전 책임의 회피, 남성적 프라이드와 여성 정조의 상실, 일본국민의 가해책임 등을 통해 일본국민은 미궁 속으로 빠지며 영화를 보는 관객 또한 같은 상황에 놓이게 되는 것이다. 즉 라쇼몽은 전후 일본 사회의 도덕적 퇴폐상을 날카롭게 지적함과 동시에, 동경재판을 '승자'의 재판으로 위치 지으며 전쟁의 진실에 우리는 다가설 수 없다는 불가지론으로도 열려 있는 것이다. 이렇게 라쇼몽은 전후 혼란스런 일본의 상황을 기억의 은유라는 방법으로 재구성하며 이를 통해 전쟁책임, 모럴문제 등을 다루고 있다고 할 수 있다.

앞서 줄거리에서 소개한 것처럼 라쇼몽은 하나의 범죄에 대한 네 증인의 각기 다른 관점의 회상을 뒤섞은 플롯과 각기 다른 네 가지 이야기가 펼쳐지는 것으로, 이러한 동일한 사건에 관한 서로의 기억이 엇갈리면서도 각각 개연성을 가지게 되는 것을 기억의 주관성이라 하는데 이와 관련된 이론을 심리학자인 모이니한(Daniel P. Moynihan)이 '라쇼몽 효과'로 개념화 한다. 그리고 '라쇼몽 효과'는 전후 일본사회 뿐만 아니라 인간사회의 뒤엉켜 있는 복잡한 현상을 설명하는 하나의 이론으로 정착되었다. 이와 같이 전후 혼란스런 상황을 플래시백 기법으로 재구성한 영화 라쇼몽을 통해 전후 일본사회의 복잡한 심리를 엿볼 수 있다.

2) 경제침체와 쇼와(昭和)의 향수
-〈올웨이즈 삼번가의 석양(ALWAYS 三丁目の夕日)〉

2005년에 200만 명이 넘는 관객을 동원하며 큰 흥행을 거둔 <올웨이즈 삼번가의 석양>은 2005년과 다음해에 걸쳐 다수의 상을 수상하며 일본인들의 큰 관심을 모은 작품이다. 이 작품은 1974년부터 연재된 사이간 료헤이(西岸良平)의 인기 만화『삼번가의 석양(노을의 시)(三丁目の夕日(夕焼けの詩))』를 영화로 만든 것이다. 영화는 1958년(쇼와 33) 도쿄의 시타마치(下町)를 무대로 하여 삼번가에서 살아가는 사람들의 모습을 따뜻하게 그려내었다.

간단하게 줄거리를 소개하면, 1964년 올림픽 개최를 앞둔 동경은 빌딩과 고속도로 건축으로 열기가 넘친다. 그런 중에도 도쿄 시타마치 삼번가는 5년 전과 변함없이 개성이 풍부한 주민들이 즐겁게 살아가고 있다. 어느 봄 무쓰코는 고향을 떠나 스즈키 오토라는 자동차수리공장으로 취직한다. 큰 회사가 아닌걸 알고 실망하지만 스즈키 가족들과 돈독한 정을 나누며 열심히 생활한다. 그 맞은편에는 오래된 구멍가게가 있는데 주인인 차가와 류노스케는 도쿄대학을 졸업한 소설가이다. 차가와는 이자카야 주인인 히로미의 부탁으로 아무 관계도 없는 아이를 맡아 돌보게 되면서 묘한 동거생활이 시작된다. 이렇게 자동차 정비소, 가판대, 구멍가게, 이자카야, 얼음가게 주인, 동네의사, 아이들, 주부 등으로 이루어진 삼번가는 소박하고 따뜻한 정을 나누며 더불어 살아간다.

전후 일본은 1955년부터 고도경제성장기를 맞이하면서 58년에는 도쿄타워가 완공되고 64년에는 도쿄올림픽이 개최되는 등 '동양의 기적'이라 불릴 만큼 경이로운 경제발전을 이룬다. 더불어 사람들의 생활에도 많은 변화가 생기는데, 영화 속에서는 이러한 시대를 배경으로 거대한 경제발전을 이루고 있는 한 면에서 하루하루를 소박하게 살아가는 서민들의 생활을 재구성하고 있다. 영화 속에서는 당시를 재현하기 위한 다양한 소품이 사용되는데, 특히 60년대 '삼종의 신기(三種の神器)'라 하여 가정에 보급되기 시작한 세 가지 가전제품인 텔레비전, 세탁기, 냉장고를 둘러싼 에피소드는 고도경제 성장 당시 사람들의 일상생활에 가져온 변화를 잘 나타내고 있다. 야마자키 다카시(山崎貴) 감독이 "당시의 현실적 정경을 재현하는 것 이상으로 사람들의 기억과 마음속에 존재하는 이미지의 정경을 재생하는 데 주력했다"고 말한 것처럼 영화는 수채화 같은 따뜻한 색감으로 경제적인 발전과 더불어 풍요로워지는 사람들의 인정과 마음을 잘 그려내고 있다. 이는 전전과 패전 후 GHQ가 점령하던 시기와는 매우 대조적인 시대적 상황의 재현이었다.

일본은 1971년 오일쇼크로 경제가 마이너스 성장을 하게 되면서 실질적인 고도경제성장의 종언을 맞이하게 되고 이후 90년대 버블경기 이후 오랜 저 성장기에 접어든다. 90년대부터 시작되는 저 성장기를 '잃어버린 10년'이라 하고, 이러한 경기침체가 지속되면서 현재는 '잃어버린 20년'이라는 새로운 용어로 대체되고 있는 실정이다. 이 영화가 상영된 2005년을 전후로 90년대 이후 지속되는 경기침체로 인해 취업 상황이 악화되고 실업자가 늘면서 취직 빙하기가 끝나지 않아 현실을 비관한 자살률도 늘어났다. 이러한 영향으로 사람들의 생활도 각박해지면서 일본이 고도경제성장을 이루어냈던 지난 시절을 그리워하게 된다. <올웨이즈 삼번가의 석양>은 현재에 지쳐있는 사람들의 마음을 위로해 주는 영화로 큰 호응을 얻게 되고, 쇼와에 대한 향수를 불러일으켰다. 그러나 이 영화는 단순한 흥행에만 머물지 않고, 현재까지도 영화의 소개만이 아닌 쇼와 어록, 메시지 란, 삼번가 탐색 등 다양한 내용으로 이루어진 영화 사이트를 운영하여 쇼와에 대한 기억을 공유하면서 과거의 쇼와를 현재와 이어가는 메시지를 선달하고 있다. 특히 독자 메시지 란에 올린 짧은 감상 글을 보면 이 영화를 통해 가족, 인정(人情), 근면과 더불어 일본사람들이 잃어가는 인간관계의 따뜻함을 깨닫게 되었다는 평이 많이 보인다. 원작자 사이간 료헤이는 "현대와 통하는 테마와 메시지를 가진 최고의 오락 작품입니다"라고 높이 평가하는 글을 동 사이트에 남기고 있는데, '잃어버린 20년'이라는 경기침체의 현실 속에서 쇼와의 기억을 통해 잊혀져가는 과거의 모습을 찾으려는 현재의 일본을 볼 수 있다.

이처럼 영화는 과거의 재현을 통해 현재를 돌아보고 과거의 경험을 공유한다. 뿐만 아니라 현재를 재구성하여 가시화함으로써 현 사회의 문제점을 인식하게 한다. 물론 이 영화는 전후 일본을 감상적으로 그려내고 있는 부분이 있어 영화에서 보이지 않는 부분을 드러내어 당시를 재현하

는 『사실은 무서웠던 쇼와 30년대(1950년대) – 올웨이즈 지옥의 삼번가(本当は怖い昭和30年代–ALWAYS地獄の三丁目)』(2012)라는 책도 발간되는 등 영화에 대한 긍정적인 평가만 있는 것은 아니다. 그러나 이러한 한 편의 영화가 사회 심리를 반영하거나 또는 몇 년이 지난 후에도 과거의 일본을 회상하게 하며 어떠한 형태로든 대중에게 영향을 미치고 있다는 사실이야말로 영화가 가지는 사회, 문화적인 영향력이 아닐까?

참고자료

구견서(2004.6), 「일본영화의 형성과 전개」, 『일본학보』 59집
김영심(2006), 『일본영화와 일본문화』, 보고사
막스 테시에 지음, 최은미 옮김(2000), 『일본영화사』, 동문선
신하경(2010), 「구로사와 아키라의 『라쇼몽(羅生門)』론」, 『日本文化研究』 34집
아서 놀레티, 편장완 역(2001), 『일본영화 다시 보기』, 시공사
이희용(2003.7.2), 「日 피아영화제 한국영화 19편 선봬」, 『연합뉴스』
キネマ旬報(2012), 『ベスト・テン 85回全史 1924－2011』, キネマ旬報社
佐藤忠男(1995), 『日本映畫史2』, 岩波書店
鶴見俊輔(2001), 『戰後日本の大衆文化史 1945～1980』, 岩波書店
獨立行政法人國立美術館／東京國立近代美術館(2004), 『展覽會 映畵遺産』, 印象社
http://www.always3.jp/, <ALWAYS 三丁目の夕日'64>

음악 Music 제9장

01 | 개관

대중음악의 개념을 명확하게 설명하기는 의외로 어렵다. 일반적으로는 '20세기 이후 복제기술을 기반으로 한 미디어에 의해 전달되며 상품으로서 대규모로 유통·소비될 것을 전제로 제작되는 대중 취향의 오락적 음악'과 같이 정의할 수 있을 것이다. 음악이란 19세기까지 악기 연주나 사람의 육성을 직접적으로 접해야만 성립 가능한 예술 장르였다. 그러나 20세기가 되면서 그 소리를 저장하고 재생하고 멀리까지 보낼 수 있는 놀라운 미디어가 탄생하여 매우 빠른 속도로 보급되었다. 축음기와 라디오 방송의 출현이 그것인데 이는 음악의 제작과 감상 방식에 있어서 혁명적 변화를 가져왔다.

세계 각 지역의 대중음악은 바로 이러한 환경 속에서 생겨났다. 대중의 마음과 귀를 사로잡는 가사와 멜로디를 만들기 위해 노력하는 한편 나날이 새로워지는 미디어에 적응하면서 발달해 온 대중음악은 20세기 후반에는 이미 서양의 클래식을 포함한 이른바 정통음악의 권위를 압도할 정도로 활짝 꽃피게 되었다. 21세기 오늘날 사람들의 음악적 감성은 일상적으로 이러한 대중음악의 흐름과 맥을 같이 하고 있다.

일본의 대중음악은 20세기부터 현재까지 '유행가(流行歌)', '가요곡(歌謠曲)'[1], '엔카(演歌)', 'J-POP' 등 다양한 명칭으로 불리며 전개되었다. 대중음악의 초창기에는 '유행가'라는 명칭이 사용되었으나 '가요곡'이라는 말이 좀 더 보편화되어 갔다. '엔카'는 원래 엔제쓰카(演說歌)의 줄임말로서 1880년대 정치선전 노래를 뜻했으나 1960년대에 전혀 다른 뜻으로 부활한 단어이다. 젊은이들의 포크(folk) 등 서양 팝 취향과의 대항적 구도를 전제로 일본적 정서의 애조(哀調)를 띤 '전통 가요곡'이라는 뜻으로 사용된 것이다. 1990년대 'J-POP'이라는 말이 일본 레코드 가요의 주류가 되면서 '엔카'와 '가요곡'이 함께 '과거'에 속하는 장르로 재결합했다.[2]

여기서는 크게 보아 1920년대부터 1980년대에 이르는 기간 동안의 레코드를 기반으로 한 대중음악을 '가요곡'이라 하고, 1990년대부터 나타나 좀 더 국제적 감성을 지닌 새로운 경향의 음악을 'J-POP'이라고 부르도록 하겠다. 덧붙이자면 일본대중음악의 모든 장르를 포괄하는 표현으로서 현재 일본에서 사용되는 말은 '일본의 포퓰러 음악(日本のポピュラー音樂)' 정도밖에 없다. 근대 이후 일본 대중음악의 역사는 미디어의

---

1) 일본어에 있어서 '가요곡'과 '가요(歌謠)'는 다른 것을 가리키는 경우가 많으므로 주의를 요한다. '가요곡'은 일본의 대중음악을 폭넓게 지칭하는 말이지만 '가요'는 원래 음악적 곡조를 띤 일본의 전통문예를 말하며 대중음악과는 아무 상관없는 전혀 다른 장르이다. 그런데 라디오 방송이 시작되면서 '유행가'라는 말의 애매함과 저속함을 불식시키려는 의도에서 '방송되는 대중음악'의 의미로 편의적으로 합성하여 만들어 쓰던 용어가 정착된 것이다(菊地淸麿(2008), 『日本流行歌変遷史』, 論創社. 21-22쪽 참조). 가요곡은 사실상 '가요'와 '가곡'의 합성어라 볼 수 있다. 가곡(歌曲)이 20세기 초 클래식 음악 중 가사가 있는 창작곡을 의미했기 때문에 '가요'의 문학성과 '가곡'의 고급 음악적 성격을 붙여서 만든 것으로 판단된다.

2) 輪島裕介(2010), 『創られた「日本の心」神話』, 光文社. 17-18쪽 참조.

발달과 제작방식 및 음악적 성장과 가사 내용의 변모 양상 등 여러 요소를 종합적으로 고려할 때 다음과 같이 크게 다섯 개의 시기로 나누어 볼 수 있다.

1) 음악의 근대화와 초기 레코드 유행가 시기(~1920년대 전반)
2) 라디오 방송과 가요곡의 탄생 및 전쟁 프로파간다 시기(1920년대 후반~1945년)
3) 전후 부흥에 따른 가요곡의 성숙과 다양화 시기(1945년~1960년대 중반)
4) 전통 가요곡과 동시대적 팝의 공존 시기(1960년대 후반~1980년대)
5) J-POP의 등장과 글로벌화 시기(1990년대~)

02 | 일본 대중음악의 역사

1) 음악의 근대화와 초기 레코드 유행가 시기

근대 이전, 이미 6세기경부터 한반도와 대륙으로부터 불교와 함께 전래된 아악(雅樂)을 바탕으로 중세의 노가쿠(能樂) 등 일본의 독자적인 음악적 전통이 형성되어 있었다. 특히 16세기 이후에는 샤미센(三味線) 등 남방 계통의 악기가 합류하여 다양한 민속예능의 발달을 가져왔다. 대중음악을 비롯한 현대의 일본 음악은 서양 음악과의 접촉에 의해 크게 영향을 받았는데 근대화와 함께 서양의 문물을 받아들이면서 일본인들의 '음악' 혹은 '소리'에 대한 감각 자체도 이전과는 매우 다르게 변했기 때문이다. 그렇다면 일본인들이 서양의 음악을 처음 접한 것은 언제였을까?

기독교의 전래와 함께 16세기에 프란시스코 자비에르(Francisco de Xavier, 1506~1552) 등 선교사들에 의해 미사곡이 일본에 들어왔고 일본인 신자들에 의한 합창도 이루어졌다는 기록이 있다. 그러나 17세기 초부터 기독교 금지령과 쇄국에 의해 서양과의 교류가 중단되면서 서양 음악을 접할 기회는 거의 없었을 것이다. 서양의 근대 음악이 본격적으로 일본 땅에 들어온 것은 그로부터 250년 후인 19세기 중반 이후이다.

1853년 미국 동인도함대 사령관 페리(Matthew Calbraith Perry, 1794~1858)가 네 척의 군함을 이끌고 우라가(浦賀) 항구에 도착하여 통상을 요구한 사건이 일어났다. 이 '페리 사건'에 의해 일본은 오랜 쇄국의 잠에서 깨어나 개국을 단행하게 된다. 바로 이때 수일간의 협상 끝에 일본에 첫발을 딛고 상륙하는 페리 제독의 뒤를 군악대가 행진곡을 울리며 따랐다고 하니, 이것이야말로 일본인이 근대 서양 음악을 접한 최초의 사건으로 볼 수 있다.

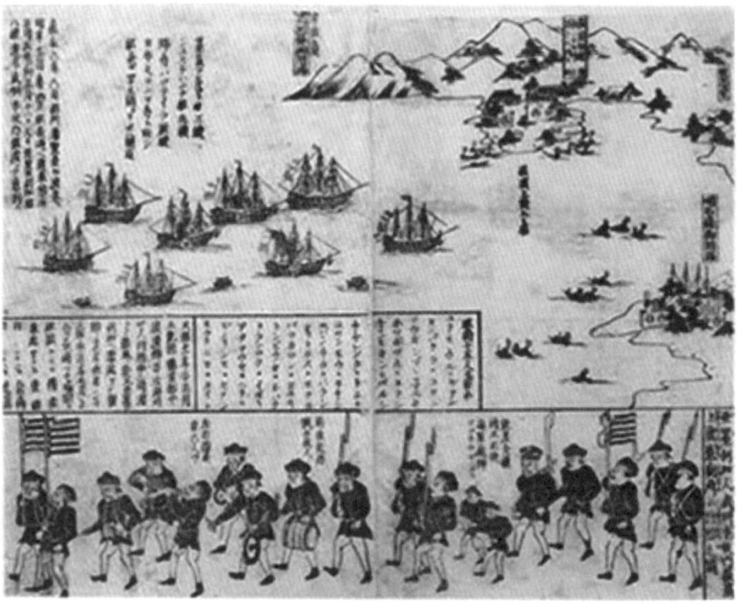

요코하마 상륙 후 행진하는 미 해군 군악대. 구로후네관(黑船館) 소장

1868년 메이지유신 이후의 급격한 서구화 정책에 따라 일본은 주로 군대와 학교를 통해서 서양 음악을 받아들였는데 구체적으로는 군악대의 창설과 창가 교육 실시를 통해서였다. 서양의 근대식 군대 제도를 받아들인 일본은 군의 사기를 진작시키고 질서와 규율 및 의전 상의 필요에 의해 군악대를 만들고 외국인 교관을 적극 고용했다. 일본 국가 「기미가요(君が代)」의 첫 작곡자로 알려진 영국인 펜톤(John William Fenton, 1828~?)과 대한제국에도 머무르면서 한국 최초의 국가인 「대한제국애국가」의 작곡을 맡았던 독일인 에케르트(Franz Eckert, 1852~1916) 등이 외국인으로서 군악대를 지도한 대표적인 예이다.

메이지 정부는 또한 1872년 '학제(學制)'를 제정, 반포하여 전국에 소학교(초등학교)와 중학교의 설치를 의무화했는데 학생들의 '덕성 함양'을 목적으로 '창가(唱歌)' 등 음악 교과목을 편성했다. 그러나 당시 일본에는 이러한 음악을 가르칠 지도방침이나 교사도 없었고 교과서나 악기 등 여건이 갖추어져 있지 않았다. 문부성 산하 음악취조괘(音樂取調掛)에서 『소학창가집(小學唱歌集)』을 발간 보급한 1881년부터 비로소 실질적인 음악교육이 실시된다. 이 과정에서 문부성 관료인 이사와 슈지(伊澤修二, 1851~1917)가 그의 스승이자 초등 음악 교육의 1인자인 메이슨(Luther Whiting Mason, 1818~1896)을 초청하여 도움을 받았다.

이렇게 국가 차원에서 정책적 · 제도적으로 받아들여진 서양 음악은 군대와 교육의 현장을 통해 일반 서민들에게 널리 보급되어 갔으며 이러한 대중적 음악교육의 기반 위에서 사람들의 음악적 감성도 점차 전통음악에서 서양음악을 수용하기에 적합한 쪽으로 변화해 갔을 것이다. 그 변화 과정에서 전통음악과 서양음악이 절묘하게 결합하여 나타난 것이 바로 '창가(唱歌)'로 불리는 독특한 장르이다. 초기에는 외국곡에 일본어로 가사를 붙인 번역 창가가 중심이었으나 곧 문부성 주도 하에 이른바 '문부성창가'로 불리는 많은 창작 창가들이 보급되었다.

한편 1880년대 당시 입헌군주제를 요구하는 자유민권운동가들은 사람들이 모이는 장소에서 단순한 속요 가락에 자신의 주장을 담아 노래 부르며 운동의 동력으로 활용하기도 했다. 이것을 '엔제쓰카' 또는 '엔카'라고 부르는데 뜻은 다르지만 오늘날 엔카의 어원이 되었다. 이 엔제쓰카는 대일본제국헌법이 공포(1889)되고 국회가 개설(1890)되어 이슈가 없어지자 정부 비판과 사회 풍자의 성격이 사라지고 개인적 정서와 남녀 간의 사랑을 담은 노래로 변해갔다.

1900년대부터는 이러한 통속적인 노래를 바이올린과 아코디언을 연주하며 부르는 엔카시(演歌師)가 등장하기도 했는데 이들은 주로 거리나 마쓰리(일본의 전통 축제, 祭)에서 가사집을 나누어주며 인기를 얻었다. 이러한 노래들을 '하야리우타(はやり歌 또는 はやり唄)'라 하여 한자로는 '유행가(流行り歌 또는 流行り唄)'라 표기했다. 이 하야리우타가 1920년대 후반 방송과 레코드가 본격화되면서 음독(音讀み)을 통해 '류코카' 즉 '유행가'가 되었다.

1910년대부터는 1877년 에디슨(Thomas Alva Edison, 1847~1931)이 발명한 축음기가 보급되면서 노래가 하나의 상품으로 유통되는 현상이 나타났다. 다시 말해 대중적인 인기를 얻은 최초의 유행가가 출현한 것이었다. 1914년 문학자이자 신극운동가인 시마무라 호게쓰(島村抱月, 1871~1918)가 가사를 쓰고 그의 문하생으로 도쿄음악학교(東京音樂學校)를 막 졸업한 청년 작곡가 나카야마 신페이(中山晋平, 1887~1952)가 서양 음악의 기법으로 일본 대중의 심정을 멜로디화한 <카추샤의 노래(カチューシャの唄)>가 그것이다.

시마무라 호게쓰

나카야마 신페이

마쓰이 스마코

마쓰이 스마코(松井須摩子, 1886~1919)가 톨스토이(Лев Николаевич Толстой , 1828~1910) 원작 『부활』(Воскресение, 1889~1899) 공연 중 삽입곡으로 부른 이 노래는 예기치 않게 대중의 호응을 얻어 레코드 발매 2만 장을 기록하며 순식간에 일본 전역에서 히트했다. 당시의 레코드 보급률로 볼 때 축음기를 보유한 거의 모든 사람이 구입했다고 볼 수 있는데 일본뿐만 아니라 식민지 조선에서 한국어로 번역되어 불리기도 했다.[3]

<카추샤의 노래>가 이와 같은 성공을 거둔 것은 서양의 7음계 도레미파솔라시 중 네 번째인 파와 일곱 번째인 시를 제외하고 만든 '요나누키음계(ヨナ抜き音階)'의 독특한 작곡법에 기반한 멜로디 체계 때문이다. 그런데 다른 무엇보다도 이 노래가 일본 전역에 확산되어 유행하게 된 데에는 새로 등장한 소리의 재생방식 즉 '레코드'라는 미디어의 보급에 힘입은 바가 크다. 육성이 기계 소리로 대체되고 사이즈도 3분 이내(SP판)로 규격화된 이러한 조건은 노래를 하나의 '상품'으로 만들어 '유통'시키는 상황을 만들었던 것이다.

3) 이영미 · 이준희(2006), 『사의 찬미(외)』, 범우. 21-22쪽 참조.

2) 라디오 방송과 가요곡의 탄생 및 전쟁 프로파간다 시기

1920년대 말에는 '가요곡'으로 불리는 일본의 대중음악이 본격적으로 출현했다. 각 레코드 회사에서는 기획 · 제작 · 광고를 통해 대중에 접근하고, 작사 · 작곡 · 연주의 분업이 이루어져 음악 산업의 현대적 시스템이 확립된다. 이전의 간헐적 · 우연적 노래 생산 방식에서 지속적 · 의도적 대량생산 체제로 구조가 바뀌는 것은 전기 취입[4] 방식 등 새로운 녹음 시설을 완비한 미국의 빅터(Victor)사와 영미계 콜롬비아(Columbia)사 등 외국계 레코드 회사가 일본으로 대거 진출했기 때문이다. 이러한 패러다임의 전환은 1920년대 미국식 소비문화의 수입과 함께 모던 스타일의 대중화가 맞물려 노래를 상시적으로 구매하는 대중음악의 소비자를 낳았다.

나팔식 축음기

초기의 라디오

4) 취입(吹入)이라는 말은 일본어 '후키코미(吹き込み, '불어 넣기'의 뜻)'에서 온 용어로 1920년대 초까지의 녹음 방식에 따른 언어적 유물이다. 마이크로폰(microphone)에 의해 음향을 전기 신호로 바꾸는 방식이 도입되기 전에 어쿠스틱(acoustic) 방식은 음파의 진동을 그대로 녹음기의 바늘에 전달하여 그 진동을 기록하는 방법으로 소리를 저장했다. 스튜디오에서는 커다란 메가폰을 거꾸로 놓은 것 같은 집음기(集音機)의 나팔 구멍에 대고 가수가 노래를 불러 목소리 '불어 넣기'를 했던 것이다.

또 1925년에는 도쿄방송국(東京放送局, 호출부호는 JOAK)이 개국됨으로써 일본 최초의 라디오 방송이 시작되었다. 이는 당초 일본 국내의 레코드 회사에게 커다란 위협이 아닐 수 없었다. 그러나 예상과 달리 방송은 노래의 고객을 빼앗아가는 것이 아니라 소비자 대중에게 노래를 광고하는 방향으로 전개되어 레코드의 고객층을 비약적으로 확산시키는 정반대의 결과를 낳았다. 급변하는 상황 속에서 일본의 레코드 회사는 각각 새로운 경영 전략을 수립하고 나름의 활로를 모색하여 다른 국내 기업 또는 외국계 기업과 합병하고 나아가 방송국과 제휴함으로써 오히려 대자본에 의한 노래의 '대량생산'을 가능하게 했던 것이다.

1920년대 말 30년대 초에는 라디오 방송과 함께 유성영화가 새로운 미디어로 대중들의 생활 속에 침투하여 대중음악이 내용적으로 한층 다양한 국면을 맞이하게 되었다. 특히 할리우드 영화와 재즈 음악이 카페나 댄스홀 등의 서양 문화와 함께 수입되어 인기를 끌었다. 이 중 1928년 호리우치 게이조(堀內敬三, 1897~1983)가 번역한 당시 미국의 재즈곡 <나의 푸른 하늘(私の青空)>과 <아라비아의 노래(アラビアの唄)>를 오페라 테너 가수 후타무라 데이이치(二村定一, 1900~1948)가 불러 직업적인 레코드 가수 1호로서 주목을 받았다.

또 다카라즈카소녀가극단(宝塚少女歌劇団)을 통해 프랑스의 샹송이 본격적으로 수입되는 것도 이 무렵부터이다. 이 시기는 새로운 미디어적 조건과 함께 모가·모보('모던 걸'과 '모던 보이'의 줄임말)로 대표되는 신풍속, 그리고 '에로구로넌센스(エログロナンセンス)'로 불리는 퇴폐적 언더그라운드 문화가 활짝 꽃핀 향락적 소비문화 난숙의 시대였다.

당시 음악과 영화 등 미디어 간의 협업체제가 성공적으로 이루어진 것도 특기할 만하다. 이미 대중오락의 왕좌에 군림한 '영화'라는 장르에 주제가 혹은 삽입곡이 첨가됨으로써 스토리의 재미를 한층 더해주기도 하고 노래는 영화에 의해 크게 히트되는 경우가 많았다. 1929년 영화의 삽입곡으로 등장한 <도쿄행진곡(東京行進曲)>이 그 대표적인 예인데 이것은 음반산업이 영화산업과 결합하여 기획한 영화주제가 1호이다. 일본 빅터사에서 기획하여 모던 도시의 풍경을 그린 사이조 야소(西條八十, 1892~1970) 작사, 나카야마 신페이 작곡으로 사토 치요코(佐藤千夜子, 1897~1968)가 부른 이 곡은 그 이전에는 상상할 수 없는 25만 매라는 판매고를 기록했다.

빅터의 경쟁사인 일본 콜롬비아사 역시 작곡가 고가 마사오(古賀政男, 1904~1978)와 성악가 후지야마 이치로(藤山一郎, 1911~1993) 콤비를 기용해 상황을 역전시켰다. 이른바 '고가 멜로디'의 출현이다. 1931년 센티멘탈리즘에 젖은 기타 반주를 베이스로 부른 <술은 눈물인가 한숨인가(酒は涙か溜息か)>는 단숨에 28만 매를 기록했다. 쇼와 공황, 취직난, 인신매매, 전쟁의 불안을 반영한 이 노래에는 모더니즘의 도시 뒷골목에 존재하는 일종의 짙은 슬픔이 묻어난다. 고가 마사오와 후지야마 이치로의 콤비는 이전 시대와 구별되는 탁월한 음악성과 전기 취입에 적합한 독특한 창법으로 대중들을 매료시켜 레코드가요 시대를 이끌어갔다. 이들의 애조를 띤 멜로디와 함께 눈물과 한숨 등의 소재는 이후에 펼쳐지는 일본 대중가요의 원형을 이루는 요소가 되었다.

고가 마사오와 후지야마 이치로

28만 매의 판매고를 기록한
〈술은 눈물인가 한숨인가〉의 레코드

1930년대 후반에는 만주사변(1931)에서 중일전쟁(1937)에 이르는 일련의 군사행동과 국내 및

국제정세의 변화에 따른 일본의 군국화가 가속되면서 라디오 프로그램에서 이른바 '국민가요'를 기획 방송하게 되었다. 처음에는 <야자 열매(椰子の實)>(1936)와 같이 지금도 애창되는 명곡을 중심으로 살벌하고 혼돈한 세상과 직접 관련이 없는 청신한 작풍을 보였으나 중일전쟁 이후부터는 <전승가(戰勝の歌)>(1938)와 <국민진군가(國民進軍歌)>(1940)와 같은 군국주의 풍의 곡을 내보냈다.

이향란(야마구치 요시코)

한편 만주나 중국대륙에 대한 관심과 동경의 정서를 노래한 <만주행진곡(滿州行進曲)>(1932)이나 <국경의 마을(國境の町)>(1934)과 같은 '대륙가요' 장르도 유행했다. 중국인 이향란(李香蘭)으로 알려져 만주국의 괴뢰정부가 표방한 이념인 오족협화(五族協和)의 상징적 스타였던 일본인 소녀 야마구치 요시코(山口淑子, 1920~)가 부른 <지나의 밤(支那の夜)>(1940), <소주야곡(蘇州夜曲)>(1942) 등도 크게 보아 이에 속한다.

1941년 태평양전쟁이 발발하여 일본 본토가 전시 상황에 돌입하면서부터는 본격적인 '전시가요'와 '군국가요', '군가'가 라디오 방송의 중심이 되면서 대중음악의 군부 편향이 더욱 노골적으로 된다. 정부의 공모에 의해 뽑힌 <애국행진곡(愛國行進曲)>(1937)과 같은 군가와 <월월화수목금금(月月火水木金金)>(1940) 및 <하늘의 신병(空の神兵)>(1942), <젊은 독수리의 노래(若鷲の歌)>(1943)와 같은 군국가요만을 연일 방송하는 상황이 전개되었다.

1942년부터는 이른바 '총동원체제'에 따른 방송 내용의 철저한 검열이 행해져 아예 프로그램의 제목도 '국민가요'에서 '국민합

창'으로 바뀌었을 뿐만 아니라 이전과 같은 자유로운 창작 활동이 불가능해졌다. 그리고 '적성국가 음악의 추방'이라 하여 중국, 미국, 영국, 네덜란드 등 연합국의 음악가들이 작곡한 노래와 음악은 대부분 연주·발매·소지·감상하는 것이 금지되었다.

이러한 반동적 상황은 일본대중음악사만이 아니라 일본음악사 자체에 있어서의 암흑기를 가져왔다. 그러나 오히려 이 때문에 전후 영미 계열의 음악이 봇물처럼 범람하게 된 것은 일종의 아이러니가 아닐 수 없다. 또 암흑기라고는 하지만 다른 한편에서는 <라바울의 노래(ラバウル小唄)>(1944)의 개사곡이나 <귀여운 수짱(可愛いスーチャン)>(연대미상)처럼 비공식적으로 군국주의에 대한 혐오와 풍자를 담은 수많은 작자미상의 곡들이 민간인이나 전장의 병사들 사이에서 만들어져 유통되었다는 사실도 기억할 필요가 있다.

3) 전후 부흥에 따른 가요곡의 성숙과 다양화 시기

1945년 8월 15일은 일본 역사상 가장 큰 비참함과 굴욕을 맛본 날이다. 무조건 항복을 선언한 이후 눈에 보이는 현실은 의·식·주의 결핍과 잿더미가 된 시가지, 그리고 사람들의 때가 낀 얼굴과 공허한 눈동자, 굶주린 배뿐이었다. 그 전까지 신성불가침이었던 천황이 인간 선언을 하고 곳곳에 성조기가 펄럭이며 파이프를 문 맥아더(Douglas MacArthur, 1880~1964) 원수는 일본의 모든 것을 장악하는 새로운 지배자가 되었다.

1952년 샌프란시스코 강화조약이 발효되어 국권을 회복하는 시점까지 일본은 연합국군최고사령관총사령부(GHQ)의 치하에서 정치, 경제, 군사, 사법 모든 면에서 지배를 받았으며, 각종 사회개혁 정책과 함께 문화 정책 등도 철저하게 감독 받아야만 했다. 대중음악 역시 GHQ 민간정보교육국의 엄격한 지도를 받았다. 봉건적이고 국수주의적인 것은 배격되었고 전쟁 중에 금지되었던 경음악과 재즈, 영미 계통의 음악은 복권되었다. '군가 일변도'에서 하루아침에 '군가완전추방'을 외치게 된 것이다.

이러한 가운데 1945년 10월 패전 후의 첫 영화 『산들바람(そよかぜ)』의 주제가로서 암울했던 사회 분위기를 일소하듯이 등장한 <사과의 노래(リンゴの唄)>는 나미키 미치코(並木路子, 1921~2001)의 밝고 청순한 목소리에 실려 폭발적인 반향을 불러일으켰다. 원래 이 노래는 군가를 만들기 위해 전쟁 중에 준비된 멜로디와 가사였으나 전후에 발표되자 평화와 생명력의 상징처럼 취급되었고 사람들의 분노와 슬픔과 말할 수 없는 울적함을 달래주고 치유하는 노래로 둔갑했다.

전시에 소집영장을 받고 부모형제 처자식과 연인을 두고 떠났던 병사들이 돌아오는 모습을 담은 다바타 요시오(田端義夫, 1919~2013)의 <귀환선(かえり船)>이 애조를 띤 멜로디에 실려 전국적으로 울려 퍼진 것은 1946년이었다. 이 두 곡은 이 시기 유행가의 양대 축이었다. 1946년부터 시작된 NHK의 노래자랑 아마추어 음악회(のど自慢素人音樂會)[5]에서 여자는 <사과의 노래>, 남자는 <귀환선>이 압도적인 단골 메뉴가 되었다.[6]

---

5) NHK의 공개 시청자 참가 생방송 노래 프로그램. 1946년 라디오에서 시작된 이래 1953년부터는 TV에서도 방영하면서 오늘날까지 지속되고 있는 최장수 프로그램으로 현재 명칭은 'NHK노래자랑'(NHKのど自慢). 전국 각지를 돌며 녹화를 하고 예선을 거친다는 점 등이 한국 KBS의 '전국노래자랑'과 흡사하다. 일요일 낮 12시 경에 방송함. 1998년 브라질 상파울로 이후 세계 주요 도시에서 일본인 이민자들을 주요 대상으로 하는 경우도 있는데 2005년 한국 서울 세종문화회관에서도 개최된 바 있다.
6) 長田曉二(2003), 『歌でつづる20世紀』, やまは. 131쪽 참조.

이 무렵의 사회상을 반영한 또 하나의 노래가 있다. <귀환선>의 작사가 시미즈 미노루(清水みのる, 1903~1979)는 이듬해인 1947년에는 만주 등지에서 목숨만 부지하여 돌아온 오갈 데 없는 여성들의 깊은 슬픔을 읊기도 했다. 기쿠치 아키코(菊池章子, 1924~2002)의 <별의 흐름에(星の流れに)>(1947)가 그것인데, 1946년 8월 29일자 도쿄니치니치신문(東京日日新聞, 현재의 마이니치신문[毎日新聞])에 실린 한 종군간호사의 수기를 읽고 전쟁에 대한 원망과 증오를 느끼며 가사를 썼다고 한다. 집도 가족도 없이 며칠을 굶으며 떠돌다가 생계를 위해 밤거리의 여인이 된 처절한 삶의 이야기는 당시 도쿄에만 해도 4만 명이 넘을 것으로 추정되는 이와 같은 처지의 여성들에게 무한한 공감을 얻었을 것이다.

1948년에는 당시 암울한 민중 정서를 반영한 오우미 도시로(近江俊郎, 1918~1992)의 <온천 마을 엘레지(湯の町エレジー)>와 이와는 반대로 비현실적인 꿈의 세계를 동경한 오카 하루오(岡晴夫, 1916~1970)의 <동경하는 하와이 항로(憧れのハワイ航路)>는 좋은 대조를 보이며 1년 내내 NHK 청취자 투표에서 1위를 다투는 경합을 벌이기도 했다. 그런가 하면 전후의 밝은 미래를 노래하는 청춘찬가로서 후지야마 이치로와 나라 미쓰에(奈良光枝, 1923~1977)가 부른 <푸른 산맥(青い山脈)>(1949) 역시 같은 이름의 영화 주제가였는데 영화가 개봉되기도 전에 대히트를 기록했다.

통산 8천만 매의 레코드 판매 실적을 올리며 대중음악 계에 41년간 군림한 가요계의 여왕 미소라 히바리(美空ひばり, 1937~1989)가 등장한 것도 이 무렵이다. 1946년 노래를 좋아하는 뛰어난 기억력의 조숙한 천재 소녀 미소라 히바리는 요코하마의 스기타극장(杉田劇場)에서 첫 무대를 가진 이후 1949년 12세에 첫 앨범을 내고 공식 데뷔한다. 곧바로 영화 『슬픈 휘파람』(悲しき口笛)의 주연으로서 같은 이름의 주제곡을 불러 45만 매의 레코드 발매로 전국적인 인기를 획득했다.

영화 『슬픈 휘파람』와 미소라 히바리

뒤이어 <도쿄 키드(東京キッド)>(1950), <사과 오이와케(リンゴ追分)>(1952)가 각각 50만 매와 70만 매로 최고 기록을 갱신해갔다. 노래 자체에 대한 반응도 뜨거웠지만 영화와 TV출연, 각종 무대 공연에 있어서도 타의 추종을 불허할 만큼 인기를 누린다. 1960년대의 결혼과 이혼 등 불행한 개인사를 겪으면서도 <야와라(柔)>(1964)가 180만 매, <슬픈 술(悲しい酒)>(1966)이 145만 매, <새빨간 태양(眞赤な太陽)>(1967)이 140만 매로 고공행진을 이어가 건재를 과시했다. 1970년대 육친의 잇따른 죽음과 1980년대의 투병생활 중에도 꾸준한 활동을 전개하여 <인생일로(人生一路)>(1970), <한 자루의 연필(一本の鉛筆)>(1974), <너에게 반했다(おまえに惚れた)>(1980), <아이산산(愛燦燦)>(1986), <흐트러진 머리(みだれ髮)>(1987), <강물의 흐름처럼(川の流れのように)>(1989) 등 주옥같은 명곡을 남겼다.

미소라 히바리의 뛰어난 가창력과 섬세하고도 카리스마 넘치는 표현력은 100년에 한 사람이나 날까말까 한 타고난 천재성으로 평가된다. 52년의 짧은 생애였지만 가요계에 공헌한 점을 평가하여 사후에는 여성 최초로 국민영예상을 수상하게 된다. 일본대중음악사에 있어서 쇼와 시대를 상징하는 아이콘으로서 영원한 '국민가수'로서 팬들의 가슴 속에 아직도 찬란하게 기억되고 있다 하겠다.

전후 일본의 가요곡은 아메리칸 팝을 비롯한 서양 대중음악의 동시대

적 영향을 받으면서도 전쟁 이전의 제작・유통 방식과 내용 및 정서를 이어가고 있었다. 향토색이 짙은 민요조의 <여자 뱃사공의 노래(おんな船頭唄)>(1955)를 부른 미하시 미찌야(三橋美智也, 1930~1996)나 '모던' 분위기를 이어간 <유라쿠초에서 만납시다(有樂町で逢いましょう)>(1958)의 후란쿠 나가이(フランク永井, 1932~2008) 등의 활약이 두드러진다. 이렇게 1930, 40년대를 계승한 전통적인 가요곡이 대중음악의 주를 이루고 있었다.

그러나 1950년대를 지나 1960년대에 이르러 새로운 변화를 겪는다. 1960년대에 들어서면서 로커빌리(rockabilly)[7]와 트위스트(twist) 등의 유입으로 외래 음악의 전성기를 맞는다. 그래서 이에 대항한 일본풍의 노래를 의식적으로 구별하고 강조하게 된 것도 이 무렵부터이다. 무라타 히데오(村田英雄, 1929~2002)의 <오쇼(王將)>(1961)와 같은 곡들이 이러한 의식을 실제의 곡으로 구현한 예이다.

'엔카'라는 용어도 그 연장선에서 오늘날과 같은 의미로 쓰이게 된 것으로 본다.[8] 이후 기타지마 사부로(北島三郎, 1936~), 시마쿠라 치요코(島倉千代子, 1938~), 스이젠지 기요코(水前寺清子, 1945~), 센 마사오(千昌夫, 1947~), 모리 신이치(森進一, 1947~), 이쓰키 히로시(五木ひろし, 1948~), 미야코 하루미(都はるみ, 1948~), 야시로 아키(八代亞紀, 1950~), 아쓰미 지로(渥美二郎, 1952~), 고바야시 사치코(小林幸子, 1952~), 덴도 요시미(天童よしみ, 1954~), 이시카와 사유리(石川さゆり, 1958~), 후지 아야코(藤あや子, 1961~), 사카모토 후유미(坂本冬美, 1967~) 등으로 이어지는 이른바 '엔카의 계보'

7) 1950년대 초 미국 남부에서 흑인음악의 블루스에서 파생한 로큰롤과 백인음악의 힐빌리(hillbilly)와 컨트리가 융합하여 생겨나서 1954년부터 약 10년간 유행한 로큰롤 초기의 음악적・패션적 경향.

8) '엔카'와 함께 자주 비교되는 한국의 '트로트(trot)'라는 용어의 의미 내용도 이와 같은 맥락에서 1970~1980년대에 형성된 매우 유사한 범주의 개념에서 출발한 것이라 할 수 있다.

가 지금에까지 이른다. 1978년부터 2000년까지 간토지역 대상 TV 지상파방송 테레비도쿄(テレビ東京)에서 <엔카의 꽃길(演歌の花道)>[9]이라는 프로그램이 방영되어 엔카 팬들의 인기를 끌었다.

〈엔카의 꽃길〉의 영상과 음악을 담은 CD 광고

그러나 아이돌 엔카 <선생님(せんせい)>(1972)을 부른 모리 마사코(森昌子, 1958~)의 등장이나 모리 신이치의 <에리모미사키(襟裳岬)>(1974)처럼 포크와의 접합 시도를 예외로 하면 엔카는 기성세대의 음악으로 여겨지며 사실상 서서히 쇠퇴하기 시작했다. 1980년대에 이르면 그 쇠락 현상은 더욱 두드러지는데 재미있는 것은 향수, 눈물, 이별, 기다림, 항구와 같은 키워드가 더욱 강조되는가 하면 멜로디 역시 한층 더 전통 회귀적인 분위기를 특징으로 내세우게 되었다는 것이다.

1950년대 후반부터 1960년대 일본 대중음악계의 새로운 경향은 고도 경제성장으로 인한 소비사회가 도래하면서 나타났다. 포크는 이 시대 청년문화의 성장과 함께 젊은 세대의 감각을 반영한 것이었다. 하시 유키오(橋幸夫, 1943~)와 요시나가 사유리(吉永小百合, 1945~)가 듀엣으로 부른 <언제나 꿈을(いつでも夢を)>(1962)은 영화와 함께 크게 히트한 청춘가요로 기록된다. 또 사카모토 큐(坂本九, 1941~1985)의 <위를 향해 걷자(上を向いて歩こう)>(1963)는 안보투쟁 세대의 좌절을 노래한 듯한 가사로 많은 젊은이들이 공감했고, <스키야키(SUKIYAKI)>라는 곡명으로 미국의 빌보

9) 한국 KBS의 <가요무대>처럼 소위 '엔카'로 분류되는 흘러간 가요곡들을 선곡하여 들려주는 장년층 노년층을 겨냥한 대중음악 프로그램. 매회 계절이나 관광지, 작사가・작곡가 등 하나의 테마를 위주로 관련된 노래를 사회자의 해설과 함께 과거 시대의 향수를 느끼도록 구성되어 있는 것이 특징이다.

드 차트 1위를 기록한 것으로도 유명하다.

이 시기에 중요한 것은 노래의 향유 방식 또한 그 전과는 달라지기 시작했다는 것이다. 즉 단순히 레코드 판매량만을 통해 소비 대중의 취향을 가늠했던 과거와 달리 보다 적극적인 형태로 대중의 선택과 참여가 가능해졌다는 점이다. 이를 테면 대중들이 직접 참여하는 형식의 노래문화가 전개되어 우타고에킷사(うたごえ喫茶)[10]가 전국적으로 생겨났고 자발적 창작곡 <엄마의 노래(かあさんの歌)>를 나중에 유명 가수들이 음반을 취입하게 된 예에서 보듯이 어떤 경우에는 유행을 선도해가기까지 했다. 또 NHK홍백가합전(NHK紅白歌合戰, 1951~)과 일본레코드대상(日本レコード大賞, 1951~)과 같은 이벤트를 통해서 60, 70, 80년대를 거쳐 현재에 이르기까지 대중의 관심을 반영하면서 유행을 이끌어가게 된 것도 이때부터이다.

---

10) 리더의 지도에 따라 피아노와 아코디언 등의 연주에 맞추어 손님 전체가 합창을 하면서 노래를 즐기는 것을 목적으로 한 카페. 노래의 내용은 주로 러시아민요, 창가, 동요, 노동가, 반전가, 가요곡 등 다양했다. 1946년부터 전후민주주의의 사회분위기 속에서 세키 아키코(關鑑子, 1899~1973)와 일본공산당계의 중앙합창단(中央合唱団) 등 좌익 계열의 사회운동 및 노동운동과 맞물려 시작된 노래합창운동(うたごえ運動)이 계기가 되었다. 1956년부터 1965년의 약 10년 간 도쿄 등 대도시를 중심으로 생겨났고 한 때는 100여 곳에 이를 정도로 성업했다. 1980년 이후에는 가라오케 선풍으로 쇠퇴했으나 현재도 도쿄 신주쿠(新宿)에 '도모시비(灯, 횃불)' 등이 여전히 남아있어서 영업 중이다. 한국의 1980년대 후반 학생운동 및 노동운동이 활성화되던 상황에서 '민중가요'의 합창을 중심으로 존재했던 '노래다방', '노래카페'도 이와 흡사한 것이었다.

4) 전통 가요곡과 동시대적 팝의 공존 시기

비틀즈의 일본 방문

1960년대 후반에는 영국의 록밴드 비틀즈(The Beatles)의 일본 방문(1966)과 함께 'GS(그룹 사운드) 붐'이 일어났고 포크와 록의 대유행으로 대중의 음악적 감성이 크게 변화한 시기였다. '안그라 · 송(언더 그라운드 송)'과 '포크'의 합성어인 '안그라 포크'의 경향은 정치비판, 사회풍자, 반전운동의 내용을 담아 새로운 세대를 대변했다. 이러한 흐름은 포크가 레코드 업계의 표면에 부상하는 1970년대에 이르러 전에 없는 전성기를 맞이했다. 이미 1966년 마이크 마키(マイク眞木, 1944~)의 <장미가 피었다(バラが咲いた)>에 의해 포크는 시작되었지만 본격화된 것은 1970년대부터이다.

〈간다가와〉의 가구야히메

가미조 쓰네히코(上條恒彦, 1940~)가 고무로 히토시(小室等, 1943~)를 중심으로 한 포크 그룹 로쿠몬센(六文錢)과 결합하여 발표한 <길 떠나는 노래(出發[たびだち]の歌)>(1971), 이노우에 요스이(井上陽水, 1948~)의 <우산이 없어(傘がない)>(1972)나 <얼음의 세계(氷の世界)>(1974), 미나미 고세쓰(南こうせつ, 1949~)가 이끈 그룹 가구야히메(かぐや姬)의 <간다가와(神田川)>(1973) 등은 학생운동의 패배감을 맛본 청년층의 절망과 아픔, 불안과 사소한 일상을 반영했다는 점에서 '사회심리가요'라 불리기도 한다. 자키 요시가와와 블루 코메쓰(ジャッキー吉川とブルー・コメッツ), 더 타이거즈(ザ・タイガース), 빌리지 싱어즈(ヴィレッ

자키 요시가와와 블루 코메쓰

ジ・シンガーズ), 다나베 쇼치(田邊昭知, 1938~)와 더 스파이더즈(ザ・スパイダース), 더 새비지(ザ・サベージ), 데라우치 다케시(寺內タケシ, 1939~)와 허니즈(バニーズ), 핑키와 킬러즈(ピンキーとキラーズ)는 모두 이 시기에 활약한 그룹사운드이다.

1960년대 말 70년대 초 GS와 포크의 큰 공적은 노래의 제작 방식을 바꾸어갔다는 점이다. 다시 말해 레코드사가 독점적으로 계약한 전속 작사가, 작곡가, 가수의 위계적인 질서 속에서 노래가 생산되는 관행을 타파했다는 것이다. 이를테면 그때까지 젊은 무명의 가수가 유명 '작곡가 선생님'으로부터 곡을 받는 형식의 전통 가요곡과는 달리, 일종의 프리랜서 직업 작가와 가수가 제각기 분업적 역할을 하면서 철저한 1 : 1의 내등한 관계가 성립하고 이를 토대로 레코드사와 뮤지션 간의 1회적인 계약으로 움직인다는 것이다. 사람 중심이 아닌 일과 시스템 중심 체제로의 전환은 일본 대중가요계에 또 하나의 놀라운 혁명을 가져왔다. 이러한 것은 단지 노래 제작 방식에만 영향을 준 것이 아니라 판에 박힌 규격과 주제로부터 자유로워짐으로써 노래의 형식과 내용과 질을 변화시켜 갔다.

1970년대에 주목할 만한 것은 역시 대중가요를 향유하는 '일반대중'의 무게중심이 장년층에서 청년층으로 분명하게 이동한 점이다. 예를 들면 그 이전에는 많지 않았던 10대, 20대 청춘 남녀의 연애를 찬양하는 노래들이 압도적 다수를 점하게 되었다. 그 이전의 노래 가사에서 남녀 간의 '애정' 또는 '연애'라는 것은 주로 남성이 주체가 되고 직업여성(?)

이 그 상대가 되는 형태의 관계를 떠올리게 되는 것이 일반적이었다. 일본의 근대 연애는 화류계 정서로부터 결별해가는 과정[11]이었다고도 하는데 이 시기의 노래에는 가사 면에서 볼 때도 '사랑(愛 또는 戀)'이라는 단어가 전면적으로 등장한다. 이것은 1960년대까지의 학생운동 세대에 의해 공유되던 사회적 정치적 관심이 급격히 쇠퇴하면서 오로지 개인적 문제에 열중하게 된 세태의 변화와 무관하지 않을 것이다.

고야나기 루미코(小柳ルミ子, 1952~)가 부른 <세토의 신부(瀬戸の花嫁)>(1972)의 가사에서 보듯 '~사랑이 있으니까 괜찮아(~愛があるから大丈夫なの)'라는 식의 '연애=결혼'이라는 이데올로기가 폭넓게 일반화되면서 나타난 일종의 '사랑만능주의' 혹은 '사랑지상주의'의 현상이다. 이러한 가운데 TV의 시대를 맞아 비주얼이 강조되는 아이돌 가수가 연이어 출현하면서 이러한 경향은 더욱 짙어 갔다. 청순파 아마치 마리(天地眞理, 1951~)의 <조그만 사랑(ちいさな戀)>(1972)과 15세의 소녀 가수 야마구치 모모에(山口百惠, 1959~)의 <어느 여름의 경험(ひと夏の経驗)>(1974) 등이 대표적이다.

사쿠라다 준코

로맨티시즘과 에로티시즘이 절묘하게 결합된 가사는 사쿠라다 준코(櫻田淳子, 1958~)에 이르러 절정을 이루는데 <처음으로 생긴 일(はじめての出來事)>(1974)과 같이 첫 키스 직후 눈물이 쏟아질 것만 같다는 표현은 당시로서는 매우 낯설고도 충격적인 표현이었을 것이다. 또 <여름엔 조심(夏にご用心)>(1976)에서는 '마음의 빗장이 느슨해'지는 여름날 오후 '누군가와 갑자기 키스를 할지도 모르

11) 小谷野敦(2005),『戀愛の昭和史』, 文芸春秋. 318쪽.

는' 들뜬 기대와 함께 그 '위험함'에 대해 스스로 경종을 울리고자 하는 약간의 내적 갈등을 10대 소녀의 마음 속 화자에 의해 깜찍하고도 대담하게 불렀다.

핑크레이디

1970년대 후반 핑크레이디(ピンク・レディー, 未唯 mie 1958~ / 増田惠子 1957~)를 통해 '듣는' 노래에서 '보는' 노래로의 전환이 눈에 띄게 가속화된다. 당시 일본 전국의 거의 대부분의 어린 여자아이들은 TV 앞에서 <S・O・S>(1977)와 <UFO>(1978)의 신나는 멜로디에 맞춰 가사의 정확한 의미도 모르는 채 따라 부르며 화려한 춤 동작을 같이 했을 정도라 한다. 이러한 1970년대 일본 대중음악의 밑바탕에는 아쿠 유(阿久悠, 1937~2007)와 같이 기발한 가사로 시대를 선도해간 대형 작사가의 역할이 있었다는 사실도 무시할 수 없다. 그는 평생 5000곡 이상의 가사를 만들어냈고 약 7000만 매에 달하는 레코드 판매를 기록했을 뿐만 아니라 엔카, 포크, 아이돌 가요, 동요, 애니메이션 주제가, CM송에 이르기까지 다양한 장르를 횡단했다는 점도 놀랍다.

아이돌 열풍은 1980년대까지도 이어진다. <맨발의 계절(裸足の季節)>(1980), <빨간 스위트피(赤いスイートピー)>(1982) 등 연이은 히트 곡을 내놓은 마쓰다 세이코(松田聖子, 1962~)는 '귀여움'과 '당돌함'을 무기로 한 1980년대 아이돌의 전형을 보여준다. 이후 그녀는 결혼과 출산, 두 번의 이혼과 수차례의 불륜 스캔들에도 굴하지 않고 꾸준한 활동을 전개, 영원한 국민 아이돌로서 팝 아티스트로서의 삶을 당당히 살아가는 현대적 여성상을 체현하여 '마

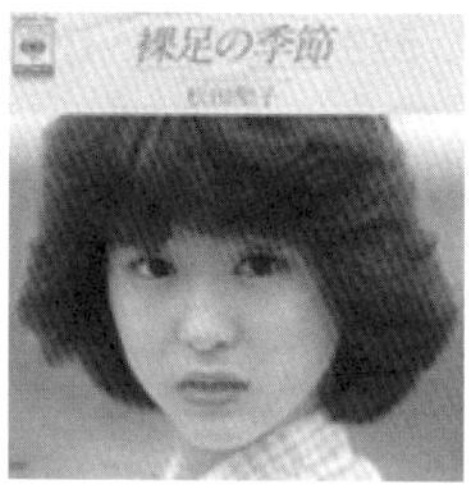

마쓰다 세이코

쓰다 세이코적 삶의 방식(松田聖子的生き方)'이라는 말이 유행어가 될 정도였다.

1989년에는 깜찍한 외모의 여성 듀엣 윙크(Wink, 스즈키 사치코[鈴木早智子, 1969~] / 아이다 쇼코[相田翔子, 1970~])의 <외로운 열대어(淋しい熱帯魚)>가 히트했는데 흔들리는 소녀적 감성을 실은 가사와 함께 유로비트(eurobeat) 풍의 디스코 곡을 투명하고 조화롭게 불러 참신함을 선사했다.

재일교포 2세 작사가 강진화(康珍化, 1953~)는 생활체험이나 감동을 언어화하기보다는 언어 자체의 세계에서 감동을 이끌어낸다는[12] 특이한 작사가로 1984년 다카하시 마리코(高橋眞梨子, 1949~)가 부른 <핑크 빛 입김(桃色吐息)>으로 일본레코드대상을 수상했다. 아라비아풍의 멜로디에 지중해를 연상하게 하는 시적 가사 때문인지 아직도 많은 사람들에 의해 애창되는 곡이 되었다.

그런가 하면 아이돌 가수에 식상할 무렵 장대한 스케일을 가진 남성 가수의 노래도 나타났다. 1980년 다니무라 신지(谷村新司, 1948~)의 <스바루(昴)>에 이어 1985년 기성세대 배우 겸 가수인 고바야시 아키라(小林旭, 1938~)의 <뜨거운 마음으로(熱き心に)> 등은 중년 남성의 꿈과 열정과 향수를 읊은 새로운 스타일의 서정가로 자리매김 된다. 특히 후자는 약간 불량한 캐릭터와 남자의 순수한 로망이 자연스럽게 묻어난 청춘회고록의 분위기를 만들어냈다.

또 아시아권 외국 가수의 활동이 두드러진 것도 1980년대의 일이다. 1977년 가수 이성애(李成愛, 1953~)의 일본 진출로 한국 가수가 일본에서 음반을 내기 시작했다. 1982년에는 조용필(趙容弼, 1950~)이 일본에서 자

---

12) 長田曉二, 앞의 책. 228쪽 참조..

조용필의 일본 진출

신의 히트곡 <돌아와요 부산항에>(1975)를 <부산항에 돌아오라(釜山港へ歸れ)>는 제목으로 발표했고, 이듬해에 엔카 가수 아쓰미 지로 등 여러 가수들이 다시 부르는 등 한국가요들이 유행했다. 그런가 하면 대만의 가수 덩리쥔(鄧麗君, 일본명 テレサ・テン, 테레사 텐, 1953~1995)의 일본에서의 활약이 두드러졌다. 그녀의 대표곡 <시간의 흐름에 몸을 맡기고(時の流れに身をまかせ)>(1986)는 지금도 아시아 대부분의 나라에서 애창되고 있다.

가라오케 박스

1980년대는 가라오케(カラオケ)[13] 붐의 시대였다. 이미 1970년대부터 술집의 여흥에서 시작된 가라오케 시스템이 존재했으나 노래 부르는 것을 주목적으로 만든 오락시설로서의 가라오케 박스(カラオケボックス)[14] 업체가 생긴 것은 1980

13) '가라오케(カラオケ)'란 원래 '가라(カラ=空, 빈 것)'와 '오케(オケ=オーケストラ, 오케스트라의 줄임말)'의 합성어로 연주만 있고 가수의 목소리는 없는 녹음 미디어를 말하는 것이었다. 1955년 경 일본의 레코딩 스튜디오에서 가수의 목 상태가 좋지 않아 취입이 불가능하다고 판단한 디렉터가 연주만을 녹음해서 나중에 사용했다는 것에서 유래한다. 따라서 처음엔 스튜디오 전문용어였던 것이 업계를 중심으로 퍼지다가 일반화된 말이다. 1971년 고베시(神戸市)의 한 술집에서 전문가용 연주 테이프를 두고 영업한 것에서 지금과 같은 가라오케 스타일이 시작되었는데 이때는 '테이프 뮤직'이라 불렀다. 1976년부터 지금과 같은 장비가 등장하면서 '가라오케'가 되었다. 長田曉二, 위의 책, 220쪽 참조.

14) '가라오케'는 이미 세계 공통어이고 '가라오케문화'는 세계 공통의 문화가 되었다. 한국에서는 '가라오케 박스'에 대해 '노래방'이라는 근사한 번역어가 자리 잡았지만 영어로는 karaoke, 프랑스어로 karaoké, 러시아어로 Караоке, 중국어로 卡拉OK이며, 발음은 모두 '가라오케'이다.

년대이고 이것은 급속히 전국적으로 확산되었다. 무리한 음역의 곡을 큰 소리로 부르다가 목에 폴립(polyp)이 생기는 경우도 많이 발생해서 '가라오케 폴립'이라는 이비인후과 용어가 생길 정도였다. 가수의 노래를 듣기만 하는 감상의 단계에서 연주에 맞추어 누구나가 잘 하든 못하든 마이크를 잡고 즐길 수 있게 된 상황은 이전에는 없던 새로운 풍습을 만들어냈다. 가라오케는 '개인'의 '노래'에 대한 감각과 생각을 근본적으로 흔들어 놓았다. 개개인의 취미, 회식모임이나 행사 뒤풀이도 바꾸어 놓았고 인간관계에도 영향을 미칠 정도로 현대 일본에서 중요한 문화로 자리 잡았다. 기존 미디어의 인기 차트와 어깨를 나란히 하며 가라오케 인기순위라는 것도 생길 정도로 '노래'가 한층 대중에게 가깝게 다가온 것이다.

일본은 1970년대 후반부터 경제적으로는 고도소비사회로 문화적으로는 포스트모던의 단계로 진입했다고 볼 수 있다.[15] 고도성장시대의 대량생산과 대량소비가 아닌 다품종 소량생산, 그리고 기능성과 유용성의 필요를 넘어선 기호적 소비가 중시되는 상황이 도래한 것이다. 또 모더니즘이 추구하던 이성과 주체를 부정하고 탈구축(déconstruction)[16]을 기반으로 한 차이성만이 범람하게 되었다. 그런 만큼 대중음악에 있어서 사람들의 취향은 이전에 비해 훨씬 복잡다기해졌고 그 경향과 흐름을 인과적으로 질서정연하게 또 어떤 중심축을 갖고 일원적으로 설명하기도 힘들어졌다. 게다가 이 시기에 미디어상의 변화, 녹음 방식의 혁명이 일어났

15) 小倉紀藏(2008),『日中韓はひとつになれない』, 角川書店. 117쪽. 小倉紀藏(2012),『心で知る, 韓國』, 岩波書店. 45쪽, 75쪽, 146쪽 참조..

16) 플라톤(Πλάτων, BC. 427~BC. 347) 이후의 서양 철학이 전제해온 이성중심주의, 로고스중심주의의 전통적 도그마를 극복하고 주관이나 논리를 철저하게 파괴함으로써 역동적으로 새로운 의미를 발견해가야 한다는 주장의 용어로 프랑스의 철학자 자크 데리다(Jacques Derrida, 1930~2004) 등이 처음 사용함.

다. 1982년 에디슨의 축음기가 발명된 지 약 100년 후의 일이었다.

광(光) 반사를 이용하여 음악의 아날로그 신호를 디지털 신호로 바꾸어 잡음이 적고 내구성이 강한 꿈의 미디어 CD(Compact Disc)가 탄생한 것이다. 이로써 디지털 음악의 시대가 열리게 되었다. 1990년대부터는 여기에 컴퓨터를 구사한 녹음 기술까지 발달하여 디지털로 기록된 소리를 자유자재로 변형・조작할 수 있게 되어 가수들의 음반 제작 조건이 완전히 달라졌다. 어쩌면 인위적인 소리의 가공이 가능해진만큼 가수들의 기량이 떨어지고 기계적 아름다움이 우선시되는 만큼 예술성은 하락한 것인지도 모른다. 그러나 이러한 기술의 진보는 기존의 미의식과 인간의 음악에 대한 모든 감각을 바꾸어버릴 기세로 가파르게 발전하고 있다.

5) J-POP의 등장과 글로벌화 시기

(1) 1990년대

1980년대 후반에 들어 CD 생산이 증가하면서 레코드 회사들은 90년대 이후 일제히 LP레코드의 생산을 중지하게 된다. 일본이 현재 세계 제2위의 음반시장이 될 수 있었던 데에는 CD의 신속한 보급과 정착이 한몫을 했다. 또한 1990년대 초는 타워레코드, HMV 등 해외 대형 음반판매점이 일본 전역에 매장을 두고 음반 유통의 주도권을 가지면서 많은 수입 음반이 소개된 시기이기도 했다. 대형 음반매장은 리스닝 부스(listening booth)와 무가지(無價紙) 등의 다양한 홍보로 일본 음반 시장에 큰 반향을 일으켰으며, 이는 쓰타야(TSUTAYA), 북 오프(BOOK OFF) 등 CD

대여점에 의한 음악유통방식이라는 큰 흐름으로 현재까지도 활발히 이어지고 있다.

일본 대중음악의 국제적 위치가 격상되며 이전에 일본 음악을 지칭하던 여러 표현들이 하나로 모아져 J-POP이라는 용어가 사용된 것도 1990년대이다. J-POP이라는 말은 J-WAVE라는 도쿄의 음악 FM 방송국에서 처음 사용했다. 초기에는 이제까지 '가요쿄쿠(歌謠曲)'로 불리던 1980년대까지의 일본 대중음악과 서양 스타일의 음악을 구분하기 위해 사용되었으나, 타워레코드(TOWER RECORDS)[17]가 음반 분류를 위해 일본의 거의 모든 아티스트의 음반 카테고리를 J-POP으로 분류한 이후 현대 일본 대중음악 전체를 가리키는 용어로 쓰이게 된 것이다.

1970, 80년대 아이돌 위주의 매니지먼트 연예기획사 체제에 이어 대형 레이블에서도 오디션 등을 통한 전문 프로듀서와 신인 아티스트들의 결합으로 대중의 인기를 얻는 기획을 구체적으로 해 나가기 시작한 때도 90년대이다. 이 시기를 주도했던 J-POP으로는 먼저 비주얼계 밴드, 포크 록 밴드, 비잉계(Being系) 밴드를 들 수 있다.

가장 눈에 띄는 흐름은 바로 '비주얼계'라고 불리었던 록계의 밴드들이다. 명칭에서도 쉽게 알 수 있듯이 비주얼계 밴드들은 짙은 화장과 원색의 머리염색, 여성적인 의상 등으로 마초적인 이미지의 초창기 록밴드와는 다른 모습을 선보였다. 주로 헤비메탈과 글램록, 펑크록이 융합된 사운드로 무겁고 어두운 분위기를 만들어내는 동시에 동양적 선율을 담은 록발라드로 개인적 슬픔과 회의 등을 염세적 가사와 함께 표현했으며 1990년대 중후반에는 어둡고 탐미적인 이미지를 강조하기도 했다.

1980년대에 등장한 데드엔드(DEAD END)를 비주얼계 록밴드의 시조로

17) 미국 캘리포니아 주 사클라멘토(Sacramento)에 본사를 둔 국제적 대형 음반 판매 체인.

엑스 재팬

미스터 칠드런

보며, 해외시장에서도 큰 반향을 일으켰던 엑스 재팬(X-Japan)은 비주얼계 록밴드의 가장 큰 성공 케이스라 할 수 있다. 이외에 루나 씨(LUNA SEA), 글레이(Glay), 보이 조지의 영향을 받은 샤즈나(Shazna), 페니실린(Penicillin) 등이 큰 인기를 얻었다. 2000년대에 들어서도 나이트메어(night mare), 가제트(Gazette) 등의 밴드가 명맥을 이어가고 있다.

1990년대 또 하나의 큰 영역을 차지하고 있던 것이 포크 록 계열의 뮤지션이다. 일본 최초로 MTV 언플러그드의 주인공이었던 포크 록 듀오 차게 앤 아스카(CHAGE&ASKA)는 해외 뮤지션들이 그들의 곡을 커버하면서 국제적인 인지도를 얻게 되었다. 이미 서던 올 스타즈(Southern All Stars)의 프로듀서로 인정받은 바 있는 고바야시 다케시(小林武史, 1959~)와 미스터 칠드런(Mr. Children)의 만남은 1990년대 중반의 모든 앨범이 밀리언셀러를 기록하며 '미스치루 현상'이라는 말까지 만들어내었고 현재까지 총 앨범판매 5천만 장 이상을 기록하고 있다. 스피츠(Spitz)는 90년대 중후반 미국의 컬리지 록과 일본의 인디 록의 접목으로 큰 인기를 얻었다.

라르크 앙 시엘의 뉴욕 공연

이외에 얼터너티브 록, 모던 록의 세계적 분위기를 받아들이며 자신들만의 음악적 성향을 구축한 라르크 앙 시엘(L'Arc~En~Ciel), 강렬한 록 사운드와 감성을 자극하는 멜로디의 포르노 그라피티(Porno Graffitti), 일본인의 감성과 잘 어우러지는 모던 록 밴드 에브리 리틀 씽(Every Little Thing), 펑크 록 밴드 여성듀오 퍼피(Puffy), 주디 앤 마리(Judy and Mary) 등도 성공을 거두었다. 록밴드라 칭하기엔 어렵지만 드림스 컴 트루(Dreams Come True)는 퓨전재즈의 리듬과 그루브한 팝음악의 분위기로 현재까지도 큰 사랑을 받고 있다.

나가토 다이코

이러한 비주얼계 록, 포크 록과 더불어 '비잉계' 록 또한 빼놓을 수 없다. 1990년대 J-Pop은 음악제작을 담당하는 프로듀서들이 대형 레이블을 통한 오디션에서 새로운 아티스트들을 발굴해 스타로 만들어내기 시작했다. 따라서 특정 레이블과 특정 프로듀서가 합작한 개성 있는 음악이 많이 등장했다. 비잉계라 칭해졌던 아티스트들의 총책임자였던 비잉 그룹의 대표이자 음악 프로듀서 나가토 다이코(長戸大幸, 1948~)는 TV 프로그램의 테마곡과 CM송에 아티스트들의 음악을 사용하는 전략을 구사했다. 이는 TV출연을 하지 않고도 음악활동에 충실하며 자신들의 음악을 홍보하고 수익을 올릴 수 있는 본보기가 되었다.

자드의 보컬 사카이 이즈미

비잉계의 음악은 서양 록 밴드들의 정통성에 더해 깊은 감성적 멜로디로 1990년대부터 현재까지 꾸준한 인기를 얻고 있다. 대표적으로 비즈(B'z), 5인조 밴드로 시작해 보컬인 사카이 이즈미(坂井泉水, 1967~2007)의 솔로 프로젝트 형식으로 활동하게 된 자드(Zard), 튜브(Tube), 완즈(Wands) 등을 들 수 있다.

쓴쿠(つんく♂) 또한 비잉계로 분류되는데, 그는 음악 활동 이상으로 프로듀서로서 역량을 발휘했다. 그의 영향력 아래 활동하던 모든 아티스트들을 통틀어 쓴쿠 패밀리(Tsunku family)라고 일컫는다. TV 오디션프로그램 아사양(ASAYAN)을 통해 발굴한 모닝구 무스메(モーニング娘。, Morning Musume。)가 대표적이다. 이후 헬로! 프로젝트(ハロー!プロジェクト, Hello! Project)라는 아이돌 군단을 완성시켰다.

'마이더스의 손' 고무로 데쓰야(小室哲哉, 1958~)로 상징되는 에이벡스 트랙스(Avex Trax) 또한 프로듀서가 이끌어낸 음악계의 흐름이었다. TM 네트워크의 리더였던 그는 1994년 밴드 해체 이후 시노하라 료코(篠原涼子, 1973~), TRF, 글로브(Globe), 아무로 나미에(安室奈美惠, 1977~), 히토미(hitomi, 1976~), 스즈키 아미(鈴木亞美, 1982~) 등의 신인 아티스트들을 발굴하여 이른바 '고무로 데쓰야 표 음악'으로 일컬어지는 일렉트로닉 록, 유로 하우스 등의 댄스 팝을 통해 정상으로 이끌었다. 당시 고무로 패밀리(小室ファミリー, Komuro family)라는 말이 자주 회자되었다.

고무로 데쓰야

1997년과 1998년은 오키나와(沖繩) 출신의 여성 가수 아무로 나미에의 해였다. 연호가 쇼와에서 헤이세이로 바뀌고 난 이후 미소라 히바리가 쇼와 시대의 가희(歌姬)였다면 아무로 나미에는 헤이세이 시대의 가희로 불리었다. 중2인 1992년 댄스 그룹 수퍼몽키즈(SUPER MONKEY'S)의 센터 보컬로 데뷔, 1995년 <트라이 미 ~나를 믿어줘~(TRY ME ~私を信じて~)>가 히트했다. 같은 해 <태양의 시즌(太陽のSEASON)>으로 솔로 데뷔한 후 고무로 데쓰야와의 협업을 통해 수많은 히트곡을 발표하게 된다. <Body Feels EXIT>(1995), <Chase the Chance>(1995), <Don't wanna cry>(1996), <You're my sunshine>(1996), <a walk in the park>(1996) 등

을 쏟아 붇듯이 발표하고, 한편으로 노랗게 물들인 헤어스타일과 가느다란 눈썹의 특이한 화장, 미니스커트와 긴 부츠 등으로 젊은 여성들의 패션을 리드해 갔다.[18] <SWEET 19 BLUES>(1996)는 급기야 350만 매를 돌파해 10대 여성 가수로서 기록을 갱신했고 최연소 아티스트로서 스타디움 공연, 그 해의 일본레코드상을 수상했다.

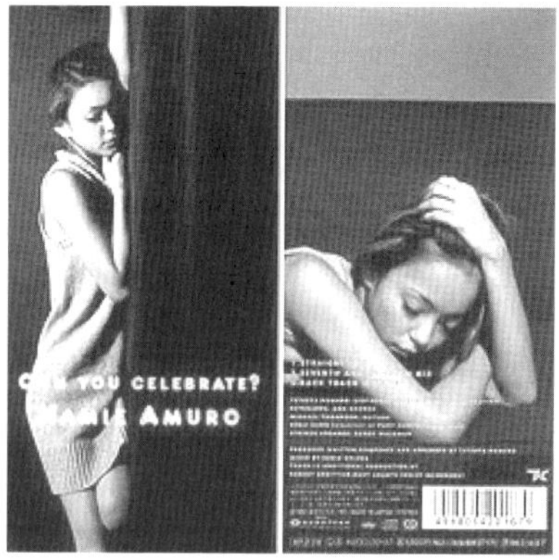

아무로 나미에의 히트 앨범
〈CAN YOU CELEBRATE?〉

<CAN YOU CELEBRATE?>는 1997년 1월 후지TV의 드라마 『버진 로드(Virgin Road)』의 주제곡이었는데 싱글 총판매고 2000만 매를 기록하여 여성 솔로 역대 1위를 차지했다.[19] 결혼 축하곡의 대표가 된 이 곡은 마침 같은 해 10월에 아무로 나미에의 임신 소식과 함께 속도위반 결혼으로 다시 한 번 화제가 되었다. 출산 후 복귀한 1998년까지 NHK 홍백가합전에 2년 연속으로 불리었는데 관객들의 뜨거운 박수와 환호에 감격의 눈물을 흘리면서도 끝까지 부른 것으로 유명하다.

1999년 살인사건으로 인한 충격적인 모친의 죽음과 2004년의 이혼 등 불행한 개인사가 있었으나, <I HAVE NEVER SEEN>(1998), <RESPECT the POWER OF LOVE>(1999), <SOMETHING 'BOUT THE KISS>(1999), <LOVE 2000>(2000), <NEVER END>(2000)와 같은 히트곡을 연

---

18) 1990년대는 여고생을 뜻하는 은어 '고가루(コギャル)'라는 말이 유행했는데 이들의 거리 패션을 주도해간 것이 가수 아무로 나미에였다. 1996년과 1997년은 특히 아무로 나미에를 따라하는 10~20대의 여성들 즉 '아무라'가 '대량발생'하는 사회현상을 빚었다.

19) 이 기록은 2014년 현재까지 깨지지 않고 있다.

이어 내놓았다. 아시아를 비롯한 세계무대에서의 현지 공연과 꾸준한 자선 기부 등도 눈길을 끄는데 데뷔 20년이 지난 최근까지 쉬지 않고 왕성한 활동을 이어가고 있다.

『First Love』 CD 자켓

1998년에는 또 한 명의 여성 솔로 가수가 혜성과 같이 나타났다. 음악 프로듀서인 아버지와 엔카 가수인 어머니를 둔 뉴욕 출생 미일 이중국적의 16세 천재 소녀 싱어 송 라이터 우타다 히카루(宇多田ヒカル, 1983~)였다. 첫 번째 싱글CD <Automatic>으로 일약 스타덤에 오른 우타다 히카루는 1999년에 <Movin' on without you>, <First Love> 등 대히트곡을 연이어 발표한다. 첫 앨범 『First Love』는 약 1000만 매에 육박하여 일본음악사상 최대 판매를 기록했다. 당시 일본 대부분의 거리와 각종 매장, 음식점 등에서는 우타다 히카루의 노래가 들리지 않는 곳이 없을 정도로 세간의 인기를 끌었다.

이후 『Distance』(2001), 『DEEP RIVER』(2002), 『EXODUS』(2004), 『ULTRA BLUE』(2006), 『HEART STATION』(2008) 등 앨범을 통해 계속적으로 히트곡을 연발하면서 활발한 방송활동을 전개한다. 그러나 줄곧 학업과 개인적 생활을 중시하는 입장을 고수해왔던 점이 특징이다. 2010년 활동중지를 선언했다가 2012년 재개한 후 2013년 모친의 자살, 2014년 결혼, 2015년 출산으로 이어지는 개인사를 겪고 있으나 팬들에게 현재 작곡중인 곡과 앨범 제작 계획을 밝힌 바 있다.

우타다 히카루는 발군의 리듬감과 가창력을 바탕으로 데뷔 당시부터 선풍을 일으켰다. <First Love>는 우아하고 섬세한 발라드로 정감 넘치는 흑인음악의 R&B 분위기가 두드러진데다가 연애감정을 실은 호소력

짙은 가사로 폭 넓은 팬 층을 확보했다.[20] 우타다 히카루는 1990년대부터 2000년대의 일본의 R&B 유행에 크게 기여한 것으로 평가된다. 또 R&B의 유행이 지나간 후에도 10년 이상 J-POP의 카리스마적 존재로 주목 받고 있다.

일본 최고의 아이돌 전문 육성 기획사인 쟈니즈(Johnny's)는 오로지 아이돌만을 키워 80년대에는 소년대(少年隊), 히카루 겐지(光GENJI)의 활동으로 입지를 굳혔다. 90년대에는 스맙(SMAP), 브이 식스(V6), 긴키 키즈(Kinki Kids) 등 수많은 아이돌 그룹을 등장시켰다. 2000년대에는 헤이!세이!점프!(Hey!say!jump!), 아라시(嵐) 등으로 이어지고 있다.

이러한 메이저 음악과는 달리 90년대 일본 음악을 특징짓는 또 하나의 장르로 시부야계(澁谷系) & 일본 하우스 뮤직이 있다. 도쿄의 젊은이들이 가장 많이 모이는 시부야에는 음반 매장들이 밀집되어 있다. 타워레코드나 웨이브, HMV 등의 대형 매장을 비롯해 크고 작은 음반점을 통해 이미 1980년대 중반부터 수입음반을 접하게 된 시부야의 젊은이들은 일본의 메이저 음악과는 다른 플리퍼스 기타(Flipper's Guitar), 피치카토 파이브(Pizzicato Five) 등의 일렉트로닉 팝을 결합한 도시적이며 댄디한 음악을 만나게 된다. 이후 1990년대 초반부터 J-WAVE 등의 라디오 FM과 HMV 시부야 등에서 이들의 음악을 적극 홍보하여 이른바 시부야계라는 장르가 정착했다. 일부에서는 이를 곱지 않은 시선으로 보기도 하며 아티스트에 따라서는 자신들이 시부야계로 칭해지는 것을 거부하는 경우도 있다.

20) 長田曉二, 앞의 책. 266쪽.

플리퍼스 기타 해산 후 오야마다 게이고(小山田圭吾, 1969~)가 솔로로 나선 코넬리우스(Cornellius), 다지마 다카오(田島貴男, 1966~)의 솔로프로젝트인 오리지널 러브(Original Love), 1990년대 중반 명성을 얻은 재일한국인 2세 데이 도와 (テイ・トウワ, TOWA TEI, 鄭東和), 국제적으로 인기를 얻은 여성 듀오 치보 마토(チボ・マット, Chibo Matto) 등이 대표적이다. 90년대 말 여러 밴드들의 해체로 트랜드의 하강기를 맞이했으나, 이후 판타스틱 플라스틱 머신(Fantastic Plastic Machine)의 라운지 타입 사운드, 몬도 그로소(Mondo Grosso)와 같은 일렉트로닉 애시드 재즈, 2000년대 클럽 DJ뮤직과 일렉트로니카 계열 뮤지션들이 시부야계의 음악적 특색을 부분적으로 이어가고 있다. 이외에 라이브 하우스를 중심으로 한 레게, 블루스와 재즈 등 수많은 장르의 발전도 1990년대 J-POP의 든든한 바탕이 되었다.

(2) 2000년대

1990년대에 이어 2000년대에도 록밴드의 인기는 변함이 없었다. 그들은 자기 색이 분명한 사운드로 음악성은 물론이고 대중성에 있어서도 뒤지지 않는 음악을 내놓았다. 여기에 더해 록 장르의 다양화도 주목할 만하다.

하드코어 펑크에서 파생된 음악장르인 이모코어와 펑크록을 넘나드는 아시안 쿵푸 제너레이션(Asian Kung-fu Generation)과 엘르가든(Ellegarden), 1960~1970년대의 비틀즈를 동경하며 몽환과 디지털의 조화로운 사운드를 구사한 러브 사이키델리코(Love Psychedelico)가 큰 사랑을 받았다. 1990년대 후반부터 2000년대까지 펑키한 음색과 힙합을 접목한 록음악으로 드래곤 애쉬(Dragon Ash)가 인기를 얻었으며, 오렌지 레인지(Orange range)는

2000년대 중반 록음악과 힙합의 조화로움을 바탕으로 스타덤에 올랐다.

비주얼계 록에서는 90년대를 풍미했던 루나 씨, 글레이(Glay), 라르크 앙 씨엘이 더욱 대중적인 음악과 비주얼로 폭넓은 활동을 펼쳤고, 이들의 전성기 시절의 모습을 갈네리우스(Galneryus)와 디르 앙 그레이(Dir en grey) 등이 이어갔다. 한국 팬도 다수 확보하고 있는 각트(Gackt), 미야비(雅-Miyabi), 가제트(The Gazette), 애니메이션 주제곡으로 아시아권에서 광범위하게 사랑받고 있는 티엠 레볼루션(T.M.Revolution)의 활약은 현재도 계속되고 있다.

T.M.Revolution

미스터 칠드런과 비즈로 대표되는 대중적인 록밴드 또한 꾸준한 음반 발매와 공연으로 음악적 완성도를 높여가고 있는 가운데, 일본색이 강한 네오포크(ネオフォーク), 1990년대 포크 록의 맥을 이어가는 고부쿠로(コブクロ)가 서정적 멜로디로 폭넓은 대중의 지지를 확보했다. 펑크 록과 얼트 록에 어쿠스틱 사운드를 가미한 범프 오브 치킨(Bump of Chicken), 2000년대 후반 데뷔해 경쾌한 록과 발라드, 애니메이션 주제가를 선보이며 대형 공연시장에서 활약하고 있는 이키모노가카리(いきものがかり)의 음악도 주목하지 않을 수 없다.

그 외에 도쿄지헨(東京事変), 그룹 활동과 더불어 솔로 여성 록커로도 꾸준한 인기를 얻고 있는 시이나 린고(椎名林檎, 1978~), 개성 있는 음악과 그에 버금가는 연기활동을 펼치고 있는 쓰치야 안나(土屋アンナ, 1984~), 강력하고 안정된 보컬의 슈퍼플라이(Superfly), 주목받는 외모에 어리지만 자신만의 음악적 색깔이 뚜렷한 유이(YUI, 1987~), 모델로 연예계에 발을 들였지만 음악적인 면모로 인정받은 기무라 가에라(木村カエラ, 1984~) 등 여성 록커의 활약도 꾸준히 이어지고 있다.

90년대에 시작되었던 음악시장의 마케팅 전략과 유통 시스템은 2000년대에 더욱 견고해진 형태로 이어졌다. 세계적인 음반 레이블(EMI, 워너뮤직, 유니버설 등)의 거센 물결 속에서도 오히려 일본 내에서 자생한 레이블의 강세가 두드러졌다. 한국 출신의 보아(BoA, 1986~), 동방신기 등이 소속된 에이벡스 트랙스는 일본 댄스 팝 뮤직 레이블의 대표주자이다. 90년대를 풍미한 아무로 나미에는 현재까지도 두터운 팬 층을 확보하고 있다.

에그자일

그 뒤를 이어 2000년대에는 하마사키 아유미(浜崎あゆみ, 1978~)가 음악적 역량을 가진 팝 디바이자 여성들의 패션아이콘으로 떠올랐고, 고다 쿠미(倖田來未, 1982~)는 섹시함과 펑키한 R&B와 댄스뮤직으로 사랑받음과 동시에 대중에게 친근하고 가까운 이미지 전략을 취했다. 흑인 댄스팀으로 시작한 에그자일(E-XILE)은 현재는 댄서와 뮤지션 양성에 힘쓰며 자신들의 음악과 퍼포먼스를 이어가고 있다.

이에 대적할 만한 쟈니즈 엔터테인먼트는 60년대부터 아이돌 스타를 발굴해내기 시작해 90년대에는 스맙이라는 국민아이돌 그룹의 신화를 이루어냈다. 2001년에는 제이 스톰(J-storm)이라는 기업 내 새로운 레이블을 만들었고 아라시, 긴키 키즈, 뉴스(NEWS), 간쟈니8(關ジャに∞8), 헤이!세이!점프!, 캇툰(KAT-TUN), NYC 등의 신인 아이돌 그룹을 꾸준히 만들어내며 음악성을 뛰어넘는 큰 상업적 효과를 이끌어냈다.

쓴쿠 패밀리에 속한 모닝구 무스메의 팬들 또한 2000년대에 들어서도 헬로! 프로젝트의 신생 그룹들에게 팬덤을 이어나가는 양상을 보였다. 베리즈 고보(Berryz 工房), 큐트(C-tue)가 큰 인기를 얻었고, 보노(Buono!) 등의 유닛이 배출되었다. 이와 관련하여 2000년대 이후 가장 큰 성공을 거둔 여성 아이돌 그룹으로 AKB48의 존재는 중요하다. 프로듀서 아키모토 야스시(秋元康, 1958~)가 기획한 AKB48은 상설 공연으로 대중과의 친밀 전략을 펼쳤고, 이는 팬덤을 넘어서는 팬덤으로 대성공을 이어가고 있다. 이제는 일본 각 지역으로 퍼져나가 지역명+48라는 형태로 만들어진 자매 그룹들도 팬들의 열렬한 호응을 얻고 있다.

이러한 AKB48의 성공에는 음악 시장의 변화가 있다. 2000년대 들어 CD, LP 등 피지컬 음반의 구입이 감소하며 음반 판매에 적신호가 들어오기 시작함과 동시에 디지털 음원판매가 증가했다. 2002년 소니 뮤직이 통신사 에이유(au)를 통해 디지털 음원 판매를 시작했고, 이후 2003년 보다폰(현 소프트뱅크), 2004년 NTT 도코모도 이에 합세하면서 이제까지 음반 판매량으로 차트 순위 집계를 해오던 오리콘 차트의 기록과는 다른 별개의 음원 수익을 얻게 되는 큰 변화를 맞이하게 된 것이다.

2003년 스맙의 정규앨범 <세상에 하나뿐인 꽃(世界に一つだけの花)>을 끝으로 200만 장 이상의 판매를 거둔 앨범이 나오지 않게 되었으며, 심지어 2008년 이후 100만 장 이상 팔린 음반이 단 한건도 없었음은 이제까지의 음반 시장과는 확연히 다른 구조와 환경이 만들어졌음을 말해준다. 그러나 이러한 음반 시장의 불황과는 반대로 공연 시장은 그 규모가 더욱 커졌다. 대표적인 록페스티벌인 '후지 록 페스티벌'에서는 해외 유명 아

섬머소닉 2015

티스트와 일본의 대표 아티스트를 비롯한 메이저와 인디 모두가 참여하는 공연이 펼쳐지고, 2000년에 시작된 '섬머소닉'으로 팬들은 매해 여름마다 대중적 아티스트들을 가깝게 만날 수 있게 되었다.

2000년대 일본의 대중음악계는 1990년대보다 더욱 다양한 장르의 음악이 소개되고 녹아들어 J-POP의 모습으로 사랑을 받게 되었다. 이 중 1990년대와 비교하여 가장 주목할 만한 변화로는 R&B계열과 힙합음악의 대중화를 들 수 있다. 1990년대까지 일본 내에서의 흑인음악 활동은 매우 미미했다. 그러나 우타다 히카루의 활약으로 R&B 음악의 가능성을 입증했고, 2001년에 등장한 케미스트리(Chemistry)는 첫 주에만 무려 114만 장 판매를 기록했다. 힙합 그룹 립 슬라임(Rip Slyme), 게쓰메이시(ケツメイシ), 엠플로(M-Flo) 등의 활약이 이어졌으며, 이후 1990년대부터 활동했던 미샤(Misia), 2000년 여성힙합보컬 진주 크리스탈 케이(Crystal Kay), 소에루(Sowelu) 등도 큰 인기를 얻었다.

2005년에는 오키나와 출신의 가수과 그룹이 오리콘 차트 1위에 오르며 흑인 음악이 안정적 궤도에 안착했음을 보여줬다. 앞서 언급한 오렌지 레인지가 힙합과 록의 조합으로 성공적으로 데뷔했고, 2006년에는 R&B보컬리스트 히라이 겐(平井堅, 1972~)이 오리콘 차트 연간 앨범 차트 1위에 올랐다. 1990년대의 댄스팝 히로인 아무로 나미에는 HIP-HOP이 아닌 자신만의 장르 네이밍으로 HIP-POP이라는 이름 아래 밝은 분위기의 흑인음악을 표현했고, 콘서트의 여왕 하마사키 아유미, 가창력과 섹시함을 겸비한 고다 쿠미도 R&B와 힙합의 느낌이 강하게 묻어나는 음악을 선보

였다. 이후 힙합댄스와 R&B 음악을 함께 보여주는 에그자일, 우타다 히카루의 뒤를 잇는 해외파 R&B 보컬 이토 유나(伊藤由奈, 1983~), 펑키 록 경향의 힙합 그룹 펑키 몽키 베이비즈(Funky Monkey Babys), 2000년대 말에는 아오야마 테루마(青山テルマ, 1987~)와 시미즈 쇼타(清水翔太, 1989~), 주주(JUJU, 1976~) 등이 R&B음악으로 현재까지도 큰 사랑을 받고 있다.

03 | 일본 대중음악의 특징과 한국과의 관련

일본 대중음악은 20세기 이후 지금까지 눈부시게 발전해 왔다. 그 두드러진 특징을 몇 가지로 정리해보자. 첫째, 시대별 특징이 있지만 가요곡 또는 엔카, 포크, 록, 댄스, 팝 등 매우 다양한 장르가 동시적으로 공존하면서 발달하고 있다는 점이다. 둘째, 대중음악이 아닌 영화, 드라마, 애니메이션 등 다른 장르와의 자유로운 문화횡단적 연결과 제휴가 조화롭게 이루어져왔다는 점이다. 셋째, 오리콘 차트와 일본레코드상, 홍백가합전 같은 권위 있는 포상 시스템이 존재함으로써 아티스트들에 대한 충분한 동기부여와 일반의 관심을 유발해왔다는 점이다. 넷째, 공연문화의 대중화와 왕성한 인디 문화의 발달, 철저한 저작권 보호 의식으로 볼 때 대중음악을 보호 육성하려는 사회적 시스템이 시민들의 자발적이고 암묵적인 합의 위에 건전하게 작동하고 있다는 점이다. 다섯째, 축음기와 레코드, 라디오, TV, CD와 컴퓨터, 스마트폰 등 각종 현대 미디어의 발달에 늘 능동적으로 대처하고 선도적으로 적응해왔다는 점이다.

한국의 대중음악과 일본 대중음악을 비교해볼 때 각각 공통점과 차이점을 지적할 수 있겠으나 세계적 시각에서 보면 양국의 대중음악은 공통

점이 상당히 많다. 이는 상호 밀접한 관련 속에서 전개되어 왔기 때문일 것이다. 그 내용은 크게 두 가지로 나누어 볼 수 있을 것이다. 하나는 음악 외적 요소이고 또 하나는 음악 내적 요소이다. 전자는 대중음악 초창기인 20세기 초의 사회적 상황이 제국과 식민지의 관계에 있었고 인구의 이동과 산업 형태 등 사회 문화적으로 직접적인 영향 관계 속에 있었다는 것이다. 실제로 현해탄을 사이에 두고 오고간 많은 대중 예술인들 간의 접촉과 이를 통해 형성된 인적 네트워크가 양국 음악 간의 직접적인 교류를 가능하게 했다.

그런데 후자는 보다 근본적이다. 한일 양국의 대중이 동아시아적인 음악적 감성을 바탕으로 서양 음악을 받아들이는 과정이 비슷했다는 점이다. 전통 음악과의 일정한 단절을 경험하고 교육과 훈련을 통해 서양 음악의 체계와 새로운 음감을 조금씩 체득하면서 동시대적 유행의 물결을 타고 유사한 정서를 공감했을 것이다. 식민지 한국이나 제국 일본이나 20세기 진반기의 역사적·사회적 상황을 고려할 때 개개인의 차이는 있겠으나 근대라는 새로운 시대를 살아간다는 점에서 생활 속에서 느끼는 감각과 정서적 상태는 유사한 점이 많았을 것이라 본다. 양 쪽 모두 이전에 없이 많은 사람들이 고향을 두고 떠나 살며 여러 가지 이유로 사랑하는 사람과 원하지 않는 이별을 해야만 했다. 애수와 눈물과 한숨이 시대의 정서를 이루고 이는 결국 애조를 띤 멜로디로 형상화되었다.

이러한 20세기 한일 양국의 대중음악은 서양과는 다른 매우 독특한 동아시아적 특성을 형성하게 되었다. 일본에서 '엔카' 한국에서 '트로트'라 부르는 가요(곡)의 형식적 내용적 유사성은 이러한 기반 위에서 형성된 것이다. 요나누키 5음계와 고부시(小節) 창법[21]을 공통적 특징으로 한

21) 한국에서 일명 '꺽기'라고 부르는 음 흔들기 창법. 음을 풍성하게 표현하기 위한 꾸

점은 바로 그 증거이다. 그러한 의미에서 '엔카'와 '트로트'는 서구 음악을 수용하되 전통 음악의 특징을 절묘하게 조화시킨 성공적인 대중음악 장르이다.22)

그러나 이러한 양국 대중음악의 밀접한 관련은 '엔카', '트로트'에 그치지 않고 그 이후 오늘날에도 이어지고 있다. 포크와 록만 하더라도 미국 대중음악의 영향권 하에서 비슷한 수준의 동경과 공감을 경험해왔고 이를 적극적으로 모방하면서 넘어서려는 노력을 해왔다. 그러한 노력의 성과가 오늘날 J-POP과 K-POP으로 나타나지 않았을까 한다.

20세기 대중음악의 주류는 서구와 흑인적 요소가 첨가된 북미의 것이었고 약간의 남미 계통 음악이 그 나름의 특징을 갖고 '유통'되어 왔다. 그 외의 지역은 세계의 음악적 관심에서 소외된 지역이었다. 그러나 20세기 말 이후 상황이 달라졌다. 1990년대 일본의 J-POP과 최근에는 한류의 붐을 타고 한국의 K-POP이 전 세계 대중음악 팬들의 가슴을 울렸다.23)

중요한 것은 대중음악에 있어서의 국적이라는 것이 결코 절대적이지 않다는 것을 깨달아야 하는 것이다. 엔카와 J-POP을 일본의 것이라 여기고 트로트와 K-POP을 한국의 것이라 여기는 무신경한 일국중심주의적(一國中心主義的) 습관에서 이제는 벗어나야 한다. 문화는 물처럼 흐르고 돌고 도는 것이다. 사람과 사람이 만나면서 전달되고 영향 받고 때로는 상호 침투하면서 재창조되는 것이 문화이다. 대중음악의 소비와 유통 메카니즘은 바로 그러한 가운데에 성립되며 그렇게 복잡한 만큼 인간의 삶을 다양하고 풍요롭게 만든다.

밈음의 방법으로 한국에서나 일본에서나 민요에서 유래를 찾기도 한다.

22) 박진수(2013), 「동아시아 대중음악과 근대 일본의 '조선 붐'」, 박진수 외, 『근대 일본의 '조선 붐'』, 역락. 217쪽.

23) 위의 책, 223-224쪽.

참고자료

박진수 외(2013), 『근대 일본의 '조선 붐'』, 역락
이영미 · 이준희(2006), 『사의 찬미(외)』, 범우
小倉紀藏(2012), 『心で知る，韓國』, 岩波書店
菊池清麿(2008), 『日本流行歌変遷史』, 論創社
小谷野敦(2005), 『戀愛の昭和史』, 文芸春秋
長田曉二(2003), 『歌でつづる20世紀』, やまは
輪島裕介(2010), 『創られた「日本の心」神話』, 光文社

인터넷 제10장
Internet

01 | 인터넷 개론 및 유래

1) 인터넷이란

인터넷이란 인터넷 프로토콜(IP : 상호 연결을 위한 규약) 기술을 이용한 상호 접속된 컴퓨터 네트워크를 가리키는 말이다. 사실 1969년 미국의 군사용 목적으로 처음 구축되었던 인터넷이 일상적으로 쓰이게 된 것은 1990년대 초의 일이다. 이른바 1991년 월드와이드웹(WWW : World Wide Web)의 서비스를 시작으로 한 인터넷은 보통 '웹 공간', '네트워크 공간', '사이버 공간' 등의 공유 공간을 가진 수많은 통신관련 기술의 집적에 의해 성립시킨 복합기술체이며, 또한 개별 네트워크를 서로 연결시킨 '네트워크의 네트워크'이다. 그 결과 네트워크 동료 간의 접속이나 데이터 전송은 물론 전 세계를 대상으로 한 검색 등 앞으로도 인터넷은 새로운 영역으로 확대・생산될 것으로 기대된다.

2) 일본 인터넷의 유래

오늘날 일본 인터넷의 근간이 된 것은 1984년 도쿄(東京) 대학, 도쿄공업(東京工業) 대학, 게이오(慶應) 대학 이 세 대학이 상호간 실험적으로 네트워크를 연결한 JUNET에서 시작되었고, 그 이후 여러 대학이나 기업 연구기관이 JUNET에 참가하여, 네트워크가 점차 넓게 확장되었다. 1988년에는 컴퓨터의 분산처리환경 구축과 인터넷에 관한 연구개발을 위한 산학공동 연구 프로젝트인 WIDE 프로젝트가 발족하여, 일본에서는 처음으로 IP접속에 의한 인터넷에 참가, 같은 해 NTT가 일본의 주요도시를 연결한 광케이블망을 완성하였다. 이듬 해 1989년에는 미국 전미과학재단 네트워크(NSFNET)와 접속하고, 이 네트워크를 사용해 거대컴퓨터 관련기업이 독자적인 네트워크를 구축, 일본에서 인터넷개발의 기초를 형성하였다.

이에 따라 통신 고속화와 비용이 대폭 삭감에 성공하여, 주요도시와 그 주변도시에서 인터넷으로 접속하기 위한 기기, OS(컴퓨터의 운영체제로 시스템소프트웨어의 핵심으로 사용자와 하드웨어 사이에서 사용자가 컴퓨터 하드웨어를 보다 쉽게 사용할 수 있도록 인터페이스를 제공해 주는 프로그램들의 집합) 등이 개발되었다.

하지만 실제 상용화는 1991년 JUNET로부터 DNS 등의 관리업무를 인계받은 JNIC가 1992년 JPNIC(현재 일본네트워크 인포메이션)로 조직이 변경되면서 IP 어드레스, 도메인이름 등 할당업무를 시작으로 본격화되었다. 이것을 기회로 IIJ 등의 상용 인터넷 서비스 프로바이더(ISP)가 창업하였고, 대기업이나 통신, 컴퓨터 관련기업이 광케이블에 의한 전용접속을 시작하고 나서 인터넷 이용은 차차 널리 이용되기 시작하였다. 이후 1997년에는 KDD(현재 KDDI) 등에 의한 JPIX를 설립하여, 분산된 네트워크망을 집적하여 인터넷 익스체인지(IX : Internet exchange의 약어로 IP를 이용한 정보 교환 서비스)를 매개로 해외에 접속하게 되었다. 이 IX는 현재 지방에서도 만들어지면서 지역IX(지방IX)라고 불린다.

특히 일본 인터넷의 특징을 살펴보면 다음과 같이 두 가지로 나누어 볼 수 있다. 우선 인터넷에서의 커뮤니케이션 방법과 수단의 차이이다. 한국의 경우 채팅 사이트나 메신저 활용, 미니 홈피, UCC(사용자가 직접 제작한 콘텐츠) 사이트 등이 눈에 띄는데 반해, 일본은 게시판 문화(예를 들어 2채널(2Channel))가 발달해 있다. 더욱이 개인 미니 홈피나 블로그를 비교해 보면 차이를 느낄 수 있는데, 한국의 미니 홈피는 대부분 자신의 사진이나 친구, 가족사진을 게재해 놓는다. 하지만 일본은 자신의 얼굴 사진이나 개인 정보를 공개하는 경우가 극히 드물다. 오히려 자신이 쓴 일기를 올리거나, 사진을 게재하더라도 경치나 자신의 소지품 사진만 공개하고 있다. 그 대신 자신을 어필하고 싶을 때에는 아바타를 자주 사용하는데, 일반적으로 얼굴, 머리 모양, 옷, 아이템 등 원하는 대로 바꾸어 실제 자신의 모습을 남에게 보이지 않고도 자신을 표현할 수 있어 인기가 높다. 그리고 이러한 사람들을 위한 서비스가 생겨났는데, 아바타를 꾸미는데 자신의 얼굴과 비슷한 초상화 아바타를 만들어 주는 서비스나, 옥션 사이트에서는 희귀 아이템이 꽤 비싼 가격에 팔리고 있다. 이와 같은 차이는 한국이 활동적이고 남에게 보이는 것을 좋아하는 동적인 성격인 것에 대해, 일본은 소극적이고 신중한 정적인 성격에 기인한다고 볼 수 있다.

그리고 휴대전화의 활용을 들 수 있다. 사실 메시지 교환이나 게임, 인터넷, 방송 서비스 등 서로 공통점이 있지만, 가장 큰 차이점은 일본에서는 휴대전화를 이용해 이메일을 주고받는 것이 일반적이라는 사실이다.

물론 우리도 휴대전화로 이메일을 이용할 수 있지만 이용하는 사람은 일부에 지나지 않고, 대부분 컴퓨터를 통한 온라인으로 주고받고 있다. 이것은 아마도 한국에서는 PC방이 많아 어디에서나 컴퓨터를 사용할 수 있는데 반해서, 일본에서는 넷 카페(Net Cafe)가 그다지 많지 않은 관계로 주로 휴대전화를 이용한 문자 메시지보다 이메일을 보내거나 인터넷 검색, 쇼핑, 게임 등을 하는 경향이 있다.

02 | 일본 인터넷의 특징과 현황

1) 인터넷 사이트의 특징

(1) 2채널

일본에서 가장 유명한 게시판 사이트로 1999년에 니시무라 히로유키(西村博之)가 개설한 2채널(2ちゃんねる : 컴퓨터에서 정보의 전송, 기억 등에 쓰는 2개회로라는 의미)을 들 수 있다. 2채널은 일본 사회에서 일어나는 모든 사건에 대한 주제가 있을 정도로 다양하고 수많은 주제별 카테고리가 있다. 그리고 이 사이트의 가장 큰 특징은 신원을 밝히지 않고 글을 올릴 수 있는 익명 게시판이란 점이다. 즉 투고자가 고유의 아이디를 사용하지 않고 무명인(名無しさん) 등의 익명으로 글을 올리므로 누구의 글인지 식별할 수 없는 커뮤니케이션이 전개되고 있다. 이러한 익명성을 사용하기 때문에 범죄 예고나 명예 훼손, 인권 침해, 내부 고발 등이 일어나고 있으며, 특히 2000년 5월에는 17세 소년이 버스를 납치하면서 게시판에 범죄 예고를 암시하는 글을 남기기도 하였다. 하지만 익명으로 글을 올

린다고 해도 IP주소 등의 통신기록이 남기 때문에, 범죄 수사 때 게시글을 올린 투고자를 찾아 낼 수 있다. 한편, 2채널에 있었던 실제 글이 책이나 영화로 만들어진 경우도 있는데, 그 대표적인 것이 바로 「전차남(電車男)」이다. 어느 날 한 남자(핸들명 전차남)가 전철 안에서 난동을 부린 취객으로부터 젊은 여성(일명 에르메스)을 구해내면서 시작되는 사랑 이야기로, 연애 경험이 전무한 이 남자를 위해 많은 네티즌(남자친구에게 차인 간호사, 샐러리맨 기혼자, 전업주부, 하루 종일 만화방에 있는 3인조 청년, 히키코모리 청년 등)이 연애 코치를 해주는 내용으로 화제를 불러일으키기도 하였다.

참고로 게시판에는 문자를 나열해 캐릭터 등의 그림을 그리는 얼굴문자(顔文字)나 아스키 아트(アスキーアート) 등을 엿볼 수가 있는데, 그 예를 살펴보면 다음과 같다.

- 얼굴문자(顔文字, 이모티콘)는 한 줄 이내로 작성되는 것이 일반적이다.

- 웃을 때 : (^▽^), (^ω^), (° ∀°), (・∀・)ニヤニヤ,
  (*^_^*), v(^_^)v
- 기쁠 때 : ｷﾀ━━━━(°∀°)━━━━!!!!, ヽ(´▽｀)ノ♪, (*^^)v,
  (^^♪, (*^ー°)b
- 화날 때 : (#｀Д´), (*° Д°), (♯・∀・), ヽ(｀Д´)ノ
- 슬프거나 울 때 : (>_<), (T_T), (T▽T), (ΩoΩ), (つд｀)
- 놀랄 때 : Σ(° Д° ;), Σ(@Д@), Σ(° Д° ノ)ノ, (ΦДΦ)!?
- 미안하거나 의뢰할 때 : m(_ _)m, (>人<), (●´・ω・)(●´_ _)ﾍﾟｺ,
  <●>
- 인사, 헤어질 때 : (T_T)/ﾞ, (・∀・)/ﾞ, (*・ω・)ノ~~~,
  ヾ(。・ω・。)

• 2채널에서 유명 캐릭터 중 하나인 모나(モナー)는 상대가 자신이 써놓은 글을 비난하거나 조롱할 때 응수하는 말 "너도 말이야~(お前もな)"로 뒤의 두 음절만 따서 불러진 것이다. 형태는 작은 개 모양이고, 팔이 보이지 않지만 실제로 팔짱을 낀 자세로 이후에 다양한 캐릭터로 파생되어 나갔다.

```
 ∧＿∧    ／￣￣￣￣￣
（ ´∀｀）＜ オマエモナー
（    ）  ＼＿＿＿＿＿
 ｜ ｜ ｜
（＿_）＿）
```

그 밖에 한국과 마찬가지로 젊은이들 사이에서 유행하는 단어나 문장을 축약 혹은 생략해서 쓰는 채팅 용어가 있다.

- あけおめ : 신년인사인 'あけましておめでとうございます(새해 복 많이 받으세요)'의 생략된 표현.
- おは : 인사인 'おはよう'의 약어.
- おはつ : 채팅에 처음 참가하는 사람에게 보내는 인사.
- きもい : '気持が悪い(기분이 나쁘다)'의 약어.
- 激(げき)~ : 단어 앞에 정도를 나타내는 왕~ 을 써서 강조하는 표현으로, 超(ちょう)나 激(げき)를 사용한다.
- ねむねむ : '眠い(졸리다)'에서 파생된 단어.
- メール友(とも) : 메일 친구의 약어.
- 文字化(もじば)け : 문자가 깨져서 나올 경우.
- orz : 좌절할 상황에서 쓰는 OTL의 일본식 표현.
- W : 웃음을 나타내는 영문 표기.

(2) 니코니코 동영상

니코니코 동영상(ニコニコ動畫)은 도완고(ドワンゴ)에서 운영하는 동영상 UCC 사이트이다. 줄여서 '니코동'이나 '니코니코'라고 하며 일반 회원 가입 수는 약 2250만 명으로 그중에 유료회원은 약 130만 명, 모바일 회원은 623만 명이다. 동영상 시청자가 직접 영상 화면에 글자(코멘트)를 삽입할 수 있다는 것이 큰 특징이다. 니코니코 동영상은 모바일 서비스를 운영하며 휴대전화로도 사이트에 접속할 수 있다. 또한 유저나 업로드 양쪽이 서로 교류할 수 있는 기능을 많이 갖추고 있다.

(3) 믹시

믹시(Mixi)는 일본 최대 점유율을 자랑하는 인터넷 커뮤니티 서비스(SNS)이다. 2004년 2월에 서비스를 시작하여, 2007년 7월 기준으로 1000만 명의 회원에 100만 개의 커뮤니티가 있다. 명칭은 'mix(교류한다)'와 'i(사람)'을 합친다는 점에서 유래하였으며, 가입하려면 기존 회원의 초대메일을 받고 일본 휴대폰 메일 주소로 인증해야 한다. 싸이월드 비슷한 일본 사이트로 한국의 1촌 개념과 비슷하다. 현재 제공되어 있는 기능과 서비스는 일기 쓰는 것을 비롯하여 커뮤니티를 만들 수 있다. 또한 사진을 업로드할 수 있으며, 댓글은 물론 뉴스 서비스, 게임, 채팅, 트위터, 키워드 검색, 동창회 찾기, 위치정보 검색 등이 있다.

(4) 그 밖의 인터넷 사이트

우선 생활 정보 사이트로 피아(pia)가 있다. 피아는 디지털 추첨방식을 이용해 더욱 공평한 예매 제도를 실시, 차별화된 티켓 판매 전략으로 성공한 사이트이다. 그리고 고객이 원하는 맞춤정보를 제공하는 아이사이즈(isize)나 휴대폰만 있으면 실시간으로 정보를 제공하는 모바일 콘텐츠 제공업체인 오데나비(odenavi), 또한 일본 전국에 있는 편의점을 이용한 지역주간 정보지 워커스 넷(walkers net), 유료 온라인 지도 서비스 마피온(mapion)이나 경품 안내 사이트 찬스 잇(chance-it), 온라인 가라오케 사이트 킹통(king tong), 일본 최대의 온-오프라인 서점으로 기노쿠니야(kinokuniya) 등이 있다.

2) 일본 인터넷 현황

(1) 인터넷 카페(インターネットカフェ)

우리나라에서는 시내 어디에서나 PC방을 찾아 볼 수 있는데, 일본에도 이와 유사한 인터넷 카페(Internet café)가 있다. 즉 2001년부터 일반화되기 시작한 인터넷 카페는 미국에서는 사이버 카페라고도 하는데, 일본에서는 네트 카페(ネットカフェ), 네카페(ネカフェ), 네트 깃사(ネット喫茶) 등으로 말하기도 한다. 본래 이전부터 있던 망가 깃사(漫畫喫茶 : 한국의 만화방)에 인터넷을 설치한 것으로, 만화나 잡지는 물론, 인터넷, 게임 등

을 즐길 수 있다. 다만 우리나라 PC방은 대부분 누구나 보이는 곳에서 인터넷을 하는 것과 달리 일본에서는 그와 함께 싱글 개인실이나 두 사람이 동시에 컴퓨터를 이용할 수 있는 페어실(ペア席) 또는 신발을 벗고 들어가 편히 쉴 수 있는 플랫실(フラット席), 3명 이상이 이용할 수 있는 리빙룸(リビングルーム) 등이 있다. 요금은 처음 1시간은 대체로 400~600엔 정도이며, 이후 연장은 15분마다 150~250엔 수준이다. 그 외 3시간에 1000엔, 6시간에 1800엔인 패키지 요금도 있다. 특히 인터넷 카페에서는 숙박도 할 수 있다. 즉 오후 8시 이후에 들어가서 아침 8~9시에 나오는데, 가격은 패키지 요금으로 1000~2000엔 정도이다. 더불어 넷 카페 난민(ネットカフェ難民)이 점차 증가하고 있는데, 이들은 소위 홈리스의 한 부류로, 일정한 주거없이 단지 숙박을 목적으로 인터넷 카페를 이용하는 사람들을 가리키는 신조어(新造語)로 사회문제가 되고 있다.

(2) 온라인 게임

우리나라에서는 온라인 게임이 인기를 끌고 있는데 반해, 일본에서는 온라인 게임보다 오히려 소니(ソニー)의 PS(플레이 스테이션)나 닌텐도(任天堂)의 위(Wii)와 같은 가정용 게임기가 인기를 유지하고 있다. 그 이유로 일본의 경우 PC가 보급되기 전 1983년에 가정용 게임기인 패미콘(ファミリ

-コンピューター)이 발매 및 대히트를 친 이래 게임 붐이 일기 시작했으며, 그 이후로도 마리오(マリオ)나 돈키 콩(ドンキーコング)과 같은 일본인들이 좋아하는 캐릭터를 게임에 접목하여 시리즈화한 것이 많기 때문이다. 현재 인터넷이 보급되어 인터넷을 통한 온라인 게임이 가능해도 여전히 닌텐도나 소니 등 가정용 게임기를 생산하고 있으며, 최근에는 휴대용 게임이 등장하여 가정용 게임기와 함께 일본 게임 시장에 크게 자리잡고 있다.

일본에서 온라인 게임의 대표적인 롤플레잉 게임으로는 <위자드리(ウィザ-ドリィ)>가 있다. 원래 1981년 미국의 Sir-Tech사에서 애플Ⅱ용으로 개발된 게임으로 게임 환경의 변화와 함께 발전해 왔으며 지금도 매니아를 중심으로 꾸준히 개발되고 있다. 이 이외에도 스퀘어 애닉스(スクウェア・エニックス)에서 출시한 <파이널 판타지 온라인(ファイナルファンタジーオンライン)>시리즈나 <드래곤 퀘스트(ドラゴンクエスト)> 시리즈가 인기를 끌고 있다.

(3) 온라인 소설

일본 인터넷 특징 중 하나로 온라인 소설을 들 수 있다. 온라인 소설이란 인터넷이나 컴퓨터 통신에 올린 소설을 말하는 것으로 네트 소설이나 웹 소설, 혹은 온라인 노벨이라고도 한다. 이것은 1980년대 중반부터 아마추어 작가들이 자신의 작품을 인터넷에 올린 것을 시작으로 유행하게 되었는데, 처음 온라인 연재소설은 구사노네BBS(草の根BBS : PC통신 중 주로 개인이나 그룹이 운영한 전국규모는 아닌 소규모인 것)의 <마이크로컴퓨터센터(マイコンセンター)>에 연재한 하라다 에리카(原田えりか)의 『죽은 자가

꾸는 꿈(シシャノミルユメ)』이다. 초창기에는 PC통신으로 무료로 소설을 읽을 수 있었지만, 1998년 전후로 인터넷 보급으로 인해 온라인 문예의 주축은 주로 통신이 아닌 인터넷으로 대체되었으며, 아마추어 작가들도 소설 투고 사이트로 대체되었다. 현재 인터넷에서 유료로 공개되는 소설은 '온라인 출판'이라고 하여, 오프라인 소설과 구별하고 있다. 더욱이 휴대전화의 보급으로 인한 집필·열람을 할 수 있는 '휴대전화 소설'이라는 형태로 바뀌고 있다.

(4) 휴대전화 소설

휴대전화 소설(ケータイ小說)은 휴대전화상 SNS나 블로그를 사용하여 집필하고, 일반 웹사이트가 아닌 휴대전화용 사이트에 공개하는 것을 말한다. 즉 인터넷상 소설 투고 사이트에 발표된 온라인 소설의 한 형태로서 매체의 차이에 따라 구별된다. 물론 웹 공간이기 때문에 휴대전화 이외로도 액세스가 가능하다. 이러한 휴대전화 소설은 2000년대 태어난 젊은이들의 문화 중 하나로 주목되어 문학, 사회학, 교육, 마케팅론, 미디어론 등 각종 방면에서 언급되고 있다. 휴대전화 소설의 특징은 우선 휴대전화가 일상생활에 필수품으로 정착된 영향이 강하며, 장소나 시간에 구애받지 않는다는 점도 보급 원인의 하나라고 볼 수 있다.

휴대전화 소설의 유행은 2002년부터 2005년 사이에 처음 요시(Yoshi)가 개인 사이트상에 연재한 『Deep Love』를 시작으로, 휴대전화 소설의 여왕이라 불리는 나이토 미카(内藤みか)의 작품이 히트하면서 휴대전화 소설을 증폭시켰다. 그 이후에도 무료 홈페이지 작성 사이트인 마법 i랜드(魔法のiらんど)에 아마추어들의 소설 투고 붐이 일어나, 연이어 베스트셀러가 되거나 영화화되었다.

휴대전화 소설의 특징은 주로 문체의 특징이라 말할 수 있는데, 먼저 행을 바꾸는 경우(改行)가 많고, 문장이 짧으며, 회화문이 많고, 횡서체이며, 정경묘사나 심리묘사가 적다. 또한 이모티콘・기호 등을 많이 사용하며, 주인공의 주관시점・의식의 흐름에 따른 기술이 많다는 점이다. 그리고 장르별로 보면 SF나 공포, 미스터리, 역사물, BL(Boys Love)물이나 소녀를 주인공으로 한 연애소설이 많다. 더욱 큰 특징은 집필 과정에서 쌍방향성을 가졌다는 점이다. 다시 말해 소설 투고 사이트상에서 연재중인 소설을 읽은 독자가 작가에게 감상 등을 보내면, 작가는 그것을 참조해 다음 소설을 연재할 때 이야기 전개를 바꾸는 등 작가와 독자 사이의 직간접적인 교류가 이루어진다. 그리고 2006년부터 휴대전화 소설상(賞)인 <일본 휴대전화 소설대상>이 제정되었으며, 2010년 현재 <마법 i랜드 대상>이 이어져 오고 있다. 참고로 휴대전화 소설 사이트로는 주로 남자는 모바게 타운(モバゲータウン)을 그리고 여자는 마법 i랜드를 많이 이용한다.

3) 인터넷 상의 문제점

(1) 익명성 문제

현재 한국에서도 인터넷에 의한 사이버 범죄나 개인정보유출, 악성댓글 등으로 많은 문제가 발생하고 있는데, 일본 또한 그와 무관하지 않다. 특히 위에서도 언급한 2채널의 경우, 특정 주제를 중심으로 토론이나 정보 교류를 하는 과정에서 재미있고 다양한 의견이나 교류를 할 수 있다는 장점이 있는 반면, 자신의 신원을 밝히지 않고도 글을 올릴 수 있는 익명성을 이용하여 개인은 물론 단체나 국가를 상대로 비난하거나 경멸하는 내용의 글이 아무런 여과 없이 게재됨으로써 사회 문제가 되고 있다.

더욱이 이러한 인터넷의 익명성에 의한 피해는 최근 문제가 되고 있는 '학교 비밀 사이트(學校裏サイト)'에서 더욱 뚜렷이 나타나고 있다. 학교 내부 사이트는 학교의 공식 사이트와는 관계없이 학생(아니면 졸업생)이 개인적으로 만든 사이트로, 정보 발신이나 교환을 목적으로 하고 있는 사이트를 말한다. 물론 정보 교환만 이루어진다면 별 문제가 없겠지만, 문제는 그 사이트의 게시판을 통해서 특정 학생(혹은 교사)을 비방하는 데 문제가 있다. 이것은 해당 학생을 실제로 따돌림시키지 않아도 실명이나 휴대전화 번호, 메일 주소 등을 공개하여, 이 게시판을 본 사람들이 피해자에게 중상모략이나 장난 전화를 걸기도 한다. 게다가 이 사이트는 대부분 외부 사람이 들어올 수 없도록 패스워드를 설정해 놓거나, 휴대전화로만 접근 가능하게 해 학교명으로도 쉽게 검색할 수 없다. 현재 이와 같은 학교 내부 사이트는 약 4천개 이상 있는 것으로 알려져 있다. 사실 이러한 익명 게시판은 2002년에 이미 존재하였으며, 2006년 8월에 방송된 뉴스를 통해서 '학교 비밀 사이트'의 존재가 알려졌다. 특히 2007년 9월 고베(神戸)시에 있던 한 고등학교에서 자살사건이 발생했는데, 이것은 '학교 비밀 사이트'에 피해자 학생에 대한 비방이나 협박에 의한 것으로 알려지기 시작하면서 사회문제가 되었다. 또한 2007년부터 1년간 방영된 TV 드라마 「3학년 B반 긴파치 선생님(3年B組 金八先生)」에서도 소재가 되기도 하였다.

(2) 사이버 범죄

사이버 범죄란 주로 컴퓨터 네트워크에서 일어난 범죄를 가리키는 말로, 해마다 증가하고 있다. 그 예로 네트워크를 이용한 불법거래나 데이터 대량유포에 따른 저작권 침해, 해킹, 법률에 저촉되는 데이터 공개 등이 있으며, 그 이외 익명 게시판을 이용한 명예훼손, 업무방해도 해당된다. 물론 사이버 범죄의 배경에는 인터넷이 세계적으로 연결되어 있는 점과 컴퓨터의 발달, 신기술을 이용한 수법의 지능화에 따른 것으로 이와 함께 범죄 또한 점점 복잡하고 교묘하게 발달하고 있다.

이러한 네트워크를 이용한 사이버 범죄의 특징을 살펴보면 익명성—상대방의 외모는 물론 필적, 지문 등 흔적을 남기지 않고, 증거 확보의 어려움—네트워크상에서 일어난 범죄의 증거로는 파일 및 시스템 사용 내역 등 전자 데이터뿐으로 범인이 삭제하는 경우가 많다. 그리고 피해 대상자가 불특정 다수—네트워크가 범죄로 악용되는 경우에 시간적·지리적 제약이 없기 때문에 피해가 순간적이며, 국경을 초월한 불특정 다수에게 미친다고 할 수 있다.

현재 PC와 인터넷 보급은 사회 각 방면마다 정보화를 급속도로 진전시켜, 소위 네트워크사회를 이루게 하였다. 그리고 네트워크사회에서 정보전달은 거의 대부분 전자메일이나 전자게시판 등으로 이루어진다. 그 결과 우리의 활동 공간은 현실 세계와 더불어 눈에 보이지 않는 또 하나의 세계, 즉 사이버 공간에서도 확장되어 갔다. 이처럼 새롭게 등장한 사이버 공간은 지리적, 시간적으로 제약이 없으며 익명성, 무흔적성, 불특정 다수성 등 현실 공간과 다른 특성을 갖고 있다는 점에서 사이버 범죄의 증가 원인이 되고 있다.

아래는 일본의 사이버 범죄 검거 수에 관한 표로 다음과 같다.

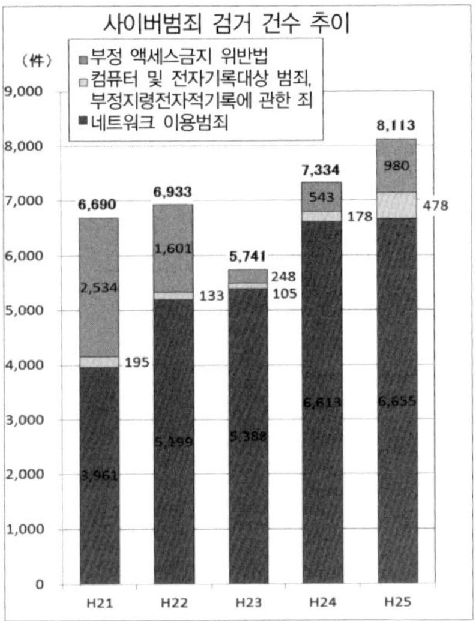

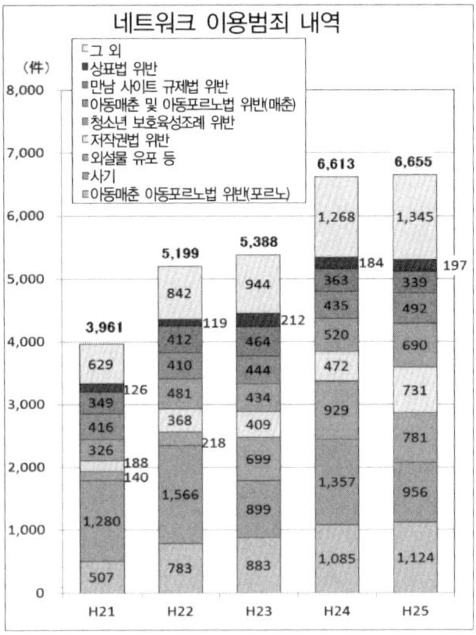

(일본 경시청 공보자료 2013년 3월 27일 「2013년 사이버범죄 검거상황에 대해서」)

(3) 저작권 문제

웹 공간에서는 콘텐츠나 코드, 네트워크의 프로토콜 모두 디지털 데이터로 쓰여 있는데, 전면적인 디지털화는 인터넷으로의 미디어 통합을 가속시키고 있다. 그와 동시에 이러한 디지털화는 '복제의 단순화(copy free)'라는 상황을 만들어냈다. 지금까지의 복제가 사진기, 녹음기, 복사기를 시작으로 한 다양한 복제기술의 문제였다면, 인터넷은 오히려 복제의 단순화를 대전제로 한 '복제환경'의 문제라고 할 수 있다. 즉 제약이 없다면 원본의 완전한 복사가 무제한, 무상으로 가능한 것이다.

이와 같이 '복제 용이화'는 웹 공간에 디지털 정보가 업로드되면 제약이 가해지지 않는 한, 무제한 그리고 무상으로 원본의 완전 복제가 가능하다. 음악, 영화, 소설 등의 '표현'은 예외없이 디지털 데이터화가 가능하며, 웹 공간에 업로드되는 순간 여기저기에서 복사를 한다. 저작권 대상은 표현이며, 표현의 완전한 '복제 용이화'는 현행 저작권을 무효로 만들어 버리고 있다. 즉 '복제 용이화'는 무질서한 복사 행위를 촉진시켜, 기득권을 가진 저작권 비즈니스 관계자에게 큰 손해를 입히고 있다.

일본 경시청(警視廳)에서는 저작권을 '지적소유권' 중 하나로 정의하며, 지적소유권(혹은 지적재산권)이란 인간의 지적 창작활동 등에서 생산된 것에 대한 권리의 총칭이라 한다. 즉 저작권은 저작물에 대한 창작자의 권리로, 그 이용에 관해서 인정된 권리이다. 저작물은 저작권법 제2조에 있어 '사상 또는 감정을 창작적으로 표현한 것으로, 문예나 학술, 음악 범위에 속한 것이다'고 정의하고 있다. 그리고 저작자가 가지는 권리에는 저작자의 정신적, 인격적 이익을 보호하는 '저작자인격권'과 재산적 이익을 보호하는 '저작자재산권'이 있으며, 특히 저작권 및 저작자인격권은 지직물을 창작한 시섬에서 발생하여 저작자가 죽은 후 50년까지 보호된다.

또한 저작권법에 적용되는 사례를 살펴보면, 언어로 쓰여진 저작물(논문이나 소설, 각본, 가사, 강연 등)이나 음악 저작물(악곡, 가사 등), 미술 저작물(글씨, 회화, 판화, 만화, 무대장치, 미술공예품 등), 건축 저작물(건축물 설계 등), 지도나 도형 저작물(지도와 학술적 도면, 도표, 모형 등), 영화 저작물(영화관에 상영된 영화, TV영화, 비디오나 DVD 등), 사진 저작물, 프로그램 저작물(컴퓨터 프로그램 등)이 있다. 더 구체적인 사항을 알고 싶으면 경시청홈페이지(http://www.keishicho.metro.tokyo.jp/haiteku/haiteku/haiteku46.htm)나 공익사단법인 저작권정보센터(公益社團法人著作權情報センター. http://www.cric.or.jp) 참조.

03 | 휴대폰 소설 Yoshi의 『Deep Love 제1부 아유이야기』

작가 요시(Yoshi)의 『Deep Love』 시리즈는 총 4부작으로 제1부 『아유이야기(アユの物語)』(2002. 12), 제2부 『호스트(ホスト)』(2003. 5), 제3부 『레이나의 운명(レイナの運命)』(2003. 7), 제4부 『유기견 파오이야기(パオの物語)』(2003. 7)로 구성되어 있다. 2000년 10월부터 자신의 개인 사이트인 '세븐'에 공개하기 시작하여 여고생을 중심으로 화제가 되었다. 그 이후 자비로 출간해 10만 부가 팔리고, 2002년에는 스타쓰(スターツ) 출판사에서 정식으로 출판되어 전 시리즈가 270만 부 팔렸다. 이러한 자비 출판 배경에는 당시 휴대전화 정액제가 없어 휴대폰 사이트상에서 읽으면 요금이 많이 든다는 독자의 요청이 있었기 때문이다.

특히 『아유이야기』는 첫 장부터 10대 여고생과 중년 남성 간의 성적 묘사를 시작으로, 전편에 걸쳐 원조교제, 마약, 죽음, 강간, 에이즈, 자살 등이 충격적으로 그려지고 있다. 여기에 간단히 사례를 인용하면 다음과 같다.

> 불꺼진 어두운 방 안, 겐지는 아직 돌아오지 않았다.
>
> 시부야에서 호스트를 하고 있는 겐지는 올해 21살이 된다. 가게에서는 여자들에게 꽤 인기가 있는 것 같다. 클럽에서 겐지가 말을 건 게 서로 알게 된 계기였다.
>
> "집 어디야? 바래다 줄게"
>
> "집? 그런 거 없어"
>
> "잠 잘 곳은 있어?"
>
> "아니"
>
> 그날 그대로 겐지의 집에서 묵게 되었고, 그 대신 공짜로 성관계를 맺었다. 갈 곳이 없을 때에는 겐지의 집에서 지내게 되었다. 아유에게

는 이런 관계가 편했다. 연애라든가, 사랑이라든가, 외쳐대는 녀석들은 지겹다. 사랑 따위 아유에게는 쓸데없는 말이었다.

(灯りの消えた暗い部屋。健二はまだ帰っていない。

渋谷でホストをやっている健二は、今年21歳になる。店では人気があるらしい。クラブでナンパされたのが知り合うきっかけだった。

「家、どこ？送ってくよ」

『家? そんなのないよ』

「泊まる場所あんの？」

『ない』

そのまま泊めてもらい、代わりにタダでやらせた。それから、行く場所のないときは、ここで寝るようになった。アユには、こんな関係が楽だった。恋だの愛だの、吠える奴はタルイ。愛なんて、アユには必要ない言葉だった。)

위의 문장 표현에서도 알 수 있듯이 휴대폰 소설 특성상 문자수가 적으며, 문장이 짧고 간결하다. 표현에 있어서도 회화문을 낫괄호(「 」)과 겹낫괄호(『 』)로 나누어 사용하여 말하는 사람을 식별하기 쉽게 썼고, 이외에도 문장 중에 < >를 이용하여 작가의 의견을 삽입하고 있다. 내용상 연이은 충격적인 사건이 발생하면서 내용 전개가 빠른 것도 특징이라 할 수 있으며, 더욱이 10대 소녀를 주인공으로 한 것은 이후 휴대폰 소설에서 하나의 형식으로 자리잡게 되는 결정적인 계기가 되었다.

평론가 혼다 도루(本田透)는 "리얼 계통의 휴대폰 소설에 있어 자주 등장하는 매춘, 강간, 마약, 불치병, 자살, 진실한 사랑과 같은 일곱 가지를 <휴대폰 소설의 일곱 가지 대죄(大罪)>라고 언급하면서, 본 작품인 『아유 이야기』만으로도 이러한 모든 죄가 그려져 있다"고 평하고 있다. 또한 저널리스트 시모다 히로쓰구(下田博次)는 "시부야 부근에서 실제로 원조교제를 하는 소녀의 체험을 근간으로 집필하여 소녀들의 공감을 얻어 히트한 점에서 <아이들이 만든 아이들용 포르노 소설>"이라고 비판하고 있다. 이것은 소설의 인기와 관련해서 최근 현대 일본 젊은이의 향락적, 퇴폐적, 즉흥적 문화에 대한 비판과 우려를 나타냈다고 할 수 있다.

04 | 인터넷과 한류 현상

1990년대 후반부터 한국의 TV 드라마가 중국에 수출되는 것을 시작으로 대만, 타이, 필리핀, 베트남, 말레이시아, 인도네시아 등, 특히 일본에서는 「겨울연가(冬のソナタ)」 방영으로 크게 인기를 얻게 되었다. 그리고 2000년대 초 중국 언론에서는 이러한 한국의 대중문화에 대한 열풍을 표현하기 위해 '한류'라는 용어를 사용하여 널리 알려졌다.

초기 한류는 주로 드라마를 중심으로 한국 대중문화가 동남아시아로 퍼져나갔다고 한다면, 2000년대 이후의 한류는 K-POP을 시작으로 최근에 「강남스타일」에 이르기까지 가요를 중심으로 한 문화를 시작으로 음식, 패션, 가전기구 등 한국 관련 모든 제품이 동남아시아는 물론 유럽이나 미주지역에 이르는 전 세계적으로 확대, 보급되어 나아갔다. 이러한 한류 붐 원인 중 하나는 바로 유튜브(You Tube)나 페이스 북(Face Book) 등과 같은 인터넷의 발달과 함께 한국 대중문화가 보급 · 확산된 것으로 이전 시대에서는 찾아보기 힘든 현상이라 할 수 있다.

이러한 전 세계 인터넷 보급 확대에 맞추어 일어난 한류 현상은 외국인이 직접 한국에 오지 않더라도 우리 고유문화를 아는 주요한 긍정적 수단이 되기도 한다. 그리고 앞으로도 계속 유지, 생산하기 위해서는 무엇보다 지금의 한류문화를 체계화, 보편화시킴으로써 한때 유행으로 끝나지 않도록 해야 하는 것이 중요하다. 또한 새롭고 다양한 문화콘텐츠의 끊임없는 개발이 필요하다. 즉 한류를 지속적으로 발전시키기 위해서는 각 나라나 지역 간의 정치, 사회, 문화, 역사 등을 고려한 장기적인 관점에서 개발이 중요하다고 본다. 다만 한편으로 인터넷을 정치적 수단으로 악용하는 경우도 적지 않다. 그 예로 최근 일본 한인 타운인 신오쿠보(新大久保)에서 가진 일본 극우파 반한시위는 인터넷을 통한 참여 유도라든가, 악성 댓글, 실시간 중계 등을 하면서 부정적 영향을 끼치기도 한다.

인터넷은 초기에 컴퓨터에서 시작하여 지금은 휴대용 스마트폰으로 진화를 거듭하고 있으며, 이제 현대를 살아가는 우리들에게 없어서는 안 될 필수품이 되었다. 동시에 우리의 일상적 시공간 영역을 파괴하는 것과 동시에 이전에 없었던 새로운 웹 공간에서 자유로운 의사소통이나 정보 교환, 지식 공유 등을 가능하게 하고 있다. 이것은 달리 말해서 인터넷의 발달은 무한할 것이며, 그에 맞게 우리의 삶 또한 변화해 나간다는 것을 의미하기도 한다.

참고자료

마루타 하지메 지음, 박화리 · 윤상현 옮김(2011), 『'장소'론』, 심산출판사
마에다 히로미(2011), 『일본문화』, 넥서스
이진천(2008), 『인터넷 일본어』, 혜지견
Yoshi(2003), 『Deep Love 第1部 アユの物語』, スターツ
http://image.search.yahoo.co.jp/search?ei=UTF-8&fr=top_ga1_sa&p=%E3%83%8D%E3%83%83%E3%83%88%E3%82%AB%E3%83%95%E3%82%A7
http://ja.wikipedia.org/wiki/%E3%83%A2%E3%83%8A%E3%83%BC
경시청 사이버 범죄대책 사이트 http://www.npa.go.jp/cyber/statics/h25/pdf01-2.pdf
경시청저작권 사이트 http://www.keishicho.metro.tokyo.jp/haiteku/haiteku/haiteku46.htm
공익사단법인 저작권정보센터 http://www.cric.or.jp

게임 제11장
Game

01 | 개관

대중문화에서 게임이 차지하는 비중은 무시할 수 없을 만큼 커져 있다. 새삼스레 게임이 갖는 역사적, 사회적 의미에 대해 열변을 늘어놓지 않더라도 테크놀로지, 아트, 스토리텔링이라는 '삼박자'를 갖춘 오늘날 게임의 위상은 거대한 시장을 등에 업고 문화의 중심에 놓이게 되었다. 기억을 더듬어보면 게임의 발달 과정에서 '일본'이 무관했던 적은 없었다. 30여 년 전에 최초의 전자게임이 등장한 이후, 일본은 미국과 함께 게임 시장을 선점해 왔으며 그 영향력은 여전히 유효하다. 온라인 게임을 중심으로 한국을 비롯한 아시아 국가 기업들이 인지도를 넓혀가고 있는 추세이기는 하지만, 두터운 층의 열성 팬을 확보하고 있는 콘솔게임 및 휴대용게임 분야에서는 아직도 일본기업이 독보적인 위치에 있다.

한국에서의 위상도 예외는 아니다. 2004년부터 판매를 시작한 '닌텐도 DS'는 2007년 무렵 한국에서 붐을 이루었고, 판매량은 2009년에 정점에 달했다. 초등학생이나 청소년은 물론 성인에게까지도 인기를 끌어, 한국에서만 300만 대가 넘는 누적 판매량을 추정하면 4가구당 1가구는 이

게임기를 구입한 셈이 된다. 당시 이러한 게임기의 경제파급효과를 의식한 대통령의 발언이 화제가 되기도 했다. "일본의 닌텐도 게임기 같은 것을 개발해 볼 수 없느냐"라는 취지의 언질에 냉소가 쏟아졌던 이유는 '닌텐도DS'가 국가의 정책에 의해 하루아침에 만들어지는 단발성 상품이 아니라는 사실을 대부분의 유저들은 인지하고 있었기 때문이다.

아직까지 일본은 게임 강국임에 틀림없다. 2000년대 이후 온라인게임 개발에 한국이 두각을 나타내고 있기는 하지만, 전체 게임시장의 규모로 볼 때 아직 가야 할 길이 멀다. 과거로 거슬러 올라가면 일본에서 시작된 게임의 발전은 꾸준히 세계 게임시장의 진화와 맞물려 왔다. 그만큼 게임에 누적된 기술력과 발상이 항상 몇 걸음 빨랐으며, 지구촌 대중문화의 한 축을 '일본에서 만들어진 문화'가 차지하고 주도해 왔던 셈이다. 그러나 한편으로는 이렇듯 강한 영향력을 지닌 '일본의 게임문화'가 의외로 한국이나 세계적인 추세와는 또 다른 '일본'만의 특수한 면을 지니고 있는 것도 사실이다. 따라서 게임에 대한 인식과 즐기는 방식의 차이 그리고 선호하는 장르의 차이로부터 가깝고도 먼 나라 일본의 깊은 속내를 발견하는 것도 가능하겠다.

한국의 청소년들이 게임을 즐기기 위해 선호하는 가장 편안한 장소는 누가 뭐라 해도 PC방이다. 그와 달리 일본 청소년들은 거실이나 자신의 방에 놓인 TV에 콘솔게임기를 연결하여 혼자 즐기기를 원한다. 친구와 '길드'를 만들어 함께하는 재미를 추구하는 집단성이 한국 게임 유저의 특징이라면, 다른 사람이 침범하지 않을 나만의 가상세계를 구축하는 단독적 경향이 일본 유저에게는 강하다. 이러한 개인적인 성향이 더욱 개인성을 지향하던 끝에 이제는 가족이 함께하는 거실에서조차 독립된 나만의 공간, 즉 '휴대용게임'의 붐을 탄생시켰다. 2010년까지 선호도에서

1위를 내준 적이 없던 콘솔게임이 어느덧 2013년 현재 휴대용게임에게 추월을 당했다. 흔히 비교문화론에서 한국인의 집단주의문화와 일본인의 개인주의문화를 대비하기도 하는데, 이는 게임의 경우에서도 유효하다고 볼 수 있겠다.

한국콘텐츠진흥원에서는 매년 3월에 한국과 일본의 게임이용자를 대상으로 설문조사를 실시하고 4월에 그 결과를 보고서로 작성하여 공개하고 있다. 본 장에서는 주로 2013년 보고서(「2013 한일 게임이용자 조사보고서」)를 참조하여 설명하고 있으나, 개발과 유행이 급변하는 게임 문화의 특성상 매해 업데이트되는 새로운 데이터와 본 글을 비교하여 변화의 추이를 확인하는 방식의 수업 진행을 권장하는 바이다.

02 | 게임의 종류와 플랫폼별 구분

전자장치를 이용한 게임은 동작을 실현하는 도구와 재현하는 화면의 종류에 따라 크게 5가지 플랫폼으로 구분된다. 물론 개별적인 기준에 따라 조금씩 다른 견해가 있을 수 있지만, 아직까지는 대략 아래와 같은 구분으로 각각의 매출액이나 선호도를 산출하고 비교한다. 구분 방식보다 중요한 점은 나라와 지역에 따라 선호하는 플랫폼이 다르고, 그 차이에는 소비문화의 패턴이나 게임에 대한 인식의 태도 등 각 나라 사람들이 경험해 온 사회적 문화적 배경이 축적되어 있다는 사실이다. 이와 맞물려 각 나라 게임 산업이 추구하는 방향이 결정되다보니, 어느덧 차이는 더욱 견고해져 기정사실로 굳어져 버렸다. 따라서 오늘날에는 거꾸로 선호하는 플랫폼의 차이에 착목하여 각 나라의 문화적인 특징을 파악하는 일이 가능하다.

1) 콘솔게임(비디오게임)

패미콤(HVC-001)

게임만을 위해 고안된 하드웨어이다. 가정용 비디오처럼 텔레비전에 연결해서 즐기는 게임으로 1980년대 이후 급격한 진화와 변화를 거듭해 왔다.

개인용 컴퓨터가 보급되기 이전이었기에 가정용 컴퓨터라는 의미에서 '패밀리 컴퓨터'라 불렀고, 이것을 줄여 흔히 '패미콤(ファミコン)'으로 통용되었다. 그러나 '패미콤'은 원래 1983년에 닌텐도에서 개발한 가성용 게임기 HVC-001의 고유이름이었고, 이것이 인기를 끌면서 콘솔게임을 지칭하는 일반명사로 정착되었다. 참고로 HVC는 Home Video Computer의 약어로 집에서 즐기는 비디오 컴퓨터라는 개념이 이 당시 도입되었음을 알 수 있다.

가정용 비디오 콘솔게임을 개발해온 주된 회사는 소니(SONY), 닌텐도(Nintendo), 세가(SEGA), 에스엔케이(SNK) 등이 있고, 미국에서는 마이크로소프트가 개발한 X-BOX가 대표적이다. 이들 콘솔게임은 일본게임시장에서 가장 역사가 깊고 여전히 비중도 크다.

2) 온라인게임

현재 한국에서 주로 즐기는 게임의 형태이나 한국과 달리 일본에서 차지하는 비중은 매우 낮다. 인터넷에 연결한 가정용 컴퓨터로 게임회사에서 제공하는 사이트에 접속 후 이용하는 게임을 지칭한다. 컨트롤러를 조작하는 콘솔게임과 달리 마우스와 키보드를 사용한다. 컨트롤러에 익숙한 유저의 흥미를 끌기가 어렵고, 광랜의 주택 보급률이 낮아 접근성이 쉽지 않은 이유로 일본에서는 아직 큰 지지를 얻고 있지 못하다. 또한 일본의 게임메이커가 온라인게임 개발을 소홀히 하는 등 개발환경 요소도 복합적으로 작용해 있으며, 무엇보다 한국의 온라인 게임시장 확대에 공헌한 PC방이 일본에는 없다. 인터넷카페나 만가킷사(漫畵キッサ)로 불리는 만화방에 컴퓨터를 비치한 곳은 있지만, 게임보다는 주로 인터넷을 사용하기 위한 장소이다. 게임은 공공장소가 아닌 가정이나 자신의 방에서 즐기는 놀이라는 문화적 인식의 차이를 엿볼 수 있다.

일본 기업의 무관심에 넥슨, 한빛소프트, NC소프트, YNK 등 2000년대 초반부터 많은 한국 회사가 일본 온라인게임시장에 진출했고, 10년이 지난 지금까지도 일본이 한국을 추격하고 있는 모양새이다. 컴퓨터에 CD나 DVD 소프트를 넣고 게임을 직접 기동시키는 PC게임과는 구별된다.

3) 아케이드게임

지금은 PC방에 밀려 눈에 띄게 줄었지만 80~90년대만 해도 한국의 어느 지역에서나 볼 수 있었던 오락실 게임을 말한다. 지금처럼 컴퓨터가 대중화되지 않았고 놀거리도 많지 않았던 때에 한국의 청소년들이 자

주 찾는 공간이었다. 영세적인 한국의 오락실 환경과 달리, 일본에서는 게임센터(ゲーム・センター)라 불리며, 큰 규모의 게임회사 체인점 형태로 이루어진 경우가 많다.

아케이드게임은 비디오게임을 크게 옮겨놓은 게임기 이외에, 직접 가상 체험이 가능한 레이싱게임이나 슈팅게임, 상품을 뽑는 크레인 게임, 동전으로 가벼운 갬블을 즐기는 메달게임 등으로 나뉜다. 다양한 게임을 한 공간에 설치하다보니, 도시에서는 복수 층의 건물을 통째로 게임센터로 만들기도 한다.

일본도 한국과 마찬가지로 80~90년대까지는 번화가와 주택가를 가리지 않고 주변에서 흔히 볼 수 있는 시설이었다. 하지만 현재 약 77%가 넘는 비디오게임기 보유율의 영향과 게임유저의 개인화로 90년대 중반부터는 문을 닫는 게임센터가 급속하게 늘었으며, 전체 게임 선호도에서 차지하는 비중 또한 낮아졌다. 그러나 고가의 게임 기기와 직접 현금을 유통하는 특성상, 매출액을 기준으로 삼았을 때 여전히 일본의 게임 산업 전체에서 부동의 1위 자리를 지키고 있다.

한국과 일본 게임시장에서 주요 플랫폼별 비중

(단위 : 억 달러)

구분		아케이드	PC	온라인	비디오	모바일	전체
한국	매출액	1.35	0.09	56.28	2.42	3.82	63.69
	비중	2.1%	0.1%	88.0%	3.8%	6.0%	100.0%
일본	매출액	76.11	1.18	13.51	59.80	8.08	158.68
	비중	48.0%	0.7%	8.5%	37.7%	5.1%	100.0%

* 「2013 한일 게임이용자 조사보고서」, 5쪽.

4) 휴대용게임

손 안에 들어오는 크기의 게임기로 휴대가 간편하여 어디에서든 즐길 수 있다는 장점이 있다. 앞서 언급한 '닌텐도DS'가 대표적인 휴대용 게임기로, 이밖에 소니의 PSP 시리즈 또한 크게 인기를 끌고 있다. 휴대용게임기는 가정용 비디오게임과 동시에 발전해 왔다. 초기에는 내장된 한 가지 게임만이 가능한 본체로 시작했지만(닌텐도 게임워치), 1989년에 등장한 게임보이시리즈(닌텐도)부터 카트리지를 교환하며 무한종류의 게임을 즐기는 비디오게임 방식이 도입되었다. 근래 일본에서는 닌텐도DS시리즈의 인기에 힘입어 압도적인 게임유저수를 자랑하고 있으며, 주로 이용하는 게임 항목을 묻는 2013년도 조사에서는 24.3%로 나타나, 23.8%의 모바일게임과 15.8%의 비디오게임을 제치고 1위를 차지했다(「2013 한일

게임이용자 조사보고서」, 41쪽).

2011년 봄부터 3D게임이 가능한 휴대용 게임기 3DS가 출시되고 있으며, 2012년도에는 하나의 플랫폼으로 비디오게임과 휴대용게임이 모두 가능한 Wii-u가 발매되는 등 현재도 진화를 거듭하고 있다.

5) 모바일게임

스마트폰이나 태블릿PC를 이용해 즐기는 게임을 말한다. 2010년대에 들어오면서 급격히 신장한 스마트폰의 보급과 발달로 유저가 급속히 늘고 있다. 모바일폰이나 스마트폰에 내장된 게임이나, 외부 어플리케이션으로부터 다운을 받아 즐기는 경우가 대부분이다. 일본의 경우 아직까지는 휴대용게임기에 비해 이용도가 낮지만 머지않아 휴대용게임기를 추월할 것으로 예상되고 있다. 앞으로 스마트폰의 진화가 분명한 만큼 게임소프트의 무한한 개발 가능성이 점쳐진다. 모바일게임이 발전함에 따라 휴대용게임기가 쇠퇴할지, 혹은 휴대용게임기와의 결합으로 이어질지는 좀 더 두고 볼 일이다.

03 | 일본 게임 산업의 특징

1) 게임 경향의 한일비교

한국과 일본의 게임 선호 경향과 차이를 들여다보면 확연한 차이를 느낄 수 있다. 한국에서는 PC를 이용한 온라인게임을 즐겨하는 것과 달리,

일본의 게임유저들은 '전통적인' 콘솔게임을 좋아하기 때문이다.

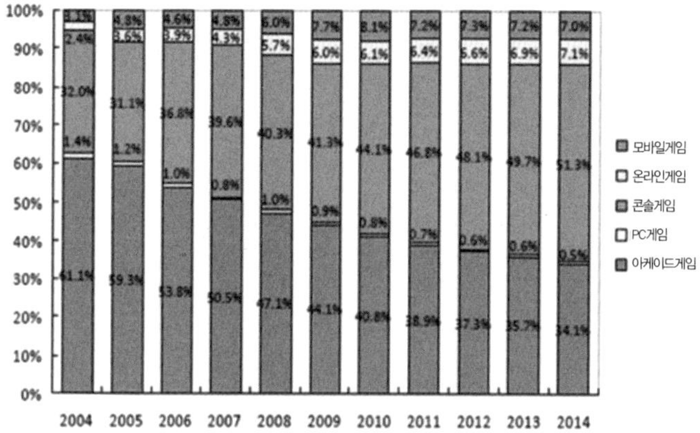

일본 게임시장의 규모와 비중

* 출처 : 이상혁, 「아이러브 PC BANG」, 2010년 09월 16일 http://www.ilovepcbang.com/news/articleView.html?idxno=13243 (2009년도까지는 실제 비율, 2010년도 이후는 전망 비율)

위의 그래프가 말해주듯이 2010년 일본 게임시장의 대부분을 아케이드게임과 콘솔게임(비디오게임)이 차지한다. 그러나 과거로부터 살펴보면 해가 지날수록 아케이드게임은 줄어드는 추세이고 대신 콘솔게임의 비중이 점점 늘어나고 있다. 그에 비해 온라인게임이나 모바일게임의 비중은 아직 왜소한 수준이다. 물론 이 그래프는 시장규모를 나타낸 것이기에 반드시 유저수의 비중과 동일하지는 않다. 더군다나 게임 소프트와 관계없이 이미 하드웨어를 소지하고 있는 온라인게임이나 모바일게임의 유저는 초기비용이 들지 않는다는 점에서 시장경제에 미치는 영향이 아케이드 및 콘솔게임보다 적을 수 있다. 그러나 이러한 모든 점을 감안하더라도 한국과의 차이는 확연하다. 유저수이든 시장규모이든 한국에서 아케이드게임과 콘솔게임의 비중이 크지 않기 때문이다. 일본과는 정반대로 한국에서 온라인게임과 모바일게임을 합친 비중은 80%에 가깝다.

한편 「2013 한·일 게임이용자 조사보고서」에 의하면, 주로 이용하는 게임분야에서 한국은 전체 응답자의 38.7%가 선택한 온라인게임이 1위이며, 모바일게임(33.1%)과 PC게임(14.5%)이 각각 2위와 3위인 반면, 일본은 휴대용게임(24.3%), 모바일게임(23.8%), 콘솔게임(15.8%) 순으로 나타났다. 무엇보다 가장 두드러진 차이는, 한국에서 38.7%의 응답자가 선택하여 1위를 차지한 온라인게임이 일본에서는 2.3%로 최하위에 머무르고 있지만, 일본에서 35.1%가 선택하여 1위에 오른 휴대용게임은 한국에서 5.4%로 4위에 그치고 있다는 사실이다. 심지어 일본인 응답자의 40.5%가 온라인게임에 대해 '모른다'고 응답했고, 77.7%는 지금까지 한 번도 온라인게임을 한 적이 없다고 답했다.

그렇다면 이러한 차이는 어디에서 시작된 것일까? 콘솔게임에 익숙한 일본인의 인식에는 신제품에 대한 욕구가 강하다. 콘솔본체는 물론 인기 게임소프트가 새롭게 발매되는 날이면 어김없이 전날부터 전자상가 앞에 긴 줄을 서서 밤을 새우는 모습을 흔히 볼 수 있다. 누구보다 먼저 체험해보고 싶은 강한 기대로부터 그만큼 게임에 대한 애정이 엿보인다. 정당한 대가를 지불하고 문화를 '구입'하는 행위는 해당 콘텐츠에 대한 신뢰를 의미하고, 이 신뢰의 순환이 곧바로 이어질 신상품, 신문화 개발의 동력이 되기도 한다.

여기에는 게임메이커의 전략도 주효하다. 예를 들면 콘솔게임의 본체 가격은 구매자가 손에 넣을 수 있는 '적당한' 가격으로 책정된다. 초기 게임기의 경우 개발비용이 만만치 않았기에 본체 값이 4만 엔 정도로 비싼 편이었지만, 이후 게임 산업이 궤도에 오른 80년대 중반 이후부터는 늘 2만 엔 전후로 고정되어 왔다. 고성능을 자랑하는 소니의 PS3의 경우

4만 엔에 가까운 고가이기에 2만 엔에 못 미치는 Wii에 비해 판매실적 면에서 고전을 면치 못한 현상이 이를 반증한다. 이렇듯 가격 경쟁력에서 PC보다 저가를 유지하는 콘솔게임기의 인기 비결은, 동시에 콘솔게임기보다 더 저렴한 휴대용게임기가 최근에 경기 침체기인 일본에서 부쩍 인기몰이를 하는 이유와도 연결된다.

그와 달리 한국에서는 대중문화에 경비를 지불하는 일에 아직 익숙하지 못하다. 게임만을 위해 30만 원 이상 들이는 경우는 드물다. 콘솔본체보다 비싸지만 다용도로 사용할 수 있는 PC를 구입한 후 게임소프트는 무료로 다운로드를 받아 최소한의 비용으로 게임을 즐기기 원한다. 손쉽게 게임소프트를 구할 수 있는 공유문화가 형성되어 있기에, 본체와 소프트를 일일이 구입해야 하는 콘솔게임보다 PC게임이 경제적이면서도 편리하게 느껴지기 때문이다. 게다가 전국 어느 지역에 가더라도 반드시 발견되는 PC방은 PC 위주로 게임문화가 형성되는 데 일조한 한국만의 독특한 현상이다.

한국의 온라인게임회사가 한국 유저의 취향을 거꾸로 이용한 부분이 바로 이점이다. 온라인게임은 대부분 무료로 다운이 가능하다. 그러나 '스텟'을 올리기 위해서 유료 '아이템'은 필수이며, 게임이 진행됨에 따라 유저는 스스로의 욕구에 이끌려 아이템을 구입한다. 시스템을 제공하고 아이템판매로 수익을 얻는 게임운영은 콘솔게임에서는 불가능한 발상이다. 초창기에 다운로드 자체가 유료인 온라인게임이 대부분이었던 일본도 지금은 한국과 같은 시스템을 도입하고 있다. 하지만 이것은 어디까지나 온라인게임 특유의 방식으로, 온라인게임이 제공할 수 없는 콘텐츠 영역에서는 아직도 더 많은 자금과 시간의 투자가 요구된다. 적은 투자로 단기간에 이익을 창출할 수 있는 온라인게임이기에, 후발주자 한국 기업이 뛰어들 수 있었고, 오랜 세월의 노하우와 기술력이 없이는 창출이 불가능한 콘솔게임과 휴대용게임이기에 일본의 아성은 견고함을 유지하고 있다.

대중문화를 대가 없이 향유하거나 돈을 들이지 않고도 손쉽게 얻을 수 있다는 생각, 혹은 게임은 공짜라는 인식과 환경에서는 생산 주체의 지위를 확보하기 어렵다. 닌텐도나 소니, 마이크로소프트와 같은 메이커에 대한 부러움의 시선에 머무를 일이 아니라, 게임을 비롯한 대중문화에 합당한 가치를 지불하는 소비인식의 전환이 필요하다. 그러한 노력은 수입하기만 하는 '일방적'인 소비자의 영역에서 언젠가 벗어날 길을 제시해 줄 것이다.

2) 일본의 게임문화를 상징하는 콘솔기기의 역사

콘솔게임 혹은 비디오게임으로 불리는 시장은 현재 연간 약 5000억 엔 이상의 규모로 일본 게임 시장의 가장 큰 부분을 차지하고 있다. 세계적인 게임기 업체인 소니, 닌텐도와 함께 스퀘어에닉스, 반다이나무코, 코나미 등 역량 있는 게임 소프트 협력 업체들이 유명 게임을 만들어내며 경쟁력 갖춘 게임 강국의 명성을 쌓아왔다. 그렇지만 처음부터 이러한 구조로 시작되었던 것은 아니고, 30년이 넘는 기간 동안의 치열한 경쟁과 포기, 구조조정에 의해 지금의 형태로 자리 잡았다. 대표적인 게임 본체와 개발업체를 연대별로 나열하면 다음과 같다.

상품명	발매시기	제조사	제조국가
Magnavox Odyssey	1972	Magnavox	미국
Pong	1972	Atari	미국
Coleco Telstar	1976	Coleco	미국
TV-GAME15	1977	Nintendo	일본
Atari 2600	1977	Atari	미국
Interton VC400	1978	Interton	독일
Intellivision	1979	Mattel	미국
ColecoVision	1982	Coleco	미국
Famicom	1983	Nintendo	일본
SG-1000	1983	SEGA	일본
Atari 7800	1986	Atari	미국
CD-I	1986	Philips/Sony	미/일
PC Engine	1987	NEC	일본
Mega Drive	1988	SEGA	일본
Neo Geo	1990	SNK	일본
Super Famicom	1990	Nintendo	일본
3DO Interactive Multiplayer	1993	3DO	미국
Atari Jaguar	1993	Atari	미국
Amiga CD32	1994	Commodore	미국
Playdia	1994	Bandai	일본
PC-FX	1994	NEC	일본
Sega Saturn	1994	SEGA	일본
PlayStation	1994	Sony	일본
Nintendo 64	1996	Nintendo	일본
Dreamcast	1998	SEGA	일본
PlayStation 2	2000	Sony	일본

Nintendo Gamecube	2001	Nintendo	일본
X-box	2001	Microsoft	미국
X-box 360	2005	Microsoft	미국
PlayStation 3	2006	Sony	일본
Wii	2006	Nintendo	일본
Wii u	2012	Nintendo	일본
XBOX One	2013	Microsoft	미국
PlayStation 4	2013	Sony	일본

*대표적인 모델 중심이며 같은 시리즈는 다수 생략함.

표를 보면 초창기 콘솔게임시장이 미국 주도로 시작되었음을 알 수 있다. 그러나 본격적인 상업화가 개시된 1980년에 들어서자 미국과 일본이 각축을 벌이고, 1990년대 중반의 격전을 거쳐 1990년대 말에는 일본이 주도권을 잡는다. 컴퓨터시스템을 이용한 게임기의 개발은 미국에서 시작되었다. 처음에는 상업목적이 아닌 개인의 호기심에서 출발했기에 기업으로 발전한 것은 그로부터 어느 정도 시간이 경과한 1970년대 말이다. 이때부터 일본기업이 게임을 주목하기 시작해 닌텐도가 1977년에 TV-GAME15를 개발하기에 이른다.

닌텐도는 1884년에 창업하여 100년이 넘는 역사를 가진 회사이다. 초창기에는 화투와 트럼프를 제조하는 소규모 가게로 시작했고, 게임시장에 뛰어들기 전에는 바둑, 장기, 마작 용품과 완구를 제조했다. 1983년의 패미콤, 1990년의 슈퍼패미콤이 연달아 큰 호응을 얻으며 유명기업으로 자리를 잡았다.

그러나 닌텐도에도 위기가 없지는 않았다. 80년대 모든 게임소프트의 형식은 롬-카세트(카트리지) 교환방식으로 90년대 초반까지 변함이 없었다. 그러나 PC의 발전과 함께 90년대 중반부터 콘솔게임이 CD롬으로 옮겨갔다. 경쟁사인 소니의 PlayStation을 비롯하여 Amiga, PC-FX, Sega Saturn 등이 모두 본체 대응 미디어로 CD롬을 채택했지만, 닌텐도의 Nintendo64 만큼은 기존의 롬-카세트 방식을 고집했다. 이전 버전인 슈퍼패미콤과의 호환성을 고려한 기획이었지만, 게임유저의 기호는 이미 화려한 그래픽이 가능한 CD롬으로 기울어 있었다. 이 시기부터 닌텐도는 고전을 면치 못한 것이다.

이후 2001년의 Nintendo Gamecube 역시 큰 주목을 받지 못했다. 이미 게임시장에서 소니에게 선두를 내준 까닭이었다. 닌텐도와 달리 소니는 PlayStation과 PlayStation2를 잇달아 성공시키며 닌텐도를 따돌린다. 이러한 위기를 겪으며 닌텐도는 한동안 규모를 줄여 콘솔본체보다는 소프트 개발과 휴대용 게임기에 집중하는 듯이 보였다. 그러나 2006년에 아무도 예상하지 못했던 새로운 홈게임형태인 Wii를 등장시킴으로써 게임시장의 판도를 다시 역전시키게 된다.

닌텐도의 재기를 가능하게 한 저력은 무엇보다도 '다름'을 추구하는 차별화에 있다. 유행을 쫓아가기보다 자신만의 개성을 고집하는 자세는 비록 도중에 침체기를 맞이하기는 했지만, 아무도 흉내 낼 수 없는 현재의 닌텐도를 있게 만든 원동력이라 할 수 있다. 또한 경쟁사와의 긴장관계가 게임 산업의 발달에 일조한 것도 사실이다. 소니나 마이크로소프트 등의 경쟁사가 없었다면 꾸준한 개발의욕이 이어지지 않았을지도 모른다.

그렇다고 모든 경쟁이 선한 것은 아니다. 지나친 견제로 상대 업체를 완전히 재기할 수 없도록 무너뜨리는 경우도 흔했다. 1990년대에 활약한 미국 회사들이 대부분 사라진 이유는 일본의 거대기업에 잠식되었기 때문이다. 비디오게임 시장의 전국시대였던 1990년대 중반이 가장 치열했다. 3DO, Atari, Commodore 등 미국기업이 먼저 64비트 콘솔박스의 상용화에 성공했다. 그러나 그들은 뒤쫓아 온 일본기업의 자본력에 무릎을 꿇어야 했다.

예를 들어 3DO는 1993년에 32비트 멀티미디어단말 통일규격을 라이선스로 제공하다가, 2년 후 64비트 규격 M2개발에 성공하지만 일본의 마쓰시타전기(현 파나소닉)에 권리를 위양하고 곧이어 문을 닫고 만다. 막대한 개발비지출에 따른 자본 부족으로 더 이상 회사를 운영할 수 없었고, 무엇보다 좋은 소프트 타이틀을 소유하지 못해 유저의 관심을 끌지 못했기 때문이다.

일본기업은 80년대 경제호황기에 축적한 자본력으로 소프트웨어시장을 장악하여 독점적인 계약을 맺어왔다. 우수한 소프트 개발업체가 자신들 이외의 타 기업에 프로그램을 제공하지 못하도록 규정한 내용이다. 콘솔본체의 사양이 아무리 뛰어나더라도 소프트가 유저의 흥미를 끌지 못하면 아무런 소용이 없다. 대부분의 기업은 이 과제를 극복하지 못하고 퇴출당하고 말았다. 닌텐도, 소니, 마이크로소프트 이렇게 '삼국시대'라고 불리는 지금의 체제는 이와 같은 과정을 통해 정리된 결과물이다.

이렇듯 게임시장에서 유저수를 좌우하는 요소로 게임소프트가 큰 몫을 차지하고 있다. 여러 장르의 게임이 존재할 뿐만 아니라, 각 나라마다 인기 있는 종목이 다르다. 게임소프트의 인기도로 그 나라의 문화적 취향을 예상하는 것도 가능하다. 그런 의미에서 일본인이 좋아하는 소프트웨어의 경향을 들여다볼 필요가 있겠다.

3) 일본 내 게임소프트 판매 베스트 10(2010-2013)

(판매수 단위 : 10만 장)

(2010년도)

순위	기종	타이틀	장르	발매일	연판매량	누계
1	DS	포켓몬스터 블랙/화이트	RPG	9/18	491.5	
2	PSP	몬스터헌터 포터블 3rd	액션	12/1	348.1	
3	Wii	뉴 슈퍼 마리오 브라더스Wii	액션	09/12/3	160.0	408.5
4	Wii	Wii Party	기타	7/8	153.9	
5	DS	드래곤퀘스트VI 환상의 대지	RPG	1/28	127.5	
6	DS	드래곤퀘스트 몬스터즈 : 죠커2	RPG	4/28	123.4	
7	DS	도모다치 콜렉션	기타	09/6/18	119.6	350.8
8	Wii	슈퍼마리로 갤럭시2	액션	5/27	90.1	
9	DS	썬더일레븐3 세계로의 도전	RPG	7/1	84.0	
10	Wii	Wii Fit Plus	기타	09/10/1	78.4	208.2

(2011년도)

순위	기종	타이틀	장르	발매일	연판매량	누계
1	3DS	마리오카트7	레이스	12/1	108.2	
2	3DS	슈퍼마리오 3D 랜드	액션	11/3	104.3	
3	PSP	몬스터헌터 포터블 3rd	액션	10/12/1	102.1	450.2
4	3DS	몬스터헌터 3G	액션	12/10	80.9	
5	PS3	파이널판타지13-2	RPG	12/15	69.7	
6	PSP	파이널판타지 영식	액션RPG	10/27	69.6	
7	Wii	모두의 리듬천국	음악	7/21	63.3	
8	PS3	테일즈 오브 엑실리아	RPG	9/8	63.2	
9	Wii	Wii Sports Resort	스포츠	10/6/25	61.3	273.3
10	Wii	Wii Party	기타	10/7/8	58.5	212.4

(2012년도)

순위	기종	타이틀	장르	발매일	연판매량	누계
1	DS	포켓몬스터 블랙2/화이트2	RPG	6/23	287.9	
2	3DS	튀어나와요 동물의 숲	기타	11/8	228.7	
3	3DS	NEW 슈퍼마리오 브라더스2	액션	7/28	177.7	
4	3DS	드래곤퀘스트 몬스터즈 : 테리2	RPG	5/31	87.5	
5	3DS	마리오카트7	레이스	11/12/1	82.3	190.5
6	PS3	바이오하자드6(PS3)	슈팅	10/4	80.4	
7	PS3	원피스 해적무쌍	액션	3/1	79.1	
8	3DS	몬스터헌터 3G	액션	11/12/10	75.9	156.9
9	3DS	슈퍼마리오 3D 랜드	액션	11/11/3	73.8	178.1
10	Wii	마리오파티9	보드	4/26	62.2	

(2013년도)

순위	기종	타이틀	장르	발매일	연판매량	누계
1	3DS	포켓몬스터 X Y	RPG	10/12	397.7	
2	3DS	몬스터헌터4	RPG	9/14	329.3	
3	3DS	튀어나와요 동물의 숲	기타	12/11/8	173.0	401.7
4	3DS	도모다치 콜렉션(신생활)	기타	4/18	158.0	
5	3DS	드래곤퀘스트VII 에덴의 전사들	RPG	2/7	120.5	
6	3DS	퍼즈도라Z	퍼즐	12/12	100.6	
7	3DS	루이지 맨션2	액션	3/20	98.3	
8	PS3	grand theft auto V	액션	10/10	60.6	
9	WiiU	뉴 슈퍼마리오 브러더스2	액션	12/12/8	58.5	96.6
10	WiiU	Wii Party U	기타	10/31	51.9	

* 출처 http://gcompass.sp.land.to/rank/

게임소프트 순위에서 가장 주목할 만한 현상은 휴대용게임기 소프트가 반수 이상을 차지하고 있다는 사실이다. 최근 휴대용게임의 진화는 눈부시다. 콘솔게임에 비해 단순하다는 말은 옛날이야기로, 지금은 콘솔게임 못지않은 그래픽과 시스템 사양을 자랑한다. 앞으로도 '휴대용'과 '콘솔'이 경쟁하듯 판매고를 올리는 게임시장판도는 쉽게 바뀌지 않을 것으로 전망된다. 아무리 휴대용게임이 진화하더라도 콘솔게임을 완벽하게 대체하기는 어렵고, 마찬가지로 그 반대도 불가능하기 때문이다.

콘솔게임에서는 닌텐도의 Wii와 소니의 PS3가 독차지하고 있다. X-BOX가 머뭇거리는 사이에 '삼국시대'가 '남북조시대'로 변한 상황이다. 가까운 미래에 새롭고 획기적인 콘솔게임기가 개발되지 않는 한, 지금의 양자구도는 지속되리라 본다.

게임의 장르는 액션, RPG, 액션RPG(ARPG), 시뮬레이션RPG(SRPG), 슈팅, 격투, 스포츠, 시뮬레이션, 레이스, 어드벤처, 보드게임, 퍼즐 등으로 크게 나뉜다. 두 가지 이상의 장르가 결합된 소프트도 존재하지만 대체로 위의 구분에서 크게 벗어나지 않는다. 이 중에서 일본유저는 표가 설명하는 바와 같이 액션과 RPG를 주로 선호한다. 그와 달리 북미에서는 액션과 스포츠의 인기가 높고, 유럽에서는 어드벤처와 스포츠(축구)가 강세라고 한다. 지역과 국적, 문화의 차이에 따라 선호하는 게임 장르가 구별되는 일은 자연스러운 현상이며, 이제는 오히려 게임의 취향으로부터 각 지역의 문화적 차이를 비교, 고찰하는 일이 가능할 정도이다.

한국에도 물론 다양한 종류의 게임이 있지만, 한국적인 특수성을 대표하는 장르는 MMORPG가 아닐까 생각한다. 게임 이용자가 게임 프로그램에 등장하는 한 인물의 역할을 맡아 직접 수행하는 형식을 롤(Roll) 플레잉(Playing) 게임(Game)이라고 하여 'RPG'로 부른다. 여기에서 발전한

MMORPG는 Massive Multi-user Online Role Playing Game의 약자로 온라인상에서 대규모 다중 사용자가 한꺼번에 즐기는 RPG게임이라는 뜻이다. 앞선 설명과 같이 PC를 이용한 무료 온라인게임 위주로 발달한 한국의 특성상, 대규모 유저의 참가를 기획한 게임 생산업자의 의도가 있었고, 어느 순간부터 한국의 유저는 이러한 형식에 익숙해져 버린 것이다.

MMORPG가 RPG에서 파생된 것임에도 둘 사이의 간격은 넓다. 특히 온라인게임인 MMORPG는 콘솔게임의 RPG와 현격하게 다르다. 여러 가지 점을 예로 들 수 있겠지만, 가장 큰 차이는 게임 결말의 유무이다. RPG에서는 유저가 조정하는 인물이 이야기 줄거리를 따라 진행하다가 마지막에는 성공과 실패로 갈라지는 결말에 이르게 된다. 그러나 MMORPG의 경우는 열린 결말로, 유저가 그만 둘 때까지 끝없는 성장을 반복하는 Never Ending Story가 대부분이다. MMORPG의 화려한 그래픽과 다양한 맵이 볼거리라면, 콘솔게임 RPG에는 한 편의 영화와 같이 탄탄한 줄거리와 구성력이 뒷빋침되어 있나. 완성된 결말을 기대하는 재미로 게임을 풀어나가는 콘솔게임에 익숙한 일본유저가 MMORPG에 쉽게 빠져들지 못하는 이유가 여기에 있다. 일단 게임을 시작하면 엔딩크레딧을 확인함으로써 하나의 게임을 완주했다는 성취감을 느끼는 일본 유저들이 RPG게임으로부터 잘 구성되고 완성된 이야기를 요구하는 이유이다. '파이널판타지'나 '드래곤퀘스트'처럼 일단 스토리로 성공한 소프트의 경우, 그 명성에 의해 같은 제목의 시리즈가 장기간에 걸쳐 재생산되는 현상도 이렇듯 유저가 추구하는 성향과 무관하지 않다.

04 | 게임에서의 '한류'

휴대용게임과 콘솔게임의 비중이 큰 일본에서는 아직까지 온라인게임이 차지하는 영역과 인지도가 낮은 것이 사실이지만, 아시아, 유럽, 미주에서 일어나는 온라인게임의 역동적인 성장으로부터 일본만이 예외라는 법은 없다. 이미 MMORPG가 갖는 중독적인 '매력'에 일본 유저도 동화되기 시작하였고, 앞으로 괄목할 만한 성장이 예상되며, 무엇보다 여기에는 게임의 '한류'가 크게 기여하고 있다.

일본 내의 초기 온라인게임을 주도했던 그룹이 한국 제작사라는 이야기는 새로운 화젯거리가 아니다. 최근에는 한국의 중소업체까지 제휴 형식으로 일본 시장을 노리고 있다. 콘솔게임 왕국인 일본을 뛰어넘을 블루 오션이기도 한 온라인 게임 시장에는 한국 이외에도 타이완이 진출해 있으며, 참고로 2013년도 상반기의 인기도는 다음과 같다.

2013년도 7월 일본 온라인게임 종합 랭킹

순위	타이틀	장르	운영회사	제조국
1	Dragon's Prophet	MMORPG	Aeria	타이완
2	드래곤네스트	MORPG	NHN JAPAN	한국
3	엘소드	MORPG	NHN JAPAN	한국
4	청천이야기	MMORPG	Vector	타이완
5	검과 마법의 왕국	MMORPG	Marvelous AQL	일본
6	마스터 오브 에픽	MMORPG	Willoo	일본
7	Eternal Atlas－The Refined FNO	MMORPG	Vector	타이완
8	戰國IXA	전략 시뮬레이션	SQUARE ENIX	일본
9	라그나로크 온라인	MMORPG	GungHo	한국
10	진삼국무쌍 온라인	MORPG/액션	CJ Internet Japan	일본

* 출처 http://www.onlinegamer.jp/game/ranking

변화가 많은 게임시장의 특성상 어느 한 회사나 특정 게임이 꾸준한 인기를 유지하기란 힘든 일이다. 따라서 위의 순위는 언제라도 바뀔 수 있다. 다만 몇 년 동안 한국과 일본, 타이완이라는 3강 체제가 굳어져 있으며, 이러한 구성은 당분간 어느 정도 지속될 전망이다.

위의 표에서 눈에 띄는 현상 중의 하나는, 게임제작뿐만 아니라 운영사로서 한국기업이 일본에 자리를 잡고 있다는 점이다. CJ인터넷, 넥슨, NHN, 네오위즈, 엠게임, 엔씨소프트, 한빛소프트 등이 현재까지 활발하게 운영되고 있다.[1] 1999년부터 일본에 진출하기 시작한 이들 기업은 온라인게임에 대한 낮은 호감도 탓에 초기 정착까지 어려움이 있었지만, 이후 시장을 새로 개척하고 선점한 결과 지금의 '게임 한류'를 이끌어갈 수 있게 되었다. 2000년대 중반 이후부터는 매출 또한 급성장하여 매 해 5000억 원 이상의 수익을 올리고 있다. 온라인게임에서의 한류는 당분간 지속될 것이며, 앞으로 어떤 모습으로 확장해 나갈지 기대가 된다.

40년 가까운 게임문화의 역사를 길다고 하기는 어렵다. 그러나 짧은 시간에 비해 수많은 실험과 시행착오를 거치면서 변화해 왔고, 지금도 예측할 수 없는 진화가 진행되고 있다는 사실에는 아무도 이의를 제기하지 않을 것이다. 이러한 게임문화의 중심에 서 있는 일본을 통해 새롭게 태어나고 사라지는 대중문화의 여러 얼굴을 발견하기 바란다.

---

1) 최진 · 김동원(2011.9), 「한국 온라인게임 기업의 국제마케팅 전략에 관한 연구 : 일본에서의 현지화 전략을 중심으로」, 『국제경영리뷰』 제15권 제3호, 183쪽.

참고자료

최진 · 김동원(2011.9), 「한국 온라인게임 기업의 국제마케팅 전략에 관한 연구 : 일본에서의 현지화 전략을 중심으로」, 『국제경영리뷰』 제15권 제3호

한국콘텐츠진흥원(2013.4), 「2013 한일 게임이용자 조사보고서」

http://gcompass.sp.land.to/rank/

http://www.ilovepcbang.com/news/articleView.html?idxno=13243

http://www.thisisgame.com/board/view.php?id=93317&category=2427

http://www.gamenote.com/news_game45612

http://blog.daum.net/anicenter/7064676

http://v.daum.net/link/8069953

http://www.hatena.co.kr/968

http://www.cyoldgame.com/bbs/board.php?bo_table=review&wr_id=61&page=9

http://blog.paran.com/babybooluv/3333279

http://q3c273.tistory.com/13?srchid=IIME6aAe000

http://www.onlinegamer.jp/game/ranking&sort=rank

스포츠 제12장

Sports

01 | 개관

1) 근대 스포츠의 탄생

스포츠란 무엇인가. 신체적인 단련이라는 의미로 본다면 스포츠는 어느 시대에나 존재했다고 할 수 있다. 하지만 근대 이전의 기마, 검술, 활쏘기 등은 전쟁과 연관된 행위였으며, 스모(相撲)의 경우 고대 이래의 의례의식에 수반되어 이루어진 것이었다.

근대 스포츠는 이러한 인간의 종교성 혹은 실용성과 직접 맞닿아 있지 않은 지점에서 탄생했다. 근대 스포츠란 인간의 신체를 매개로 한 일종의 유희이자 문화인 것이다. 이는 근대 스포츠에 내재된 여러 특질 중에서 놀이적 요소와 제도화 과정 및 사회적 의미가 보다 중요함을 의미한다.

누가 더 빨리 목표점에 도달할 수 있는가. 근대 사회에 내재된 이러한 경쟁의 원리가 규칙화되고 제도화되어 나타난 하나의 형태가 근대 스포츠였다. 이로써 근대 이전에 존재했던 피를 동반한 혈투 역시 근대 스포츠로 전환되었다고 할 수 있다. '더 빨리 · 더 높이 · 더 강하게'와 더불어 정확하고 엄격한 기록이 추구되기 시작한 것도 근대 스포츠의 주요한 특징이다. 또한 여러 스포츠 관련 시설이 세워지기 시작하여 경기를 하는 사람과 보는 사람이라는 경계가 명확하게 설정된 것도 근대에 들어와서이다. 근대 이전 대부분 '난입, 돌발 참가'를 동반했던 것과는 달리 이른바 경기 스포츠에 있어 선수와 관중의 철저한 분리가 이루어지기 시작한 것인데, 이는 스포츠가 대중들의 소비 대상으로 등장하는 계기이기도 했다.

더욱이 중요한 것은 근대 이후 교통망의 발달과 미디어의 보급 및 확산과 더불어 스포츠 또한 전국화하기 시작했다는 사실이다. 스포츠 경기가 소규모 지역 내지 지방 단위를 벗어나 국가적 레벨에서 이루어지게 된 것인데, 이 과정에는 신문 · 라디오 · 영화 · 텔레비전 · 인터넷 등 새로운 미디어가 늘 함께 했다. 현대는 스포츠가 넘쳐나는 시대이다. 텔레비전을 켜면 어딘가의 채널에서는 반드시 스포츠 중계나 관련 뉴스가 흘러나오며, 스포츠 신문은 물론 일반 신문 1면과 인터넷 포털사이트 톱뉴스를 스포츠 관련 기사가 장식하는 일도 흔해졌다. 이렇게 태생적으로 미디어와 결부되어 있다는 점이 근대 스포츠의 가장 큰 특징이라 하겠다. 미디어 속 스포츠가 스포츠 이벤트와 스포츠 비즈니스를 통하여 더욱 증폭되고 일상화되는 한편 스포츠가 미디어로 기능하게 된 세계에 바로 지금 우리는 살고 있다.

2) 근대 스포츠와 일본

산업혁명 이후 영국에서 처음으로 출현한 근대 스포츠는 메이지(明治) 시대 일본에 유입되었다. 이러한 과정에서 특징적인 것은 스포츠가 학교

제도를 통해 널리 보급되었다는 점이다. 오늘날의 체육 교과목에 해당하는 체조가 초중등교육에서 필수과목으로 지정된 것이 1886년의 일이다. 이에 따라 스포츠(sport)의 어원이라 할 라틴어 deportare(놀다)가 원래 지니고 있던 유희의 측면이 상당부분 희석되고, 정신 및 신체를 단련하는 문화라는 측면이 강조되어 이후 일본인이 근대 스포츠를 대하는 모범적인 코드로서 작용하게 되었다.

개인의 신체는 곧 국가의 신체라는 인식하에 개인의 건강한 신체가 국력 신장의 원동력이 된다는 관점에서 스포츠의 활성화를 위한 많은 정책들이 펼쳐지고 계몽과 교육이 이루어진 근대 일본이었기에 전쟁 중에는 스포츠 내셔널리즘으로 쉽게 동원되었다고도 할 수 있으나, 패전 이후에는 점차로 일상생활 속의 스포츠로 전환되어 갔다. 20세기는 스포츠의 시대이자 미디어의 시대라 할 수 있는데, 이는 기본적으로 전후 일본에도 마찬가지로 적용된다.

21세기를 맞이한 현재 일본에는 국내외 크고 작은 스포츠 관련 대회가 무수히 열리고 있다. 여기에서는 세계인의 축제라는 이름으로 불리는 국제적인 행사에 주목해 보자. 1964년 도쿄(東京) 올림픽은 전후 일본이 국제 사회의 일원으로 복귀했음을 전 세계에 알린 결정적인 계기가 되었으며, 이후에도 삿포로(札幌)와 나가노(長野)에서 두 차례나 동계 올림픽을 개최했다. 현재는 2020년에 다시금 도쿄 올림픽이 예정되어 있다.

올림픽 이상으로 전 세계인이 주목하는 국제스포츠행사인 월드컵 축구 또한 2002년에 한일 공동으로 개최한 바 있다. 세계 수영과 세계 육상 역시 꾸준히 유치하고 있는데, 이러한 배경으로는 이미 이러한 국제적인 스포츠 행사들이 단순한 스포츠 경기를 넘어 스포츠 이벤트로 자리잡게 된 현실이 있다. 다음 장에서는 미디어스포츠라는 관점에서 일본의 스포츠 각 장르에 대해 살펴보고자 한다.

02 | 종목별 전개

1) 야구

현재 일본에서 야구는 연간 천만 명 이상의 관중을 동원하는 가장 인기 있는 스포츠 가운데 하나이다. 일본 최초의 야구팀은 신바시(新橋) 클럽으로 철도기사인 히라오카 히로시(平岡熙)가 미국에서 귀국한 메이지 초기에 조직한 것이었다고 한다.

1920년대 야구 인기의 중심에는 전국 중등학교 야구대회, 도쿄 6대학 야구가 있었다. 당시 라디오는 새로이 등장한 뉴미디어로 1927년부터 시작된 야구 실황중계는 폭발적인 인기를 누렸다. 1915년에 막을 올린 전국 중등학교 야구대회는 현재는 '고시엔(甲子園)'으로 상징되는 고교야구에 대한 지속적인 관심으로 이어지고 있다. 매년 여름 고시엔 구장에서 열리는 이 대회에는 일본 전국적으로 4천여 개에 달하는 고교야구팀이 참가한다. 도쿄 6대학 야구는 도쿄에 위치한 여섯 대학인 와세다(早稲田), 게이오(慶應), 메이지(明治), 호세이(法政), 릿쿄(立教), 도쿄(東京) 대학이 리그에 참여하고 있으며, 프로야구 출범 이후 예전만한 인기는 없으나 현재까지도 그 전통이 이어져오고 있다.

1935년에는 일본 최초의 프로야구팀이 등장했다. 수도 도쿄를 근거지로 한 거인군(巨人軍)이다. 이어 오사카를 기반으로 한 타이거스가 창립되었고, 두 구단은 라이벌 의식을 형성하며 수많은 팬을 확보하게 된다. 이듬해인 1936년에는 두 팀을 비롯해 7개 구단이 참여한 일본직업야구연맹이 결성되어 프로야구리그가 발족했다. 현재 일본 프로야구는 총 12구단이 센트럴 리그와 퍼시픽 리그의 양 리그로 나뉘어져 있다. 매년 가을이 되면 각 리그에서 우승한 팀끼리 그해 최고를 겨루는 일본 시리즈를 치른다. 참고로 앞서 언급한 도쿄 자이언츠, 한신(阪神) 타이거스는 센트럴 리그에 속해 있다.

그렇다고는 해도 12개 팀 중 도쿄 요미우리 자이언츠의 인기는 독보적인 것으로 일본 프로야구 팬은 자이언츠인가 반(反)자이언츠인가로 나뉜다는 우스갯소리가 있을 정도이다. 자이언츠가 일본 최초의 프로야구 팀인 점, 구단주인 요미우리(讀賣)가 방송사와 신문사를 거느린 거대 미디어 그룹이라는 점이 크게 작용했다. 이외에 자이언츠가 이룩한 V9 신화 또한 중요하다. 자이언츠는 1965년부터 1973년에 걸쳐 9년 연속 리그우승 및 일본시리즈 제패를 이루어냈다. 이 시기 자이언츠 타선을 이끌었던 것이 ON포(砲)로 잘 알려진 오 사다하루(王貞治)와 나가시마 시게오(長島茂生)로 이들은 지금까지도 일본 국민들의 절대적인 지지와 존경을 받고 있다. 자이언츠가 V9이라는 신화를 써내려간 이 시기는 바로 전후 일본의 고도경제성장기로 지금까지도 많은 일본인들은 자이언츠로부터 '좋았던 그 시절'을 추억하고 있는 것이다.

1995년 노모 히데오(野茂英雄)가 메이저리그에 건너간 이래 일본야구 출신의 수많은 메이저리거가 활약하고 있다. 지난 2014년에는 다나카 마사히로(田中將大) 투수가 메이저리그 신인으로는 이례적으로 파격적인 대우를 받으며 뉴욕 양키스에 입단했다.

만화 『거인의 별(巨人の星)』이나 『터치(タッチ)』, 다카하시 겐이치로(高橋源一郎)의 소설 『우아하고 감상적인 일본야구』, 온라인 모바일 게임 등 야

구는 일본 문화 콘텐츠의 강력한 원동력 가운데 하나가 되어 왔다.

2) 축구

현재 일본에서 가장 대중적이고 인기 있는 스포츠로는 야구와 더불어 축구를 들 수 있다. 야구가 매우 이른 시기부터 일본인들의 관심을 사로잡은 데에 비해 축구가 지금과 같은 인기를 얻게 된 것은 1990년대 이후의 일이다. 전후에도 줄곧 프로야구의 인기에 눌려 있던 축구가 새로운 전기를 맞이하게 된 것은 다름 아닌 J리그의 출범이다.

1993년 일본프로축구 J리그가 발족했다. 처음에는 10개 클럽으로 시작했으나, 현재는 50여 개에 달하는 구단이 J1, J2, J3 리그로 나뉘어져 승강제가 운영될 정도로 성장했다. 각 구단은 유소년 아카데미부터 U-18팀에 이르는 단계별 유소년 팀을 육성하고 강화하는 데에 큰 힘을 쏟고 있는데, 이로써 중장기적이고 효율적인 팀 운영이 가능하게 되었다.

J리그 각 구단들은 출범 당시부터 프로축구 주 소비층인 젊은 연령층을 대상으로 여론조사를 실시하여 지역민과 함께 호흡할 수 있는 다양한 이벤트를 열고 새로운 기획을 모색하는 등 연고 지역에 뿌리내리기 위한 노력을 계속해 왔다. 구단이 운영하는 스포츠클럽을 통해 축구뿐 아니라 농구 등 다양한 스포츠교실을 진행하기도 하며 소프트볼, 비치발리볼 대회를 열기도 한다. 연고지 내 교육시설과 연계해 산학협력관계를 구축했으며, 건강센터도 만들어 지역민이 일상생활 속에서 이용하도록 했다. 한국프로축구 K리그보다 10년 늦게 출범했지만 탄탄한 '지역 밀착' 시스템을 갖춘 J리그의 자생력은 K리그가 충분히 교훈으로 삼을 만하다.[1)]

---

1) 「위기의 K리그, 10년 후배 J리그에 '한수' 배우다」, 『경향신문』(2014.1.24) 관련기사

무엇보다도 지방자치단체와 지역 기업 및 주민이 일체가 되어 지역 스포츠 진흥을 위해 힘쓴다는 J리그의 이념이 중요하다. 특히 일본에서는 지주 회사의 선전을 위한 흥행이라는 측면이 강했던 프로야구와는 달리, J리그는 출범 당시부터 지역 스포츠 진흥을 목표로 했던 것이다. 그래서 J리그 클럽 명칭에는 기업명이 들어가지 않는다.

J리그는 발족 당시부터 클럽 명칭에 기업명을 넣지 않음으로써 클럽이 기업의 소유물이 아닌 지역사회의 일원이라는 이념을 실현하고자 했다. 지역명과 애칭만으로 클럽 명칭을 짓도록 한 것이다. 그런데 베르디 가와사키(川崎) 클럽의 지주 회사인 요미우리(讀賣) 신문사와 니혼(日本) TV가 이를 어기고 방송 시에 계속해서 클럽 명칭에 회사 이름을 붙여 사용하는 일이 벌어졌다. 요미우리 그룹은 베르디 가와사키를 프로야구 요미우리 자이언츠와 같이 독보적인 인지도의 인기 팀으로 만들고 이를 이용해 J리그 운영 주도권을 쥐려고 했던 것이리라. 공적인 가치보다도 기업이익을 최우선한 것일 텐데, 이러한 시도는 결국 광범위하고 강력한 반발에 밀려 기업명은 사용하지 않게 된다. 또한 J리그는 텔레비전 방송권 등을 리그 전체에서 관리하고 있는데, 이로써 미디어 대기업의 횡포로부터 각 클럽을 지키고 인기 없는 작은 클럽이라도 방송권료를 배분받아 건실한 구단 운영을 해나가는 데에 보탬이 되도록 하고 있다.

더욱이 이처럼 지역 스포츠 진흥을 주된 목적으로 하는 J리그 클럽은 지방자치단체가 공적자금으로 매년 일정액을 원조한다. 또한 지역 기업은 기업이익의 사회 환원과 지역사회에 대한 공헌이라는 측면에서 클럽에 기부하며, 지역 주민은 주주가 되거나 자원봉사 또는 클럽을 통해 스포츠를 즐기는 가운데 자연스레 '우리 클럽' 의식을 가지고 응원하게 되

참조.

는 것이다. 이는 스포츠가 기업 중심에서 벗어나 시민 중심으로 이행함을 의미한다.

기업 이익의 창출을 위한 승리지상주의에 매몰되는 것이 아니라, 지역민의 생활 전반에 밀착해 지역의 동반자로서 함께 살아가는 일. J리그가 지닌 이러한 차별성과 미덕은 21세기 스포츠를 생각하는 데에 있어 참고하고 강조할 만한 사항이 아닐까 싶다.

1996년 애틀란타 올림픽부터 여자 축구가 정식종목으로 채택되었다. 2002년에는 축구 월드컵이 사상 최초로 한일 공동으로 개최되었다.

3) 럭비

럭비는 게이오 대학에서 영문학을 가르쳤던 외국인 교원 클라크가 들여온 것이 처음이다. 야구·축구 등에 비해 대중적 인지도와 인기는 떨어지나, 대학 및 실업 팀이 나수 있어 현재도 대학 리그와 실업 리그가 비교적 활발히 이루어지고 있다.

여타 구기 종목에 비해 실력과 인기 면에서 럭비가 독보적인 위치를 차지하고 있는 대표적인 나라로 뉴질랜드, 오스트레일리아, 피지, 통가, 사모아 등을 들 수 있는데, 일본은 이들 오세아니아 여러 나라와의 교류와 친선에 럭비를 주요한 매개체로 활용하고 있다.

4) 배구, 농구

배구가 올림픽 종목으로 정식 채택된 1964년 도쿄 올림픽에서 일본여자대표가 우승했다. 이는 일본여자배구가 '동양의 마녀(魔女)'로 불리며 이후 일본에서 배구가 큰 인기를 얻게 되는 결정적인 계기가 되었다. 세계 선수권, 올림픽과 더불어 배구 3대 국제대회 가운데 하나인 배구 월드컵은 4년마다 열리는데, 다른 대회와는 달리 개최지가 일본으로 고정되어 있을 정도이다. 일본 민간방송국 중 하나인 후지TV가 독점 중계와 후원을 담당하고 있기 때문으로, 현대사회에 있어 미디어와 스포츠의 관계를 단적으로 보여주는 사례라 하겠다. 국내 리그로는 V리그가 행해지고 있으나, 국제대회 만큼의 인기는 없다.

농구는 현재 NBL리그, bj리그, 여자부 리그인 WJBL 등이 존재하나, 실력과 인기 면에서 아시아권에서도 뒤쳐진다는 중평이다. 프로화에 대한 논의를 비롯해 농구 활성화를 위한 여러 노력들이 현재 진행 중에 있다.

5) 육상, 수영

올림픽에서 일본 선수가 최초의 금메달을 거둔 종목은 다름 아닌 육상이었다. 1928년에 암스테르담에서 열린 올림픽에서 일본 대표인 오다 미키오(織田幹雄)가 삼단뛰기를 우승한 것이다. 이어 두 번째 금메달 역시 기초종목이라 할 수영에서 나왔다. 같은 대회 200미터 평영에서 쓰루다 요시유키(鶴田義行) 선수가 세계신기록을 세우며 금메달을 거머쥐었다.

이와 같이 일본은 이른 시기부터 육상과 수영에서 강세를 보였다. 1932년 로스앤젤레스 올림픽에서는 남자 수영 6종목 중 5개를 석권하여 전 세계를 놀라게 했으며(종합순위 5위), 종합순위 8위를 차지한 1936년 베를린 올림픽의 경우는 일본대표팀이 획득한 모든 메달이 육상과 수영 종목에서 나왔을 정도였다. 이때 경기 중 지금까지도 회자되는 것으로 여자 평영 200미터가 있다. 결승전 중계방송을 통해 셀 수 없이 외쳐진

"마에하타 힘내라(前畑、がんばれ)!"와 "이겼다(勝った)!"라는 아나운서 소리는 일본국민들을 열광케 했으며 내셔널리즘을 일깨웠다고 말해진다. 손기정과 남승룡이 피식민지인의 설움을 안고 달린 마라톤에서 각각 금메달과 동메달을 획득한 것도 베를린 올림픽이었다.

현재 세계육상선수권대회와 세계수영선수권대회가 2년마다 열린다. 일본은 1991년과 2007년에 도쿄와 오사카에서 각각 제3회, 제11회 세계육상선수권대회를 치른 바 있다. 2001년에는 세계수영선수권 제9회 대회가 후쿠오카(福岡)에서 개최되었다. 이와 같이 주최국이 일본인 경우는 물론이고 해외에서 개최되는 경우라도, 일본에서 두 국제대회의 TV 중계를 거르는 일은 없다. 그만큼 육상과 수영이라는 기초종목에 대한 관심과 인기가 높은 편인데, 이러한 양상은 근대스포츠 도입 초기부터 있어왔다 하겠다. 이러한 배경에는 예를 들어 전국 초등학교마다 필수적으로 구비되어 있는 수영장 시설과 이를 활용한 수업이 있으며, 이는 후술하듯이 부카쓰(部活)로 대표되는 기초체육의 충실함으로도 이어지고 있다.

6) 동계 스포츠

스포츠 강국을 정하는 기준은 무엇일까. 올림픽 메달 수를 기준으로 한다면, 현재 일본을 분명 스포츠 강국이라고는 할 수 없으리라. 하지만 동계 올림픽을 비롯한 세계적인 규모의 대회에서 일본이 알파인스키, 모굴·하프파이프 등 프리스타일스키, 스키점프, 노르딕, 크로스컨트리, 스피드스케이팅, 피겨스케이팅, 아이스하키, 봅슬레이, 컬링 등 어느 한 종목에 편중되지 않고 고른 종목에서 상위권에 진입하고 있는 점은 특기할 만하다. 일본 국내에는 이러한 각종 종목들을 위한 제반 시설이 잘 갖추어져 있으며, 이를 기반으로 생활 스포츠와 밀착된 형태로 저변 확대가 꾸준히 이루어지고 있다.

1972년 삿포로(札幌), 1998년 나가노(長野)에서 두 차례 동계 올림픽을 개최한 바 있다.

7) 스모

스모는 일본에서 가장 오래된 스포츠이다. 흔히 일본 고래의 장례의식 혹은 풍년기원의례 등과 결부된 형태로 이루어졌으리라 추측된다. 또는 각 지방에서 올라온 리키시(力士)들이 천황이 보는 앞에서 나체가 되는 과정은 예전에 무장해제 당했던 모습을 재연하는 것으로 스모는 결국 천황의 통치권을 상징적으로 재확인하는 의식이었다는 해석 또한 있다.

스모 선수인 리키시는 근세 시대 우키요에(浮世繪) 그림의 대상이 되기도 했을 정도로 인기 있는 존재였다. 지금까지도 매년 여섯 장소에서 개최되는 정기 스모 대회에 대한 관심은 여전하다. 이는 야구와 더불어 패전 이전에는 라디오, 전후에는 텔레비전을 통해 꾸준히 전파를 탄 스포츠가 다름 아닌 스모였기 때문이기도 할 것이다. 다만 스모는 세세한 기술과 규칙을 잘 알고 있어야 경기를 충분히 즐길 수 있어 젊은 층으로부터는 점차 외면당하고 있는 것도 사실이다.

8) 부카쓰(部活)

스포츠가 신체를 매개로 하여 일상생활과 밀접하게 연결된 문화의 하나라 할 때, 신체가 해방되는 계기를 스포츠가 제공할 수 있는가 아닌가는 상당히 중요한 문제이다. 현대 일본에서 스포츠는 정말로 삶을 풍요롭게 하는 작용을 하고 있는가. 생활과 스포츠라는 시각으로 일본에서 스포츠가 가지는 의미와 역할에 대해 부카쓰(部活)를 중심으로 생각해 보자.

부카쓰란 부 활동(部活動)의 준말이다. 여기에서 부(部)란 주로 중고등학교의 동아리를 가리키는 것으로, 부카쓰는 방과 후 클럽활동에 해당된다고 볼 수 있다. 음악, 미술, 스포츠 관련 동아리가 주를 이루나, 과학이나 외국어 등 관심분야에 따라 다양한 클럽에 참여가 가능하다.

한국의 경우 중고등교육에 있어 서클 활동에 참여하는 인원은 매우 한정적이며, 학교 시간표 내에 배정된 CA시간도 형식적으로만 존재하는 경우가 많다. 최근에는 방과 후 특기적성 등이 도입되어 전보다는 나아졌으나, 학교 내 발표회를 위한 준비라는 측면이 강하다. 이와는 달리 일본에서는 부카쓰가 매우 충실하게 이루어지고 있는 점에 주목해볼 만하다.

예를 들어 스포츠 종목을 살펴보자. 육상이든 수영이든, 100미터 단거리이든 1만 미터 장거리이든 아니면 1,600미터 계주이든 각각의 종목에 따라 매년 열리는 지구대회에 출전하게 된다. 여기에서 좋은 성적을 올린 학생들은 이보다 큰 단위의 도시별, 지방별 예선을 다시 뛰게 되며, 여기서도 우수한 성적을 거둔 학생들은 또다시 전국규모대회에까지 출전하게 된다. 보통은 방과 후 2시간 정도를 연습하나, 시합이나 대회가 있을 때는 저녁연습시간을 늘리고 아침시간을 할애하여 연습을 한다. 이러한 모든 과정은 학생들의 자치와 결정에 따르며, 이를 위해 참가 학생들은 자발적으로 구슬땀을 흘리며 맹훈련을 마다하지 않는다.

그렇다고 이것이 장래의 직업과 직접적으로 연결되는 경우는 많지 않다. 그럼 부카쓰 즉 충실한 클럽활동을 통해 일본 학생들이 얻는 것은 무엇일까? 우리나라의 있는 둥 마는 둥 한 서클활동과는 대조적인 일본

학교의 클럽활동을 부러운 시선과 냉정한 시각으로 바라본 한국의 한 고등학생은 다음과 같이 말한다.[2)]

첫째, 클럽활동은 기본적으로 학생 자치적으로 실시되는 활동이니만큼 생각하는 사람, 창의적인 사람이 되게 한다. 둘째, 긴장감과 경쟁으로 가득 찬 교실과는 달리 클럽활동은 그 부서가 가지고 있는 각각의 특성대로 구성원을 단결시켜 서로 도우며 협동하는 정신을 갖게 해준다. 더불어 사는 삶의 아름다움을 자연스레 배울 수 있는 공간인 것이다. 셋째, 클럽활동은 감수성이 풍부하고 저력이 있는 청소년 시기에 획일화된 교육이 아닌 열린 활동을 통해 자질과 재능을 발견할 수 있는 기회를 제공한다.

이러한 과정은 한마디로 삶의 활력소가 된다. 하나의 악기든 그림이든 달리기이든 길고 험난한 인생을 살아가는 데에 늘 함께 하고 힘이 되어줄 친구를 만들어 주는 부카쓰. 이러한 부카쓰 활동이야말로 일본의 스포츠와 사회를 저변에서부터 든든히 지탱해주는 힘이 아닐까.

03 | 스포츠와 미디어 : 역도산과 텔레비전

여기에서는 스포츠와 미디어의 관계에 대해 전후의 프로레슬링과 텔레비전 방송을 참고로 하여 생각해보고자 한다.

패전 후 일본에 텔레비전이 등장한 것은 1953년의 일이다. 지금 NHK의 전신인 일본방송협회가 텔레비전 방송을 시작한 해이다. 텔레비전은

2) 곽수희(2000), 「부러운 일본의 클럽활동(部活)」, 대전외국어고 일본문화연구회, 『한국 청소년이 본 일본, 일본인, 일본문화 이것이 일본이다!』, 청조사.

세탁기, 냉장고와 더불어 고도경제성장기의 이른바 '3종의 신기(神器)'에 포함된 백색가전 가운데 하나였다.

하지만 텔레비전은 전후 일본이 하나의 '국민문화'를 형성하는 데에 있어 가장 핵심적인 역할을 했다는 점에서 다른 가전제품들과는 층위를 달리한다. 예를 들어 1959년의 황태자 결혼식과 1964년 도쿄 올림픽은 텔레비전이라는 미디어를 통해 전국민적으로 공유되었고 이로써 공통의 기억, 공통의 문화가 만들어졌다고 할 수 있는 것이다.

전후 일본에서 텔레비전은 가두방송으로 시작되었다. 당시 TV는 일반 가정에서 구입하기에는 너무 고급품이었다. 따라서 처음에는 사람들이 많이 모이는 역전 같은 곳에 설치되었고, 차츰 텔레비전이 손님을 끌어 모으는 데에 큰 효과가 있음을 알게 된 레스토랑이나 다방 등이 점내에 설치하면서 큰 인기를 얻게 된다.

초기 텔레비전은 한 명의 '일본인'을 영웅화했다. 1950년대 중반부터 60년대 초에 걸쳐 활약한 프로레슬러 역도산(力道山)이다. 길거리 텔레비전 특유의 영역은 드라마나 다큐멘터리가 아닌 스포츠 중계였는데, 그중에서도 좁은 링 안에서 박진감 넘치는 방식으로 싸우는 프로레슬링은 당시 촬영기술로서는 텔레비전 화면에 담는 데 최적의 장르였던 셈이다.

역도산은 비겁한 미국 레슬러를 페어플레이로 꺾어 일본 사람들을 열광에 빠뜨렸다. 복면의 미국인 악역 데스트로이아(Destroyer)에 대해 가라테(空手) 공격으로 응수하는 역도산의 활약상을 관람하면서, 일본의 대중은 경제적으로 어려웠던 당시의 폐색상황으로부터 잠시나마 해방감을 느꼈다. 또한 전후 일본인들의 심층에 있는 반미감정을 토해내는 창구이기도 했을 터이다.

하지만 그렇다고 해서 역도산이 미국적인 것을 거부하고 부정했다고

만 생각한다면 그것은 오산이다. 오히려 역도산이 보인 미국적인 것에 대한 부인은 그것의 수용과 규정을 전제로 하고 있다. 원래 프로레슬링이라는 스포츠 자체가 당시 일본인에게는 낯선 미국적인 대중오락이었던 것이다. 역도산이 링 위에서 미국적인 것에 도전하고 이에 이길 수 있었던 것은 그가 미국적인 것을 내면화했기 때문이다. 그는 유도나 스모와는 다른 프로레슬링의 미국다움을 그 몸과 트레이닝을 통해 예증했으며, 또한 사생활에서도 캐딜락이나 모터보트를 즐겨 미국적인 풍요로움을 연기했다. 역도산의 필살기였던 '가라테 춉(空手chop)'은 외국인과 대비시키면 일본적이나, 일본 측에서 보면 미국 냄새가 난다고 할 수 있다.

게다가 역설적이게도 역도산은 일본 제국의 구식민지였던 한반도에서 건너온 인물이었다. 김신락(역도산의 본명)은 일본의 적국이자 점령자, 그리고 보호자이기도 했던 미국에 대한 굴절된 감정을 텔레비전 화면에 교묘하게 형상화해서 드러낸 것이다. 역도산은 그 자신 '일본인'을 연기해야 했던 만큼, 프로레슬링이 텔레비전 앞에 모인 수백만 명의 관중들을 향해 연출되는 내셔널한 상징극임을 누구보다도 정확하게 감지하고 있었던 것이다. 역도산 출생에 대한 소문이 이미 1950년대 당시부터 나돌고 있었음을 감안한다면, 결국 한반도 출신인 김신락이 모모타 미쓰히로(百田光浩)가 되어 '일본인의 영웅으로서의 역도산'을 뜨겁게 연기하는 한편으로 관객 또한 '패전의 충격과 외국인 콤플렉스로 울적해 있는 일본인'을 뜨겁게 연기한 것이라고 할 수 있다.

이와 같이 전후 일본의 역도산 붐에는 '미국'을 가라테 춉으로 때려눕히는 '일본'이라는 퍼포먼스, 한반도 출신자가 연기하는 '일본인'이라는 퍼포먼스, 이러한 신체에 의해 점령기 아메리카니즘이 체현되어가는 퍼포먼스 등 여러 겹의 문화적 상연이 중층적으로 겹쳐져 있었던 것이다.

이윽고 가두 텔레비전과 가정 텔레비전의 비중은 역전된다. 도쿄 올림픽이 끝난 후인 1965년에는 보급률이 무려 74.5%까지 도달했다고 한다. 이제 텔레비전 프로그램의 왕좌는 프로레슬링 중계를 대신해 가정에 들어온 텔레비전에서 흘러나오는 홈드라마가 대신하게 된 것이다. 이러한 새로운 흐름 속에서 프로레슬링은 가정에서 보기에는 어울리지 않는 것으로 안방에서 퇴출당하게 된다. 1963년 12월 역도산이 야쿠자에게 찔려 사망했을 때 그 반응은 예전 그의 국민적 인기에서 본다면 너무나도 냉담한 것이었다. 이 무렵 사람들은 이미 역도산이 표상했던 프로레슬링적 '전후'와 결별하고 홈드라마적 '전후'로 전환하고 있었다. 텔레비전에 의해 인지되었던 프로레슬링은 마찬가지로 바로 자신 프로레슬링에 의해 인지되었던 텔레비전이 그 장소를 이동하고 미디어 방식을 변화함에 따라 그 운명을 다했던 것이다.

참고자료

『경향신문』(2014.1.24), 「위기의 K리그, 10년 후배 J리그에 '한수' 배우다」

곽수희(2000), 「부러운 일본의 클럽활동(部活)」, 대전외국어고 일본문화연구회, 『한국 청소년이 본 일본, 일본인, 일본문화 이것이 일본이다!』, 청조사

김옥희(2012), 『일본 근대문학과 스포츠』, 소명출판

요시미 슌야 지음, 오석철 옮김(2008), 『왜 다시 친미냐 반미냐』, 산처럼

일본학교육협의회 엮음(2002), 『일본의 이해』, 태학사

大澤眞幸(2008), 『不可能性の時代』, 岩波書店

川村卓(2002), 「演じられた力道山、演じられた日本人」, 岡村正史編著, 『力道山と日本人』, 青弓社

寒川恒夫(1993), 「日本のスポーツ」, レイモン・トマ, 『スポーツの歴史』, 白水社

玉木正之(1999), 『スポーツとは何か』, 講談社

저자 소개

1. 일본대중문화의 흐름
박진수 : 도쿄대 박사, 가천대학교 동양어문학과 교수, 아시아문화연구소 소장
김태경 : 도쿄대 박사, 경희대학교 일본어학과 부교수
유수정 : 쓰쿠바대 박사, 숙명여자대학교 인문학연구소 연구교수

2. 신문·잡지
성윤아 : 도쿄대 박사, 상명대학교 한일문화콘텐츠전공 부교수

3. 방송
김계자 : 도쿄대 박사, 한신대학교 평화교양대학 부교수

4. 버라이어티
김정희 : 도쿄대 박사, 경기대학교 일어일문전공 조교수

5. 문학
이승진 : 오사카대 박사, 건국대학교 모빌리티인문학연구원 조교수

6. 만화
권희주 : 고려대 박사, 건국대학교 KU중국연구원 조교수

7. 애니메이션
양동국 : 도쿄대 박사, 상명대학교 글로벌지역학부 교수

8. 영화
양지영 : 쓰쿠바대 박사, 가천대학교 아시아문화연구소 책임연구원

9. 음악
박진수 : 도쿄대 박사, 가천대학교 동양어문학과 교수, 아시아문화연구소 소장

10. 인터넷
윤상현 : 한국외국어대 박사, 가천대학교 동양어문학과 강사

11. 게임
강우원용 : 호세이대 박사, 가톨릭관동대학교 VERUM교양대학 부교수

12. 스포츠
김태경 : 도쿄대 박사, 경희대학교 일본어학과 부교수

일본대중문화의 이해

초판 1쇄 발행 2015년 8월 31일
초판 2쇄 발행 2016년 8월 31일
초판 3쇄 발행 2020년 8월 31일
초판 4쇄 발행 2021년 8월 12일
초판 5쇄 발행 2023년 8월 25일

저 자 박진수 김태경 외
펴 낸 이 이대현

책임편집 권분옥
편 집 이태곤 임애정 강윤경
디 자 인 안혜진 최선주 이경진
마 케 팅 박태훈

펴 낸 곳 도서출판 역락
주 소 서울시 서초구 동광로 46길 6-6 문창빌딩 2층
전 화 02-3409-2058(영업부), 2060(편집부) | **팩시밀리** 02-3409-2059
이 메 일 youkrack@hanmail.net
홈페이지 www.youkrackbooks.com

등 록 제303-2002-000014호(등록일 1999년 4월 19일)
I S B N 979-11-5686-233-8 03330
정 가 15,000원